JN422968

공자를 만난 변호사

공자를 만난 변호사

저자 | 윤정석

1판 1쇄 인쇄 | 2023년 11월 20일
1판 1쇄 발행 | 2023년 12월 5일
펴낸곳 | 조윤커뮤니케이션
펴낸이 | 최몽순

판매 및 프로모션 | 참약사
디자인 표지 및 본문 | 디자인 허브
주소 | 서울시 종로구 삼봉로 81 두산위브 파빌리온 703호
전화 | 02-730-8841
팩스 | 02-730-8814
출판등록 | 제 300-2005-208
등록일자 | 2001년 4월 13일

ISBN 979-11-91779-12-7 (03140)

ⓒ 윤정석 2023년

이 책은 저작권법에 따라 보호받는 저작물이므로 무단전재와 무단복제를 금지하며,
이 책의 전부 또는 일부를 이용하려면 저작권자의 서면동의를 받아야 합니다.

값 22,000원

※잘못 만들어진 책은 구입하신 서점에서 교환해 드립니다.

공자를 만난 변호사

윤정석 지음

JOYOON Communications

* 일러두기

논어, 주역, 문언전, 계사전, 대상전의 원문을 참조하고, 시중에 두루 출판되어 있는 여러 논어 번역집들을 참조하였으며, 특히 중국 철학자 남회근, 한국의 김용옥의 저서들과 김진근 번역의 『주역내전』을 주로 참조하였다.

바람직한 군자란…

'공자'를 필두로 한 공자학단의 학문과 사상은 수천 년 동안 현재에 이르기까지 한국, 중국, 일본 등을 포함한 동양사회의 사상, 문화, 통치이념과 제도 등 국가와 민중들의 삶을 구성하는 토대가 되었다. 그러나, 19세기 말기에 이르러 서양 열강들의 제국주의적 침략으로 동양사회는 그 이후 100년 이상 모든 사상과 문물이 서양 중심으로 운영되어왔다. 우리 사회에서도 사서오경, 경사자집 등의 용어로 전해지는 동양 인문학은 전문적으로 이 분아를 선공하는 사람들 사이에서만 명맥을 유지하다가 근래에 이르러 상당한 관심을 회복하였으나, 여전히 주옥같은 동양고전의 가치와 내용을 삶의 철학으로 체화시키기 위한 노력에는 아쉬움이 많다.

논어에 심취한 송나라의 대학자 정자程子가 말하였다.

"요새 사람들은 책을 읽을 줄을 모른다. 『논어』를 읽으매, 읽기 전에 이런 놈이었는데, 읽은 후에도 이런 놈일 뿐이라면, 그놈은 전혀 논어를 읽은 자가 아니다."

今人不會讀書, 如讀論語, 未讀時, 是此等人.
讀了後, 又只是此等人, 便是不曾讀.
금인불회독서 여독논어 미독시 시차등인
독료후 우지시차등인 편시불증독

"논어를 읽으매, 어떤 자는 읽고 나서도 전혀 아무 일이 없었던 것과도 같다. 어떤 자는 읽고 나서 그중의 한두 구절을 깨닫고 기뻐한다. 또 어떤 자는 읽고 나서 참으로 배움을 즐기는 경지에 오르는 자도 있다. 그런데 어떤 이는 읽고 나서 곧바로 자기도 모르게 손으로 춤을 추고 발을 구르는 자도 있다."

讀論語, 有讀了全然無事者. 有讀了後, 其中得一兩句喜者.
有讀了後, 知好之者. 有讀了後, 直有不知手之舞之足之蹈之者.
독논어 유독료전연무사자 유독료후 기중득일량구희자
유독료후 지호지자 유독료후 직유부지수지무지족지도지자

필자도 50세를 넘긴 어느 시점부터 동양고전에 심취하여 이 같은 기분을 함께 느끼는 기쁨을 맛보았다. 한국 사회에서의 교육이 한글 전용에 집착함으로써 한자에 대한 이해도가 저하됨에 따라 동양고전에 대한 깊이 있는 이해가 점점 어려워지고 있다. 하지만 원전의 의미를 추론하기 위한 깊이 있는 사고의 재미는 한자 원문을 함께 보지 않고는 기대할 수 없다. 수천 년에 걸쳐 축적된 철학적 가치에 대한 해석과 논쟁의 자취인 한자문화권의 서적은 원문을 바탕으로 그 의미에 대한 거듭된 사고와 묵상을 거쳐야만 감동이 오는 것이지, 번역자의 주관이 개입되고 전체적 뜻의 소통에만 치중하여 번역한 한글 번역만으로는 그 진정한 의미와 감동이 전해지기 어렵다.

동양고전을 가지고 낡은 종교인 유교의 찌꺼기라고 비하하거나 유불선이 혼재된 잡탕이라고 우리의 전통문화의 가치를 폄하하는 경우도 많다. 여전히, 오늘날 세계 각지에서는 여러 가지 종교 세력들이 다투며 서로 싸움을 벌이고 있다. 우리나라에서도 각종 종교간에 갈등이 심하다. 그러나, 이러한 갈등은 원래 종교를 개창한 교주들의 뜻은 아닐 것이다. '올더스 헉슬리Aldous Huxley(1894~1963)'도 그의 저서인 『영원의 철학The Perennial Philosophy』에서 종교의 원리는 모두 같은 것이며 그 목적은 인간을 구원하기 위한 것이라는 관점에서 두루 중국 도교의 경전을 인용하고 있다.

공자의 고향인 중국에서도 불교, 도교, 유교 간의 종교적 갈등이 심하였다. 그래서 수행하는 사람들은 자신이 불교를 믿으면 도교를 욕하고, 도교를 믿으면 불교를 욕하고, 불교와 도교는 유교를 욕하고 상호비방하고 서로의 세력을 말살하려는 투쟁이 끝이 없었다. 청나라 때 정판교鄭板橋라는 수재가 있었는데, 그는 사람들이 서로 싸우는 것을 보고 이렇게 풍자하였다. "스님은 석가모니 부처님의 죄인이고, 도사는 노자의 죄인이고, 학자는 공자의 죄인이다(和尙, 釋迦之罪人. 道士, 老子之罪人. 秀才, 孔子之罪人也./ 화상, 석가지죄인. 도사, 노자지죄인. 수재, 공자지죄인야)." 여기에 "예수교인은 예수의 죄인이요, 무슬림은 마호메트의 죄인이다"라는 말만 덧붙이면 현대의 종교 갈등을 종합적으로 표현할 수 있겠다. 사실 석가모니 부처님이나 노자, 공자, 예수님, 마호메트 같은 교주에게는 잘못이 없다. 모두 그들의 뜻을 잘못 해석하고 전하는 그 제자들이나 문도가 잘못하고 있는 것이다.

공자의 언행은 '논어'에 집약되어 있지만, 공자는 50세가 넘어서 역경에 몰두하며 역경을 해설한 '십익十翼'을 지었다고 한다. "위편삼절韋編三絶"이란 공자가 대나무(죽간)로 만든 책을 수없이 펼치고 접으며 읽는 과정에서 쇠심줄로 만든 가죽끈이 세 번이나 끊어졌다는 고사에서 나온 말이다. 공자는 '역경'을 읽는다고 하지 않고 "가지고 놀듯이 탐구해야 얻는 것이 있다(玩索而有得/ 완색이유득)."고 하였다. 동서양 고전의 양이 무한할 진데 너무 진지하고 필사적으로 읽는다면 몇 권 읽지도 못하고 그 무게와 긴장감에 눌려 건강을 해치고 죽을지도 모른다. 먹고살기에 바쁜 인간의 숙명 상 조금씩 맛을 들여 유연하고 끈기있게 유람하는 것이 바른 독서의 길일 것이다.

'군자지도君子之道(군자의 길)'는 인간이 살아 나가면서 지향하여야 할 목표이다. 예의염치가 무너지고 물질적인 풍요에만 집착하는 현대사회에서 공자가 가르치고자 한 바람직한 '군자상君子像'을 더듬어 보는 것은 더욱 의미가 있다고 생각된다. 특히 필자가 몸담고 있는 법조계 인구는 이제 3만 5천명을 넘는 대규모의 전문가집단이 되었음에도 날로 정신세계는 퇴조하여 사회적 리더로서의 역할에 빛을 잃고 있다.

옛말에 "세상의 좋은 말은 이미 책에 다 말해져 있고, 세상의 좋은 산은 모두 스님들이 차지하고 있네(世間好語書說盡, 天下名山僧占多/ 세간호어서설진, 천하명산승점다)."라고 하였는데, 마찬가지로 세상에는 이미 쓸만한 책들이 차고도 넘친다. 공자에 관한 책들도 좋은 책들이 차고도 넘친다.

천학비재한 내가 낄만한 처지가 아니지만, 내가 감동을 받은 공자의 가르침 중에서 '군자의 길'을 가르쳐주는 아름다운 문구라도 모아 놓으면, 이것이 우연히 인연이 닿는 사람에게 전하여져, 그것이 시발점이 되어 사서오경, 경사자집 등 선현들의 지혜에 대한 호기심을 넓혀가는 계기가 되지나 않을까 하는 바람으로 용기를 내어 본 것이다.

이 책의 제목을 『공자를 만난 변호사』로 한 것은 변호사인 내가 공자를 만나고 삶에 많은 변화가 있었기 때문이다. 내용은 내가 선배 변호사로서 후배 변호사들에게 알려주고 싶은 것을 가려 뽑은 것이고, 아무래도 변호사들은 한자로 된 법률용어 사용에 익숙하여 다른 분야의 사람들보다 한자 실력이 조금은 나으니 원문을 함께 수록하면 동도의 법조인에게 호기심을 유발하여 공감을 불러올 수 있지 않을까 하는 바람에서다.

책의 내용은 '군자상'에 관한 공자의 가르침을 주제로 ① 논어에 나오는 내용에서 발췌한 것과 ② 주역 '문언전', '계사전', '대상전 (64괘의 각 괘의 서두에서 괘의 형상에서 영감을 받아 짤막하게 한 문장씩 기술한 문건)'에 나타난 내용을 발췌하여, 기존의 문헌에서 참조한 내용으로 살을 붙여 요약한 것에 덧붙여 ③ 삶의 단상을 적은 지난 글 몇 편을 더한 것이다.

차례

2부 | 논어에 나타난 유가 5덕: 인, 의, 예, 지, 신

3부 | 주역 '대상전'에 나타난 군자의 길

4부 | 동양고전으로 산다는 건

논어에 나타난 군자의 길

1

◆ 01 ◆

문과 질이 배합되고 조화되어야 군자라 일컬을 수 있다

인간은 몸과 마음, 외면적 신체와 정신적 사고, 두 가지 요소로 이루어져 있다. 신체가 건강하여 골고루 잘 기능하여야 정신도 정상적인 사고를 하고 평안할 수 있다. 신체적, 외부적인 측면에서는 질병이 없이 건강을 유지하는 한편 의관 정제하여 깔끔하게 꾸미는 작업도 필요하다. 보이지 않는 내면의 정신적 측면에서는 심성을 도야하고 학문을 익히고 희노애락의 감정이 균형을 잡도록 평상심을 유지하는 노력이 필요하다. 이와 같이 내면과 외면이 모두 아름다운 모습을 갖추고 나아가서는 서로 조화를 이루는 상태에 이르러야 가장 빛나는 것이다. 어떤 요건을 갖추어야 되고 어떠한 비율로 조화를 이루어야 하는지의 각론에 대하여는 여러 가지 논의가 있을 수 있다. 하여간 기본원칙은 안팎이 아름답게 조화를 이루는 것이며 그래야만 가히 군자라고 할 수 있는 것이다.

공자께서 말씀하시었다: "본바탕이 꾸밈새를 압도해버리면 촌스러워지고(거칠고/ 촌스럽고 투박함), 꾸밈새가 본바탕을 압도해 버리면 형식적이 된다(번지레하기만 하고 깊이가 없다/ 문서관리자의 세련미). 꾸밈새와 본바탕이 유기적으로 결합하여 조화를 이루어야 군자라고 할 것이다." [옹야 6-16]

子曰: "質勝文則野, 文勝質則史. 文質彬彬, 然後君子."
자왈 질승문즉야 문승질즉사 문질빈빈 연후군자

여러 가지 비유적인 해석이 가능하나, 일단 문과 질이 대립되는 개념이고 한쪽이 지나치게 우세하게 발현한 경우의 속성이 각각 야와 사이다. 문文은 꾸밈, 형식 혹은 원래의 타고난 인성을 교육하고 가공한 결과 또는 드러난 면(말과 행동)을 의미할 것이고, 질質은 원래의 인성이나 그 본질, 소질 혹은 사람됨의 바탕을 의미하는 것이다. 겉으로 보이지 않는 속바탕이 형편없이도 겉으로 잘 꾸며서 사회적으로 날리는 사람도 있을 것이다. 공자는 이런 사람을 '원칙이 없는 자(무항자/ 無恒者)'라고 하며 "없으면서 있는 체하고, 비어있으면서 차 있는 체하고, 빈곤하면서 풍요로운 체하는 인간 (亡而爲有, 虛而爲盈, 約而爲泰/ 망이위유, 허이위영, 약이위태)"이라고 하였다.(술이 7-25). 한편, 속바탕이 충실하고 아름다우면서도 이를 효과적으로 표출하지 못해 망하는 사람도 있을 것이다. 바람직한 인간사회에서는 이 두 가지를 적당히 조화시킬 수 있어야 인정받는 사람이 될 수 있는 것이다.

주역 곤괘 문언전에서 "군자는 경건함으로써 안으로 자기 자신을 곧추세우고, 의로움으로써 밖으로 다른 사람과의 관계를 방정히 한다. (君子敬以直內, 義以方外/ 군자경이직내, 의이방외)"라고 하였다. 안으로 자신을 지탱함은 곧 '질'에 해당하는바, 경건함이 주가 되게 하여 마음이 함부로 움직이지 않고 스스로 구부러뜨림이 없도록 할 것이며, 밖으로 의로움을 행하는 것은 바로 '문'에 해당하는바, 올바름을 지키며 잡스런 것으로의 쏠림이 없도록 일마다 잘 제어함을 말한다.

사람도 '문질빈빈'해야 하고, 사회환경이나 물건도 '문질빈빈'해야 하고, 국가나 사회제도의 운영도 '문질빈빈'해야 한다. 시대와 환경에 따라 약간씩 밀고 당기는 변화는 있다하더라도 이러한 조화의 기본원칙의 원리하에 인간의 역사가 움직여 온 것이다. 지난 100여 년간에 급격한 발전을 이룩한 과학문명으로 지구가 더 이상의 팽창과 과소비를 이기지 못하고 드디어 환경이변 등의 한계를 보이고 있다. 대량생산과 대량소비의 번잡함에도 질려서 마음은 한없이 허허롭다. 물질문명만 발전하였으되, 정신문명은 퇴보하고 인간성은 한없이 타락한 것이다.

음양의 변화를 근본으로 하는 동양사상의 핵심은 '물극필반物極必反'이다. 사물의 전개가 극에 달하면 반드시 반전한다. 인간이 적당한 조화를 이루어 나가고자 노력하는 것을 군자의 미덕으로 삼는 것은 궁극적으로 변화하는 것은 막을 수 없더라도 그 강도를 부드럽게 하여 인간사회가 면면히 이어지도록 하는 것이 자연법칙(道)의 순리라고 보기 때문이다.

그래서 공자는 "사람이 도를 넓힐 수는 있는 것이나, 도가 사람을 넓히는 것은 아니다. (人能弘道, 非道弘人/ 인능홍도, 비도홍인)" (위령공 15-28)라고 하였다. 모든 것은 수기修己에 달려 있다.

묵묵히 이루어 내고, 말하지 않아도 믿음을 주는 것이 바로 덕행이다. (默而成之, 不言而信, 存乎德行/ 묵이성지, 불언이신, 존호덕행; 계사상전 12장)

◆ 02 ◆

원(으뜸됨), 형(형통함), 이(이로움), 정(올곧음)의 네 가지 덕

세상에는 수많은 학문이 있다. 사람이 나서 죽을 때까지 조금이라도 알고 접하여 볼 수 있는 부분은 너무나 미약한 부분에 불과하다. 인류의 사유 세계가 수천 년 동안 쌓아온 업적이 너무나 거대하기 때문이다.

논어 술이편(7-16)에서 공자는 "하늘이 나에게 몇 년의 수명만 더 해준다면, 드디어 나는 주역을 배울 것이다. 그리하면 나에게 큰 허물이 없으리. (加我數年, 五十以學易, 可以無大過矣/ 가아수년, 오십이학역, 가이무대과의)"라고 하였다. 통설은 공자가 만년에 역을 연구하여 역의 십익十翼을 지었다고 하며, "위편삼절韋編三絶(공자가 주역을 즐겨 읽어 책을 묶은 가죽끈이 세 번이나 끊어졌다는 말, 사기의 공자세가에서 유래)"이란 이와 관련이 있다.

공자가 지은 문언전文言傳(주역의 건곤괘를 부연 해설한 공자 십익 중의 하나)에서는 건괘의 괘사인 원형이정이 군자가 갖추어야 할 4덕이라고 하였다.

원 : 으뜸됨이란 만물을 생하는 창조적인 좋은 기운(선)의 우두머리이고, (元者善之長也/ 원자선지장야)

형 : 형통함이란 좋은 관계를 지니는 인간이나 사물이 모여드는 것 (아름다움의 모임)이고, (亨者嘉之會也/ 형자가지회야)

이 : 이로움이란 모든 관계에서 발생하는 마땅함의 날카로운 충돌을 조화시키는 것 (의로움의 조화)이고, (利者義之和也/ 이자의지화야)

정 : 올곧음이란 사물(일)의 생성 과정에 있어서 그 근간(줄기)이 완성되는 것이다. (貞者事之幹也/ 정자사지간야)

군자는 어짊을 체득하여 족히 사람들의 머리가 되고,

아름다움을 모이게 하여 족히 예에 합당하게 하고,

만물을 이롭게 하여 족히 의로움에 어울리게 하며,

올곧고 굳게 하여 일을 주관한다 (지조 있고 단단한 삶의 자세를 취함으로써 사물의 생성을 완결지을 수가 있다).

(君子體仁足以長人/ 군자체인족이장인, 嘉會足以合禮/ 가회족이합례, 利物足以和義/ 이물족이화의, 貞固足以幹事/ 정고족이간사)

공자께서 말씀하시었다: "군자는 의로써 바탕을 삼으며, 예로써 행동하며, 겸손으로써 표현하며, 신험함으로써 완성한다. 이것이 군자로다." **[위령공편 15-17]**

子曰: 君子義以爲質, 禮以行之, 孫以出之, 信以成之. 君子哉!
자왈 군자의이위질 예이행지 손이출지 신이성지 군자재

공자의 어록집이라 할 수 있는 논어에는 군자의 품성에 대하여 다양한 문답과 경우를 상정한 가르침이 있다. 또한, 주역의 정신을 감동스러운 아름다운 문구로 해설한 계사전에서도 공자는 인간이 군자의 품성을 갖추기 위하여 죽을 때까지 노력해야만 한다는 인간의 의무를 강조하고 있다.

그가 강조한 인仁, 의義, 예禮, 신信, 서恕 등등의 여러 가지 가치는 한마디로 설명하기 어려운 아주 포괄적이며 추상적인 가치를 의미하고 있으나, 음미하면 음미할수록 옳은 가르침이다. 나아가 공자는 이러한 가치의 실제 적용에 있어서는 처음과 끝을 일관하는 것을 강조하되, 어느 한 가지만을 고집하여 억지로 교조주의적으로 온갖 것들에게 덮어씌워 관철하려는 것을 경계하였다. 널리 배우되 아는 것을 요약하여 원래 추구하던 가치에 돌이켜보아 그 핵심을 잡을 줄 알아야 하고, 그때그때의 상황에 맞게 일을 처리하는 것이 중요하다고 하였다. 상황에 맞느냐 아니냐의 판단기준으로서 '의로움(義)'을 제시하였다.

> 공자께서 말씀하시었다: "군자는 세상일을 대함에 있어서 절대로 어떻게 해야만 한다는 것도 없어야 하고 (가까이할 것도 없고), 절대로 어떻게 해서는 안 된다는 것도 없어야 한다 (멀리할 것도 없다). 오로지 의로움에 따를 뿐이다. **[논어 이인 4-10]**
>
> 子曰: 君子之於天下也, 無適也, 無莫也, 義之與比
>
> 자왈 군자지어천하야 무적야 무막야 의지여비

◆ 03 ◆

남의 평가에 내 인생을 맡기지 않는다

법조인의 세계도 전문화, 세분화의 추세가 진행된 지 오래되었다. 판사는 판사대로, 검사는 검사대로, 변호사는 변호사대로 각자의 전문 분야를 연구하고 수련하기에 심신이 바쁘다. 하지만 이러한 인간의 노력에 끝이 있을 수 없으니 어찌 즐거운 만족의 순간을 찾을 수 있겠는가? 그래서 수양하는 삶의 자세를 위하여 공자와의 대화가 필요한 것이다. 논어는 첫 장은 이렇게 시작한다.

> 공자께서 말씀하시었다: "배우고 때에 맞추어 익히니 또한 기쁘지 아니한가? 벗(뜻을 같이하는 자)이 있어 먼 곳으로부터 찾아오니 또한 즐겁지 아니한가? 사람들이 알아주지 않아도 노여워하지 않으니 또한 군자가 아니겠는가?" [학이 1-1]
>
> 子曰: 學而時習之, 不亦說乎? 有朋自遠方來, 不亦樂乎?
> 人不知而不慍, 不亦君子乎

자왈 학이시습지 불역열호 유붕자원방래 불역락호
인부지이불온 불역군자호

공자께서 말씀하시었다: "남이 나를 알아주지 않음을 걱정하지 말라. 내가 남을 알지 못함을 걱정할지니." [학이 1-16]

子曰: 不患人之不己知, 患不知人也
자왈 불환인지부기지 환부지인야

공자께서 말씀하시었다: "남이 나를 알아주지 않는 것을 걱정할 것이 아니라, 나의 능력이 모자라는 것을 걱정해야 한다" [헌문 14-32]

子曰: 不患人之不己知, 患其不能也
자왈 불환인지부기지 환기불능야

남이 먼저 나를 알아주고 인정해 주기는 쉽지 않다. 인정받을 수 있는 재능과 쌓아둔 실력이 바탕이 되어야 하고, 또 이를 외부에 알리기 위한 포장과 홍보가 필요하기 때문이다. 그러나 기본적인 자세는 항상 노력하면서도 언젠가는 자신의 운에 맞는 때가 올 것이라는 희망을 품고 살아갈 수밖에 없다. 오직 스스로 단련하는 도만이 온갖 행위를 통괄하는 근본이 되며, 공력과 능력도 저절로 이곳으로 모인다. (唯自彊之道, 萬行之統宗, 而功能之所自集也/ 유자강지도, 만행지통종, 이공능지소자집야: 왕부지 〈주역내전〉)

공자께서 말씀하시었다: "군자는 문의 세계에 있어서는 가급적 널리 배워야 한다. 그러나 그것을 반드시 예로써 집약시켜야 한다. 그리하면 도에 어긋남이 없을 것이다." [옹야 6-25]

子曰: 君子博學於文, 約之以禮, 亦可以弗畔矣夫.
자왈 군자박학어문 약지이례 역가이불반의부

무릇 (사람이 기회를) 만나느냐 못 만나느냐는, 때에 달린 것이고,
현명하냐 어리석으냐는 자신의 재능에 달린 것이다.
군자가 넓게 공부하고 깊게 사색하더라도 때를 못 만난 자는 많으니, 어찌 나 공자만이겠느냐? 지초와 난초 같은 향초는 깊은 숲속에서 자라지만, 찾아오는 사람이 없다고 향기를 내뿜지 않는 것은 아니고, 군자는 도를 닦고 덕을 세우는 데 있어, 궁색하고 어렵다고 하여 절개를 바꾸는 법이 없다. 올바르게 행동하는 것은 사람에게 달렸지만, 살고 죽는 것은 운명에 딸린 것이다. [공자가어]

夫遇不遇者, 時也, 賢不肖者, 才也.
부우불우자 시야 현불초자 재야

君子博學深謀而不遇時者衆矣, 何獨丘哉
군자박학심모이불우시자중의 하독구재

且芝蘭生於深林, 不而無人而不芳.
차지란생어심림 불이무인이불방

君子修道立德, 不爲窮困而改節.
군자수도립덕 불위궁곤이개절

爲之者, 人也, 生死者, 命也.
위지자 인야 생사자 명야

증자가 말했다. "선비는 견식이 넓고, 의지가 굳세지 않으면 안 된다. 왜냐하면 선비의 소임은 무겁고 가야 할 길은 멀기 때문이다. 인仁을 실현시키는 것이 선비의 소임이니 그보다 더 무거운 것이 또 어디 있겠는가? 죽을 때까지 걸어가야 할 길이니 그보다 더 먼 것이 또 있겠는가!" **[태백 8-7]**

曾子曰: 士不可而不弘毅, 任重而道遠

仁以爲己任, 不亦重乎? 死而後已, 不亦遠乎?

증자왈 사불가이불홍의 임중이도원

인이위기임 불역중호 사이후이 불역원호

04

삶을 즐기는 자세

공자께서 말씀하시었다: "배움의 길에 있어서 무엇을 안다고 하는 것은 그 무엇을 좋아하는 것만 같지 못하고, 무엇을 좋아한다는 것은 그 무엇을 즐기는 것만 같지 못하다." [옹야 6-18]

子曰: 知之者 不如好之者, 好之者 不如樂之者.
자왈 지지자 불여호지자 호지자 불여낙지자

논어에서 멋있는 문장을 뽑으라면 단연 으뜸에 속하는 것이다. 인생에서 가장 바람직한 삶의 태도는 매사를 즐기면서 살아가는 것이다. 학생이 공부를 즐기고, 직장인은 회사 일을 즐기고, 주부는 가정일과 자녀 돌보는 것을 즐기고, 젊은이는 젊음을 즐기고, 늙은이는 늙어감을 즐기고....

즐긴다는 것은 순간적인 쾌락이나 나태함이나 퇴폐적인 것이 아니다. 아무리 힘든 일이라도 즐거운 마음으로 생의 귀중한 순간을 지나며 인간으로서의 의미를 느끼며 실행할 수 있다면 엔도르핀이 솟아 나지 않을 수 없다. 어떠한 상황 속에서도 자신의 즐거움을 놓치지 않고 적극적이고 능동적인 삶을 산다면 이것이야말로 바로 성인의 경지가 아니겠는가?

고전의 글 한마디가 아무리 가슴에 와닿아도 그 감동이 눈으로 보는 순간만에 그쳐서는 안 된다. 공자의 말씀을 읽더라도, 첫 단계는 단순히 눈으로 읽고 아하 그럴듯하구나하고 지나치는 단계가 있을 수 있고, 더 나아가 그 구절을 외워 그 의미를 음미하여 보는 단계가 있을 수 있고, 날로 숙고하여 그 속에 숨겨진 무궁무진한 진리의 의미를 곱씹어 삶의 현장에 적용하여 인생의 태도를 바꾸는 사람이 있을 것이다.

즐거운 마음으로 하면 세상 근심을 모두 잊어버린다고 공자는 자신의 사람됨에 대하여 이렇게 말하였다.

> 섭공이 공자의 위인에 관하여 자로에게 물었다. 자로는 대답하지 않았다. 공자는 이에 말씀하시었다: "자로야! 너는 왜 이렇게 말하지 않았느냐? 우리 선생의 사람됨은, 분발하면 먹는 것도 잊고, 즐거움을 느끼면 세상 근심을 다 잊어버린다고. 그러기에 늙음이 다가오는 것도 알아차리지 못하는 그런 사람이라고." [술이 7-18]
>
> 葉公問孔子於子路, 子路不對.
>
> 子曰: 女奚不曰, 其爲人也, 發憤忘食, 樂以忘憂, 不知老之將至云爾

섭공문공자어자로 자로부대

자왈 여해불왈 기위인야 발분망식 낙이망우 부지노지장지운이

마음이 즐거우려면 근심이 없어야 한다. 세상을 살아가면서 어찌 힘들고 공포스럽고 아픈 마음이 없을 수 있겠는가? 끊임없이 자신의 마음을 수양하고 단련시켜 나가는 수밖에 없다. 순간적으로는 어렵더라도 일비일희하지 않고 항상 안정되고 평온한 마음의 여유를 지킬 수 있도록 노력하여야 한다. 미래에 대한 전망과 대비는 필요하겠지만, 다가오지도 않은 일에 대한 지나친 걱정과 불안은 사람을 약하게 만든다.

공자께서 말씀하시었다: "군자는 마음이 평온하며 넓고 (인품이 트여 너르고) 여유롭다. 소인은 (인품이 좁아) 늘 근심이 가득하다 (걱정에 사로잡혀 있다)." [술이 7-36]

子曰: 君子 坦蕩蕩, 小人 長戚戚

자왈 군자 탄탕탕 소인 장척척

사마우가 군자에 대하여 묻자, 이에 공자가 말씀하시었다. "군자는 근심하지 않고 두려워하지 않는다."

그러자 사마우가 반문하였다: "근심하지 않고 두려워하지 않기만 한다면 곧 군자라 일컬을 수 있겠습니까?" 공자께서 말씀하시었다: "자기 속으로 살피어 부끄러울 일이 없는데 무엇을 근심하며 무엇을 걱정하리오!" [안연 12-4]

司馬牛問君子.

子曰: 君子不憂不懼. 曰: 不憂不懼, 斯謂之君子矣乎?

子曰: 內省不疚, 夫何憂何疚?

사마우문군자

자왈 군자불우불구 왈 불우불구 사위지군자의호

자왈 내성불구 부하우하구

05

가난해도 비굴하지 않고,
부유해도 교만하지 않으면

인생에서 가장 심각하고도 중요한 문제가 먹고 사는 문제이다. 먹고 살기 위해서는 적당한 부가 필요하다. 자본주의 사회에서 성공하여 부를 일군 사람은 아무래도 존경받을 만하다. 그 방법이야 어떻게 되었던 일단 훌륭한 결과물로 나타난 엄청난 부를 보면 그 사람이 무엇인가 탁월한 치부의 능력이 있음이 분명하여 보인다.

하지만 각도를 달리하여서 보면 부를 쌓는 것에 성공하는 것은 아마도 운(운명)의 힘이 9할 이상이 아닌가 생각이 된다. 70세가 가까워져 오는 이 나이에 돌이켜 생각해 보아도 역시 인생은 운이 중요하다는 생각이 더욱 강해진다.

부자가 되는 것도 좋은 일이지만 재물이 있으면서도 교만하지 않을 수 있다는 것은 군자가 되기 위한 중요한 품성이다. 교만이라는 것은 인간의 버릴 수 없는 본성이다. 우리 법조인의 세계에서는 또 얼마나 자기가 똑똑함을 내세우는 교만함이 판을 치는가? 법조인들은 비

법조인들을 교만한 눈으로 내려다본다. 법조인들의 세계에서는 서로 경쟁자인 상대방보다 자기가 똑똑하다고 혹은 학벌이 좋다고 혹은 돈 버는 능력이 좋다고 우월감을 가지고 내려다보며 서로 교만함의 극치를 다툰다.

가난하면서도 비굴하지 않고 태연할 수 있는 사람은 거의 성인의 경지에 가깝다. 공자의 수제자인 안회 정도는 되어야지 가능한 일이 아닐까? 공자의 제자 중 이식에 밝고 이재에 성공하여 큰 부를 이루고 공자사단의 병참 보급의 핵심 참모로 활약한 자공이 자신의 성공을 돌아보며 느긋한 마음으로 공자에게 물었다.

> 자공이 여쭈었다: "가난하면서도 아첨하지 아니하고, 부유하면서도 교만하지 아니하면 어떻겠습니까" 이에 공자께서 말씀하시었다: "괜찮지. 그러나 가난하면서도 즐길 줄 알고, 부유하면서도 예를 좋아하는 것만 같지는 못하느니라." [학이 1-15]
>
> 子貢曰: 貧而無諂, 富而無驕, 如何?
>
> 子曰: 可也. 未若 貧而樂, 富而好禮者也
>
> 자공왈 빈이무첨 부이무교 여하
>
> 자왈 가야 미약 빈이락 부이호례자야

공자도 부를 선망하지 아니한 것은 아니었을 것이다. 어릴 때부터 불우한 환경 속에서 조실부모하고 온갖 험한 일을 경험하면서 스스로 주위의 모든 것으로부터 깨우침을 터득한 그도 부란 노력해서 쉽게 이룰 수 있는 것이 아니라는 것을 아신 듯하다.

공자께서 말씀하시었다: "돈을 번다는 것이 내가 구해서 얻어질 수 있는 것이라면 채찍을 잡는 자의 천한 일이라도, 내 기꺼이 그것을 마다하지 않겠다. 그러나 구해서 얻어질 수가 없는 것일진대, 나는 내가 진정 하고 싶은 것을 하리라." [술이 7-11]

子曰: 富而可求也, 雖執鞭之士, 吾亦爲之. 如不可求, 從吾所好.
자왈 부이가구야 수집편지사 오역위지 여불가구 종오소호

가난이 나 혼자만의 문제라면 하루에 한 끼만 먹으면서도 살 수 있을지 모르지만, 가족을 건사하는 가장의 위치에 있고 보면 부자 될 가망이 없음을 알면서도 어쩔 수 없이 '집편지사'의 일자리라도 마다할 수 없는 것이 우리 인생의 숙명이니...

공자가 말했다: "군자는 태연하되 교만하지 않고, 소인은 교만하면서 태연하지 못하다." [자로 13-26]

子曰: 君子泰而不驕, 小人驕而不泰
자왈 군자태이불교 소인교이불태

'태'는 태연자약泰然自若한 것인데, 어떤 어려운 상황이 있더라도 흔들리지 않는 부동심을 가지고 있는 것이다. 그래서, 마음속으로 빌어본다.

가난하더라도 태연하고 큰돈이 생기더라도 태연하고, 남에게도 겸손하게 도움을 베풀 수 있는 정도의 재물을 획득하여 살다가 구질구질하지 않고 깨끗하게 생을 마감할 수 있기를!

◆ 06 ◆

남에게 까다로운 요구를 하지 않고, 바른길이 아니면 즐거워하지 않는다

사회생활을 하면서 만나는 상사 중에는 모시기 쉬운 사람도 있고 모시기 까다로운 사람도 있다. 물론 아랫사람은 진심으로 성실하게 일하고 올바른 방법으로 상사를 모셔야 한다. 그러나, 아랫사람이 그러한 노력을 다하는 데도 항상 칭찬보다는 불평과 비평 일색인 사람이 있다. 그런 사람이 소인이다. 소인은 부정한 방법이라도 자신의 욕심을 만족시키고자 하며 아랫사람에게 능력 밖의 일을 강요한다. 요즈음이야 근로 현장에서 갑질 규제가 지나치게 엄격하여 정당한 지시 사항조차 전달하기 어려운 기현상이 되어 있지만, 옛날에도 상사를 모시기는 어려웠나 보다.

> 공자께서 말씀하시었다: "군자는 섬기기가 쉬워도 그를 기쁘게 만들기는 어렵다. 도로써 기뻐하게 만들지 않으면 그는 결코 기뻐하지 않기 때문이다. 군자는 사람을 부리는 데 이르러서는 사람들

의 그릇의 역량에 따라 자유롭게 부린다.

그런데, 소인은 섬기기는 어려워도 기뻐하게 만들기는 쉽다. 기뻐하게 만들기를 도로써 하지 않아도 그들은 쉽게 기뻐하기 때문이다. 이런 소인들은 사람을 부리는 데 이르러서는 오히려 사람들이 완벽할 것을 요구한다." [자로 13-25]

子曰: "君子易事而難說也. 說之不以道, 不說也; 及其使人也, 器之
자왈 군자이사이난열야 열지불이도 불열야 급기사인야 기지

小人難事而易說也. 說之雖不以道, 說也; 及其使人也, 求備焉.
소인난사이이열야 열지수불이도 열야 급기사인야 구비언

사람을 부리는 윗사람이 되려면 아랫사람보다는 많이 넓게 알아야 한다. 그래서 "君子不器(군자불기)"라고 했다. 군자는 형태가 고정된 그릇이 아니고 모든 분야에서 원만하고 유연하게 대처하고 적응할 수 있는 사람이라야 한다. 그러기 위해서는 학식과 덕망을 두루 갖춘 인격자가 되어야 한다. 그렇더라도 아랫사람을 분발시켜 노력하도록 유도해야지 야단만 치고 자기 분풀이를 해서는 안 된다. 또한 도에 어긋나는 부정한 방법으로 아부하는 아랫사람에게 휘둘려서도 안 된다. 원칙은 알아도 실행하기는 어려운 덕목이다.

공자께서 말씀하시었다: "군자는 사람의 아름다운 측면을 완성하도록 도와주고(타인의 장점을 강화시키고), 사람의 추한 측면은 버리도록 (타인의 단점을 소멸시키도록) 도와준다. 소인은 이와 정반대이다." [안연 12-16]

子曰: 君子成人之美, 不成人之惡. 小人反是
자왈 군자성인지미 불성인지오 소인반시

항상 상대방의 단점만 들추는 사람이 있다. 항상 문제점만 지적하며 트집과 비난을 일삼는다. 이런 사람을 만나는 것은 불행하다. 더구나 상대가 자신의 상사이면 지옥이다. 반대로 남의 장점을 찾아주고 칭찬해 주는 사람을 만나게 되면 정말 좋은 인연이다. 칭찬과 격려를 통해 더욱 사람을 발전시킨다. 부모도 마찬가지이다. 자녀들을 세심히 관찰하여 잘 자존감을 높여주고 장점을 끌어내고 변화시켜 나가야 한다.

공자께서 말씀하시었다: "군자는 자기에게 구하고 (자기에게서 책임을 묻고), 소인은 남에게서 구한다 (남에게 책임을 묻는다)." **[위령공 15-22]**

子曰: 君子 求諸己, 小人 求諸人.
자왈 군자 구저기 소인 구저인

모든 문제는 결국 내가 문제이다, 내 탓이오, 내 탓이오, 나의 큰 탓이로소이다! 인간관계가 어려워진 것도, 부모와 불화하는 것도, 자식이 불효하는 것도 다 자기 자신이 본보기를 보이지 못함이라고 반성해야 한다. 부모가 놀면서 빈둥거리는 데 자식이 공부 열심히 할 리가 만무하며, 국회가 면책특권이 있는 치외법권 지대라고 해서 서로 비난과 남 탓으로 날을 새는 국회의원들의 본을 봐서는 안 된다.

07

분노를 억제하고 사욕을 제압해야 한다

주역 제41번째 괘는 손괘(태하간상兌下艮上: 山澤損)로서 대상전大象傳(괘상 전체를 설명하는 문장)에 '징분질욕'이 나온다. 인간의 심성 관리에 있어 가장 어려운 것이 분노조절(화가 나도 참아 억누르는 것)과 욕심제압이다. 화도 너무 참으면 홧병이 되니 가끔씩은 외부로 분출하여야 감정조절에 도움이 되겠으나 한순간의 화풀이가 인생을 망하게 하는 경우가 많다. 공자도 일찍이 '분노를 못 참아서 사고를 쳐서 부모에게 화를 미치게 하는 것'을 피하기 어려운 인간의 '미혹'이라고 하셨다.

> 제자인 번지가 '변혹辨惑(미혹함을 분변하는 것)'에 대하여 묻자, 공자께서 말씀하시었다: "하루아침의 분노로써 한 몸을 잊어버리고 그 화를 부모님에게까지 미치게 하는 것, 그것이 바로 미혹함이 아니고 무엇이겠니?" **[안연 12-21]**

一朝之忿, 忘其身, 以及其親, 非惑與

일조지분 망기신 이급기친 비혹여

인생의 모든 과정에서 혈기와 분노조절은 중요한 수양덕목이다. 공자는 인생 각 시기에 있어서 항상 혈기를 조심하여야 한다고 다음과 같이 말씀하셨다.

공자께서 말씀하시었다: "군자에게는 세가지 경계할 것이 있다. 어릴 적에는 혈기가 아직 안정되지 않았으니 경계함이 色(색욕, 정욕)에 있고, 커서는 혈기가 한창 강건하니 경계함이 鬪(싸움)에 있고, 늙어서는 혈기가 이미 쇠미하니 경계함이 得(물욕, 돈 욕심)에 있다." [계씨 16-7]

孔子曰: 君子有三戒: 少之時, 血氣未定, 戒之在色. 及其壯也, 血氣方剛, 戒之在鬪. 及其老也, 血氣旣衰, 戒之在得

공자왈 군자유삼계 소지시 혈기미정 계지재색 급기장야 혈기방강 계지재투 급기노야 혈기기쇠 계지재득

인간의 욕심은 항상 조절하여야 하겠지만 '의욕意欲(무엇을 하고 싶어 하는 것; 이것도 역시 욕심이다)'은 인생의 중요한 활력소이다. 그래서 욕심이 전혀 없어서 '아무것도 하고 싶지 않은 상태' 혹은 '아무것도 가지고 싶지 않은 상태'에 빠지면 이것 또한 큰 문제이다. 공자는 그 조절의 기준을 '탐貪'하지 말아야 한다고 하였다. 탐이란 마구잡이로 기준과 한계 없이 욕심을 내는 것이다. 부처도 사람을 망치는 '삼독三

毒'이 '탐貪, 진瞋, 치痴(욕심, 화냄, 어리석음)'라고 하였다.

공자는 논어 요왈편 20-2에서 '오미五美(다섯가지 아름다움)가 있다'고 말하였다.

"… 군자는 은혜를 베풀어도 허비하지 아니하며, 백성에게 노역을 시켜도 그들이 원망하지 아니하며, 욕심을 내어도 인仁한 욕심만 내기 때문에 탐하지 아니하며, 생활이 유족하면서도 교만하지 아니하며, 위엄이 있으면서도 사납지 아니하다. [요왈 20-2]

君子 惠而不費, 勞而不怨, 欲而不貪, 泰而不驕, 威而不猛
군자 혜이불비 노이불원 욕이불탐 태이불교 위이불맹

… 인을 욕심내어 인을 얻었을 뿐이니 또 어찌 탐심이 일겠는가?
欲仁而得仁, 又焉貪?
욕인이득인 우언탐

공자가 말한 욕심의 조절 기준은 "욕이불탐欲而不貪"이다. "하고자 하되 탐하지 말아야 한다"는 것이다. 욕심이란 것도 결국 마음의 작용이어서 궁극적으로는 마음의 수양 문제에 귀착한다. 그리하여 평생 마음 수양의 도를 닦다 보면 공자가 70세에 비로소 도달한 경지인 "종심소욕불유구從心所欲不踰矩(마음이 하고자 하는 바를 따라도 잘못이 없었다)"라는 경지에 이를 수 있을 것이다.

◆ 08 ◆

천명과 대인과 성인의 말씀을 공경하라

세계사에서 근대사회로의 획기적 변혁은 프랑스혁명이라고 할 수 있는데, 그 혁명정신이 '자유, 평등, 박애'였다. 당시의 사회가 너무나 인간의 기본적인 자유조차 인정하지 않고, 계급주의의 굴레 속에서 벗어날 수 없는 불평등이 만연하고, 사회의 형벌 제도가 너무나 가혹하고 기본적인 복지개념도 없었다. 그래서 '자유, 평등, 박애'는 인간의 구원을 약속하는 이상향의 도래를 예고하는 듯하였다.

자유, 평등의 가치를 200여 년간 확대하여 온 지금에 이르러 이제 절제되지 않은 무제한의 자유, 평등의 폐해가 사회 곳곳에서, 전 세계 모든 선후진국에서 나타나고 있다. 절제되지 않은 자유는 방종이요, 무조건적인 평등은 평등한 가난의 보장일 뿐인데, 자신의 목숨을 버리는 자들도 혼자 죽기 억울하다고 무차별 총기를 난사하는 등 통제 없는 사회는 점차 아비규환이 되어 가고 있다.

돌이켜 보건대 '구제도'라고 하여 기존의 모든 가치체계와 제도가 모조리 나쁜 것은 아니었다. 그 옛날 공자 시대에 공자는 항상 '주나라'의 시대를 모범으로 생각하여 그리워하였고, 그로부터 2,500년이나 지난 지금에도 그때에 생겨난 공자의 말씀과 가르침은 여전히 우리에게 많은 울림을 주고 있다.

사람은 공경하고 두려워하는 대상이 있어야 자신의 의지와 행동을 조절할 수 있다. 그렇지 않으면 홉스가 말하는 '만인의 만인에 대한 투쟁', '약육강식'이 횡행할 수밖에 없을 것이다. 공자께서 군자는 '천명, 대인, 성인의 말씀'을 공경하고 두려워해야 한다고 가르친 것이 오늘날에도 여전히 유효하다.

> 공자께서 말씀하시었다: "군자에게는 세 가지 외경이 있다. 천명을 경외하고 대인을 경외하고 성인의 말씀을 경외한다. 소인은 천명을 알지 못해 두려워하지 않는다. 대인을 깔보며 성인의 말씀을 모독한다." **[계씨 16-9]**
>
> 孔子曰: "君子有三畏: 畏天命, 畏大人, 畏聖人之言. 小人不知天命而不畏也, 狎大人, 侮聖人之言.
>
> 공자왈 군자유삼외 외천명 외대인 외성인지언 소인부지천명 이불외야 압대인 모성인지언

천명이란 시대정신에 대한 자각과 자신의 수양을 기초로 하여 자신이 무엇을 해야 하는 가를 깨닫고 인간의 운명을 좌우하는 초월적인 바른 정신이나 도道가 있음을 인식하는 것이다. 끊임없이 자신과 하늘

에 바른길을 물어 수양하는 마음가짐의 기초로 삼아야 하는 것이다.

대인은 그 옛날에는 대부 이상의 고위정치지도자들을 의미하였을진대 당시의 현실을 통제하고 질서를 유지하는 지도 집단이었다. 오늘날 사회에 있어서는 사회지도자, 연장자 등 사회제도의 운영에 있어 모범이 되는 사람을 의미한다고 볼 수 있다. 예전에는 권위라든가 장중함이 아름다운 질서를 표현하는 말이었으나, 지금은 권위주의, 기득권의 표상 등 나쁜 인식으로 경도되어 있으니 이 또한 통탄할 일이다.

성인의 말씀은 누구를 성인이라 하느냐를 특정하기 어려우나 인류 역사에서 후세를 위하여 모범을 보인 훌륭한 현인들의 말씀이라고 생각하면 되겠다. 옛말에 "세상의 좋은 말은 이미 책에 다 말하여져 있고, 세상의 좋은 산은 모두 스님들이 차지하고 있네. (世間好語書說盡, 天下名山僧占多/ 세간호어서설진, 천하명산승점다)"라고 하였다. 어찌 성현의 말씀이 없어서 인간이 사악하여지는 것이겠는가? 인간이 받들어 두려워하고 수양하기를 거부하면 아무 소용이 없는 것이다.

성인의 말씀조차 "교언영색巧言令色(말을 교묘하게 하고 얼굴빛을 꾸밈)"하는 자들에 의하여 이리저리 자신을 분식하는 데 이용될 뿐이다.

자신의 철학의 최대가치가 "인仁"이었던 공자도 탄식하였다.

"말 잘하고 표정을 꾸미는 사람치고 인한 이가 드물다." [학이 1-3]

子曰: 巧言令色, 鮮矣仁!

자왈 교언영색 선의인

◆ 09 ◆

군자의 길은 한 걸음씩 꾸준히!

공자께서 말씀하시었다. "군자는 그릇처럼 국한되지 않는다." [위정 2-12]

子曰: "君子不器"

자왈 군자불기

그릇이나 도구를 뜻하는 '器(기)'라는 한자가 묘하다. 네 개의 입 구(口) 자 중간에 개견(犬) 자가 들어 있다. 그래서 개고기를 그릇에 담은 모양이라고 보기도 하고 개가 귀한 그릇을 지키는 모양으로 해석하기도 하였다. '그러하다'라는 뜻의 '그럴 然(연)' 자도 왼쪽의 月은 고기육(肉)을 뜻하고 오른쪽은 개견(犬)인데 아래쪽에는 '불화(火)'로서 불을 지펴 타오르고 있는 모양이다. 예전에는 개고기를 요리하여 먹을 때 가죽을 벗기지 않고 껍질째 불에 그슬려 익혀 먹었기에 이를 형상화하였다고 한다. 지금은 개고기의 식용을 반대하는 여론에 밀려 '보신탕'이 사라질 위기에 있지만, 야사에 의하면 옛날 궁

중에서 어전회의시 황제가 여담으로 중신들에게 '세상에서 가장 맛있는 음식이 무엇이냐'고 물었을 때, 갑론을박을 거치는 가운데 누가 "개고기(보신탕)인 줄 아뢰오"라고 하니 모든 사람이 "과연 그렇다"라고 찬동하여 "그렇다"는 뜻의 '그럴 연然' 자가 생겼다는 말도 있다.

그릇이란 형태가 고정되어 변화할 수 없다. 용도가 정하여져 쓰임새도 한정되어 있다. 군자는 그릇이 아니다라는 뜻은 '군자는 모든 분야를 알고 있고 판단력이 유연하여 변화하는 상황에 알맞은 적절한 대처 능력이 있어야 한다'는 뜻으로 볼 수 있다. 한때 독일의 막스 베버가 동양이 근대산업 국가가 되지 못한 이유 중의 하나가 이와같이 한 가지 분야를 천착하는 장인을 중시하지 않는 공자의 말씀 때문이라고 비판하였다고 하지만, 이제 세월이 흘러 다양한 분야가 융합, 통섭하여 새로운 가치를 창조하는 이 시대를 맞고 보니, '군자불기'의 이상향이 더욱 고귀하여 보인다. 군자가 되기 위하여는 끊임없이 노력하여 갈고 닦는 수 밖에 없다.

인간으로서 삶을 살아가는 태도 중에 가장 숭고한 자세가 '한 걸음씩' 꾸준히 앞으로 전진하는 자세이다. 흘러가는 시간과 세월 속에, 혹은 날마다 진보하는 과학의 발전 속도에 뒤로 밀리지 않으려고 마음은 바쁘지만 지름길은 없고 그저 한 걸음씩 꾸준히 나아갈 수밖에 없다.

공자께서 개울 다리 위에 계시었다. 흐르는 물을 쳐다보시면서 이와 같이 말씀하시었다: "가는 것이 이와 같구나! 밤낮을 그치지 않는도다!" [자한 9-16]

子在川上, 曰: 逝者如斯夫! 不舍晝夜
자재천상 왈 서자여사부 불사주야

단순히 세월이 무상하게 흘러가는 것을 탄식하는 것이라고는 보기 어렵다. 세상의 변화는 끝이 없고 인간도 죽을 때까지 쉼 없이 꾸준히 노력하는 것의 중요성을 제자들에게 가르쳐 주고자 하는 말씀으로 보인다. 인생은 흐르는 물처럼 끊임없이 앞으로 나아가고 있고, 단순히 시간만 지나간다고 저절로 나아가지는 않으니 진보하려면 끊임없이 새로워져야 할 것이다. 일찍이 탕왕湯王은 제기용 대야의 밑바닥에 "진실로 날로 새로워져라! 날로 날로 새로워져라! 또 날로 새로워져라! (구일신, 일일신, 우일신/苟日新, 日日新, 又日新)"는 말을 새겨 두고 날마다 반성하여 정진하며 정신을 차리려고 노력하였다 한다. 어찌 날마다의 노력을 게을리할 수 있으리오?

◆ 10 ◆

지, 인, 용知仁勇의 겸비

공자의 철학을 한마디로 말하면 '인仁'이었다. 이것을 풀어서 해석하는 과정에서 제자인 증자는 '충서'라고 부연하기도 하였다.

공자께서 말씀하시었다: "삼아! 나의 도는 하나로 모든 것을 꿰뚫고 있다." 증자는 대답하였다: "그렇습니다." 공자께서 나가시자, 증자의 문인들이 물었다: "무슨 말씀입니까?" 증자가 말하였다: "선생님의 도는 충忠과 서恕일 뿐이다." [이인 4-15]

子曰: 參乎! 吾道一以貫之. 曾子曰: 唯. 子出, 門人問曰: 何謂也? 曾子曰: 夫子之道, 忠恕而已矣.

자왈 삼호 오도일이관지 증자왈 유 자출 문인문왈 하위야 증자왈 부자지도 충서이이의

'충'이라는 글자도 '가운데 중中' 자와 '마음 심心' 자가 결합하여

'마음에서 우러나오는 참된 뜻'이라는 의미를 가지게 되었다. 국가나 민족, 개인 등 특정 대상에 대하여 충성을 바치는 그런 의미라기보다는 공자의 가르침은 '자신과 남을 속이지 않는 信(거짓이 없어 믿을 만함)의 의미'와 가깝다고 생각된다.

'서'라는 글자는 '같을 여如'와 '마음 심心'이 결합하여 '마음과 마음을 같게 하는 것'이라는 의미로 '평정심을 유지한다 혹은 평정심을 유지하여 너그러운 마음을 갖는다'는 의미에서 '용서하다', '인자하다'는 뜻을 갖게 되었다.

> 공자께서 말씀하시었다: "군자의 도에 세 가지가 있으나 나는 능한 것이 없구나. 인자는 근심하지 아니하고, 지자는 미혹하지 아니하고, 용자는 두려워하지 아니한다." 자공이 이에 말하였다: "우리 부자께서 스스로 낮추어 말씀하신 것이다." **헌문 14-30**
>
> 子曰: 君子道者三, 我無能焉, 仁者不憂, 知者不惑, 勇者不懼.
> 子貢曰: 夫子自道也.
>
> 자왈 군자도자삼 아무능언 인자불우 지자불혹 용자불구
> 자공왈 부자자도야

그런데 요즈음 너무 넘치는 용기 때문에 세상이 어지럽다. 공자는 절제되지 않는 용은 세상을 어지럽히는 원인이 된다고 여러 번 강조하셨다.

"용감하면서 예가 없으면 세상을 어지럽힌다. (勇而無禮則亂/ 용이

무례즉난)"

"용감한 것을 좋아하면서 가난을 싫어하면 세상을 어지럽힌다. (好勇疾貧, 亂也/ 호용질빈, 난야)"

"어진 자는 반드시 용기가 있지만, 용기 있는 자라고 해서 반드시 어진 것은 아니다. (仁者必有勇, 勇者不必有仁/ 인자필유용, 용자불필유인)"

"용기를 좋아하고 배우기를 좋아하지 않으면 그 폐단은 세상을 어지럽히는 것이나. (好勇不好學, 其蔽也亂/ 호용불호학, 기폐야란)"

"군자가 용기만 있고 의로움이 없으면 난을 일삼는다. (君子有勇而無義爲亂/ 군자유용이무의위란)"

"용기만 있고 무례한 자를 미워한다. (惡勇而無禮者/ 오용이무례자)".

내가 검찰에서 20여 년간 검사로 근무한 인연이 있어 누구보다도 검찰의 활동을 이해하고 사회정의를 위한 조직과 구성원들의 노력을 옹호하는 사람이다. 이제 최초로 장기간의 검사 경력을 가지고 검찰 총수인 검찰총장까지 지낸 법조인이 대통령으로 선출되고 나니 야당 쪽이나 반대하는 사람들은 검찰 공화국이라고 하며 매사에 검찰에 대한 불만이 많은 모양이다. 이즈음에서 공자가 군자의 성품으로 지,인,용을 강조하시면서도 '절제되지 않은 용勇'의 폐해는 나라를 어지럽힌다고 특별히 걱정하신 것을 검사들은 특히 명심하여야 할 것이다.

검사라는 한자의 검檢 자가 '검사하다, 조사하다, 단속하다' 등의 뜻을 가진 것임에도 검사들은 자신들이 마치 진짜 칼(劍)을 쓰는 검사劍士에 비유되기를 좋아한다. 검객劍客이 생사를 가르는 진검승부를 하는 모습을 상상하면 전율이 오르고 그 치열함과 집중도를 생각하면 좋은 비유임에는 틀림없다. 나도 검사실에서 검사로 근무할 때에는 외부 사람들이 검찰청 오기를 왜 그렇게 꺼려하는지를 잘 이해하지 못하였다. 단순한 참고인으로 불러도 정말 참고인인지 혹 속여서 잡아넣으려고 부르는 것은 아닌지 모든 경로를 통하여 최대한 안전성을 다지고서야 살며시 조신한 모습으로 나타나는 것이다. 그만큼 공권력이라는 것은 거대하고 무서운 것인데 특히 공권력의 가장 예리하고 날카로운 칼끝이 바로 검찰이니 말이다.

나도 퇴직하고 민간인이 되니 비로소 검찰청 문이 교도소 담장이나 문처럼 높게 보이고 불러도 들어가고 싶지 않은 곳이 되었으며, 검사나 직원들의 한마디 말의 진정한 의미를 다시 되새겨 해석하여 보게 되었다. 기업하는 사람들이 흔히 말하는 왼쪽으로 넘어지면 횡령이고 오른쪽으로 넘어지면 배임이어서 검찰에서 나와 장부 털어가면 바로 교도소가 내 집이라는 푸념의 의미가 거짓말이 아니라는 것을 변호사 하면서 알게 되었다. 아무런 사심 없이 정의롭게 휘두른다고 생각했던 칼날의 이면에는 복잡한 인간사회의 오묘한 작동 원리를 고려하지 않고 "빈대 잡으려다 초가삼간 태운다"는 속담에 해당되는 결과가 있다는 사실을 항상 경계해야 하는 것이다. (나도 법을 집행하는 입장에 있을 때에는 그러면 법 지켜서 살면 될 거 아니냐라고 생각했었다. 그런데 입장이 바뀌어 보니 법도 법 아닌 것이 많고 세상만사가 생각만큼 법이 요구하는 대로 돌아가는 것이 아님을 알고 쓴 입맛만 다시고 있다.)

검찰 20년 근무에 남들처럼 명성을 날리는 칼잡이도 아니었던 내가 이런 훈수를 두는 것이 겸연쩍기는 하나, '특수부'에서 무슨 사건했다고, 혹은 '공안부'에서 무슨 사건 했다고 폼잡고 이것을 오래 우려먹는 사람들은 겸손할 줄 알아야 한다. 외부로 포장된 그럴듯한 사건의 이면에 가려진 많은 잘못들의 어슴푸레한 그림자를 단순히 사회정의 실현을 위하여 민초들이 마땅히 감내하여야 할 미미한 희생이라고 치부하지 말고 항상 자신에게 돌이켜 반성하며 살아야 하는 것이다. 하지만 없는 공적도 허위로 만들어서 나팔을 불어야 생존할 수 있는 현대사회의 현실 앞에서 무슨 염치로 이런 말을 할 수 있을까? 먹고 사는 일이 정말 힘든 것이다.

사람들이 환호하는 명성에는 조작된 허명이 많다. 사람들은 검사장, 검찰총장, 법무부장관을 한 사람들이 최고의 능력과 인품을 지닌 군자급 검사가 아니겠는가 당연히 생각하지만, 국민검사, 국민판사 등 그러한 명성 뒤에 숨겨진 허망한 영욕의 그림자를 어찌 다 가릴 수 있으리오. 내가 변호사를 하던 중 어느 날 갑자기 형사사건에 대한 성공보수는 무효라는 대법원판결이 나와 이제 형사사건에서는 착수금 이외에 성공보수는 못 받는다고 하여 내 귀를 의심하였던 일이 있었다. "아니 자본주의의 기초인 계약자유의 원칙이 사라졌나? 이거 무슨 말이지."하고 확인하여 보니 사실이었다. 도대체 상식과 현실에 전혀 맞지 아니하는 판결이었다. 그런데 나중에 알고 보니 그 판결의 주심이 바로 요즈음의 그 유명한 권○○가 아닌가! (하루속히 폐기하여야 할 대법원 판례 중 하나이다.) 요즈음 유달리 명성을 떨친 고위직 검사,

판사급들의 비리 문제가 매스컴을 수시로 타니 같은 법조인의 일인으로서 너무나 마음이 아프고 서글프다.

공자도 용감무쌍하게 혈기를 항상 앞세우는 자로(子路)를 경계하여 "暴虎憑河 死而無悔者 吾不與也/ 폭호빙하 사이무회자 오불여야 (맨손으로 호랑이를 때려잡으려 맞서고, 맨몸으로 강을 건너려고 과다한 용기를 부렸다가 죽으면서도 후회를 모르는 사람과는 함께 일하지 않겠다)"라고 따끔한 주의를 주었다.

예전부터 검찰이나 법무부에서 범죄 대책에는 '척결, 발본색원'이란 용어를 즐겨 썼다. 이것은 '살을 도려내고 뼈를 발려낸다', '뿌리까지 왕창 뽑아낸다'라는 의미여서, 한때는 검사가 국제회의에서 발표할 때 이를 영문으로 'eradication of crime'이란 용어로 즐겨 표현한 때가 있었다. 그런데 영미 국가들 문서는 대개 'crime control, control of crime' 정도 이상은 잘 안 쓴다. 범죄라는 것은 인간사회의 존속과 분리할 수 없이 공존하는 것이어서 그 비율을 적당한 수준으로 통제하는 것만 가능하지 인간의 본성상 완전히 뿌리 뽑을 수는 없고 함께 살아가야 하는 것이라는 진리를 알기 때문이다.

우리가 반코마이신이라는 마이신의 원자폭탄을 먹으면 몸속의 모든 균이 절멸되어 오히려 환자가 필요한 체내 균이 없어 장기작동불능으로 악화되는 경우가 많은 것과 마찬가지이다. 부지런히 일하는 개미를 100마리 잡아다가 관찰하였더니 20마리가 놀고 있어 그

놈들을 잡아내었더니 다시 80마리 중 20%가 놀고 있고 하는 식이다. 약간의 구성원들은 사고를 치게 마련이다. 지금은 '법과 질서'가 너무 느슨하게 풀리어 폭력, 마약 등이 난무하여 다시 질서를 회복함이 급선무이지만, 대중의 인기에 영합하여 너무 강경일변도의 범죄 대책으로 나가다 보면 동티나는 경우가 많을 것이므로 완급을 적절히 조정하여 나가야 할 것이다. 공자가 말씀하신 대로 상황에 맞느냐 아니냐의 판단기준은 '의로움(義)'일 뿐이다.

◆ 11 ◆

예를 행하는 방법

공자 가르침의 핵심 가치의 하나가 '인仁'인데 논어에는 '仁'이라는 글자가 무려 백아홉 차례나 등장한다. 공자는 '자기를 이기어 예로 돌아가는 것(克己復禮/ 극기복례)'를 '인'이라고 하였다. 가르침의 핵심인 인의 근본이 바로 예인 것이다. 예禮는 기본적으로 사람을 대하는 태도이다. 사람이 사람에 대해 지켜야 할 정중한 태도, 서로 존중하고 공경하는 그러한 태도를 형식을 갖추어 표현하는 것이 예이다.

그런데 우리 사회에서 언제부터인가 예절을 논하면 고식적이라고 경원하고, 유튜브도 보다 원색적이고 강한 '무례'와 '실례'되는 용어로 도배를 해야 조회수도 오르고, 분쟁에 있어서도 '가는 말이 험해야 오는 말이 곱다'는 풍조가 만연하여, 이른바 홉스가 말하던 '만인의 만인에 대한 투쟁'을 모토로 하는 '사회계약' 이전의 시대로 퇴보하고 있는 것이 아닌가 걱정된다.

안연이 인을 여쭈었다. 이에 공자께서 말씀하시었다: "자기를 이기어 예로 돌아가는 것을 인이라고 한다. 하루라도 자기를 이기어 예로 돌아갈 수 있다면 천하가 모두 인으로 돌아간다. 인을 실천하는 것은 오로지 자기로 말미암는 것이니 어찌 타인으로 말미암아 인을 실천할 수 있겠느뇨?"

顔淵問仁. 子曰: "克己復禮爲仁. 一日克己復禮, 天下歸仁焉. 爲仁由己, 而由人乎哉?"

안연문인 자왈 극기복례위인 일일극기복례 천하귀인언 위인유기 이유인호재

안연이 말씀드렸다: "그 세목을 여쭙겠나이다." 공자께서 말씀하시었다: "예가 아니면 보지도 말고, 예가 아니면 듣지도 말며, 예가 아니면 말하지도 말고, 예가 아니면 움직이지도 말지어다."

顔淵曰: 請問其目. 子曰: "非禮勿視, 非禮勿聽, 非禮勿言, 非禮勿動."

안연왈 청문기목 자왈 비례물시 비례물청 비례물언 비례물동

안연이 대답하였다: "회 제가 불민하오나 이 말씀을 공경되이 따르겠나이다." [안연 12-1]

顔淵曰: "回雖不敏, 請事斯語矣"

안연왈 회수불민 청사사어의

일본 동경에서 멀지 않은 곳에는 닛꼬日光 국립공원이 있는데, 이곳에는 도쿠가와 이에야스德川家康의 묘소인 도쇼꾸東照宮가 있다. 그 마구간 건물 처마 밑 장식에 눈을 가리고, 귀를 막고, 입을 가리고 있는 3마리의 원숭이가 조각되어 있다. 소위 '산자루さんざる, 三猿'라고

하는데, '미자루視ざる', '키카자루聽かざる' '이와자루言わざる'이다. 원숭이가 일본어로 '사루'인데 앞 단어에 붙여 쓰면 '자루'로 발음하는 것을 재치 있게 이용하여 공자의 가르침을 원숭이로 조각하여 후세를 위한 처세의 교훈으로 삼은 것이다. 이같이 예를 숭상한 정신이 에도江戶막부 300년 정권의 존립 기초가 된 것이다.

구체적 사회생활에서의 '예'의 기준과 형식, 정도에 관하여는 여러 가지 의론이 있을 수 있다. 그러나 시대와 나라를 초월하여 인간에게 공통적으로 인정을 받는 예의 기본원리와 정신은 분명히 살아있다. 공자 시대에도 예를 허례허식이라고 비난하는 사람이 많았던 모양이다.

> 공자께서 말씀하시었다: "예다, 예다라고 말하지만, 어찌 그것이 옥백을 말하는 것이겠느뇨? 음악이다, 음악이다라고 말하지만, 어찌 그것이 종과 북을 말하는 것이겠느뇨?" **[양화 17-11]**
>
> 子曰: 禮云禮云, 玉帛云乎哉? 樂云樂云, 鍾鼓云乎哉?
> 자왈 예운예운 옥백운호재 악운악운 종고운호재

요사이 말로 풀이하면, 예절이라고 해서 어찌 갓과 도포로 치장하고 형식만 차리는 것을 말하는 것이겠느냐, 음악이라고 해서 악기(종, 북)만 갖추면 되는 것이겠느냐, 오직 그 정신이 중요하다고 강조하는 것이다.

태백편(8-2)에서는 "공손하되 예의 원칙이 없으면 노고로워지고 (피곤하기만 하고), 신중하되 (삼가되) 예의 원칙이 없으면 두려워하게만 되고 (주눅들기만 하고), 용감하되 예의 원칙이 없으면 어지럽게 되고 (난폭하여지고), 정직하지만 예의 원칙이 없으면 사람의 목을 조른다 (가혹해진다). (恭而無禮則勞, 愼而無禮則葸, 勇而無禮則亂, 直而無禮則絞/ 공이무례즉로, 신이무례즉사, 용이무례즉란, 직이무례즉교)"고 하셨다.

공恭, 신愼, 용勇, 직直 등 긍정적이고 도덕적인 좋은 가치가 예禮가 없으면 한순간에 노勞, 사葸, 난亂, 교絞라는 부정적인 모습으로 변하는 것이다. 공자는 제자 자공에게 "가난해도 아첨하지 않고, 부유해도 교만하지 않는 것 (貧而無諂, 富而無驕/ 빈이무첨, 부이무교)"도 좋지만, "가난하면서도 즐거워하고, 부유하면서도 예를 아는 것 (貧而樂, 富而好禮者/ 빈이락, 부이호례자)"이 더 나은 것이라고 하셨다. 이처럼 예라는 것은 인간의 일상생활 어느 분야에서나 가장 근본적인 삶의 자세요, 지향 가치가 되어야 하는 것이다.

관자管子(춘추시대 제齊환공을 도와 오패五霸의 지위에 오르게 한 제나라 재상)라는 책의 목민牧民 편에서는 "나라에는 예禮, 의義, 염廉, 치恥라는 네 가지 강령이 있는데, 그 가운데 하나가 끊어지면 나라가 기울고, 두 가지가 끊어지면 위태로워지고, 세 가지가 끊어지면 뒤집어지고, 네 가지가 끊어지면 망한다"라고 하면서, '예'란 절도를 넘지 않음이고, '의'란 스스로 온갖 수단을 써서 벼슬에 나아가기를 구하지 않음이고, '염'이란 잘못을 은폐하지 않음이고, '치'란 그릇된 것을 부끄러워하여 따르지 않음이라고 하였다.

◆ 12 ◆

군자의 네 가지 삶의 방식

공자께서 말씀하시었다: "군자는 의로써 바탕을 삼으며, 예로써 행동하며, 겸손으로써 표현하며, 신험(信)함으로써 완성한다. 이 것이 군자로다!" [위령공 15-17]

子曰: "君子義以爲質, 禮以行之, 孫以出之, 信以成之. 君子哉!"
자왈　군자의이위질　예이행지　손이출지　신이성지　군자재

인간의 삶의 방식도 의식적으로 항상 좀 더 고상한 가치의 실현을 위하여 노력하는 마음이 있는 것과 마음을 풀어 놓는 것과는 천양지차이다. 사람이 한번 무너지면 한없이 깊은 나락으로 떨어지는 시발점이오, 바늘도둑이 뉘우치지 못하면 결국 소도둑이 되는 것이다. 형법에 누범가중 처벌 조항이 있는 것은 이러한 인류의 경험에서 나온 연역적인 원칙이다. 공자는 지켜야 할 義(의로움, 정의), 禮(예의, 예절), 孫(겸손)을 생활 태도의 기본요소로 꼽았지만, 더 나아가 삶의 방식을 완성하는 것은 '신험(믿을 수 있음)'이라 하여 이것을 특히 강조하고 있다.

한자 '신信'은 '사람 人'변에 '말씀 言' 자로 구성되어 있다. 원래 이 글자는 '말을 전하는 사람', 즉, 소식과 정보 등을 전하는 사람인 우체부 혹은 전령을 뜻하다가 '소식'이라는 의미로 쓰이게 되었다고 한다. 그래서 서신書信, 화신花信 등의 예를 볼 수 있다. 또한 사람의 말은 마땅히 믿을 수 있어야 한다는 뜻으로 '믿음'을 의미하게 되었다. 진실하지 않은 말이나 정보는 진정한 소통의 방해물이므로 소식은 곧 믿을만한 소식이어야 하고, 말과 믿음은 사람과 사람을 연결하는 가장 기본적인 원칙이니 유교의 기본 덕목인 '인의예지신'의 중심 덕목으로 이것 없이는 인간과 사회가 존속할 수 없는 정말 중요한 요소이다.

> 공자께서 말씀하시었다: "사람으로서 신실함이 없으면, 그 사람됨을 도무지 알 길이 없다. 큰 수레에 큰 멍에가 없고, 작은 수레에 작은 멍에가 없다면, 도대체 무엇으로 그 수레를 가게 할 것인가?" **[위정 2-22]**
>
> 子曰: 人而無信, 不知其可也. 大車無輗, 小車無軏, 其何以行之哉?
> 자왈 인이무신 부지기가야 대거무예 소거무월 기하이행지재

공자는 '믿음'이란 수레와 우마를 연결하는 멍에처럼 이것 없이는 수레가 앞으로 나아갈 수 없는 것이라고 가르친다. IT 시대가 되어 정보 공유한다고 좋아했더니 어느새 가짜 뉴스가 홍수처럼 넘치고, 남

의 정보를 침탈하여 해킹, 피싱 등 도처에서 호시탐탐 남을 해쳐 부당한 이익을 취하고자 노리고, 자기 편한 대로 정보를 조작하여 이용하는 바람에 그 어느 때보다도 모든 것을 믿기 어렵게 되었으니, 인간 품성에 있어서 믿음을 강조하지 않을 수 없다. 공자는 정치의 기본도 '믿음'이라고 보았다.

자공이 정치를 여쭈었다. 이에 공자께서 말씀하시었다. "먹을 것을 풍족케 하고, 군사력을 든든히 하며, 백성들에게 신뢰를 주는 것이 곧 정치이다."

子貢問政, 子曰 足食 足兵 民信之矣.

자공문정 자왈 족식 족병 민신지의

자공이 반문하였다: "부득이 한 가지를 버려야 한다면 셋 중 어느 것을 먼저 버려야 합니까?"라고 하니, 공자는 "군사를 버려라."하였다.

子貢曰, 必不得已而去, 於斯三者何先? 曰, 去兵.

자공왈 필부득이이거 어사삼자하선 왈 거병

자공이 다시 말하기를, "부득이 또 한 가지를 버려야 한다면 나머지 둘 중에서 어느 것을 먼저 버려야 합니까?" 하니, "식량을 버려라. 예로부터 전쟁이 나서 죽든, 기아로 죽든 인간의 죽음이란 불가피하게 있어 온 것이다. 그러나 백성은 신뢰가 없으면 설 수가 없다." [안연 12-7]

子貢曰, 必不得已而去, 於斯二者何先? 曰, 去食, 自古皆有死, 民無信不立.

자공왈 필부득이이거 어사이자하선 왈 거식 자고개유사 민무신불립 그 어느 때보다 사법제도의 운영에 있어서 '신뢰성'의 위기에 봉착하였다. 경찰은 경찰대로, 검찰은 검찰대로, 법원은 법원으로서의 기본적인 신뢰를 모두 상실한 총체적 위기의 상황이 도래한 것이다.

오랜만에 돌아온 서울 서초동 법조센터의 거리는 몇 년 사이에 많이도 변하였다. 건물에 나붙은 변호사사무실의 간판 이름이 세대교체를 반영하고 있고, 교대역 쪽의 법원 동문이나 법원과 검찰이 마주보고 있는 삼거리 코너나 한참 올라간 서초역 사거리의 대법원과 대검찰청 앞은 항상 재판이나 수사 내용에 항의하는 사람들의 1인 혹은 다인 시위로 분주하고, 흑백 혹은 적색의 도발적인 문구와 글씨로 특정 인물이나 특정 사건에 항의하는 플래카드가 난무한다. 특정사건 관계자가 조사나 재판을 위하여 출석할 즈음이면 도로변은 축하 혹은 비난 화환을 줄 세우고 지지자와 반대자들이 나뉘어 깃발을 흔들고 확성기로 구호를 외치고 고함을 지르고 한쪽 편에는 만일의 불상사에 대비하는 경찰병력의 버스가 도로의 1차선을 즐비하게 가로막고 있다.

불과 수년 전에 서초역 사거리부터 성모병원 앞까지를 가득 메운 인파가 특정 집단의 주도로 대형 집회를 열고 야간까지 '내가 ○○다'라는 함성으로 가득 찼던 광경을 누에다리 위에서 지켜보았던 밤이 생각난다. 과연 이런 것이 우리가 바라던 민주주의요, 표현의 자유인가?

'신뢰'에 관한한 "손이익난損易益難"보다 더 적합한 표현은 없다. 수십년에 걸쳐 쌓아진 신뢰가 하루아침에 무너지고, 다시 이를 회복하는 데는 또 얼마의 세월이 필요할까? 검찰에 근무할 때 인사이동이 있어 기관장이 떠날 때면 이임사에 자주 인용되는 것이 '벽돌 한장 더 쌓는 마음으로 열심히 일하였다'고 그동안의 소회를 표현하였는데, 나도 즐겨 이 말을 사용하였다.

그러나, 이제는 벽돌 한 장 쌓겠다는 말도 함부로 하지 못하게 되었다. 차라리 아무것도 덧붙이지 말고 떠나는 것보다 못한 기존의 벽돌쌓기와는 어긋나는 방법으로 잘못 쌓은 벽돌 한 장이 되거나 아예 벽돌 한 장 쌓으려다 잘못 건드려 선배들이 수십 년 쌓아 나온 벽돌을 한꺼번에 와르르 무너뜨리는 일이 빈발하고 있기 때문이다. 공자가 말한 백성들의 신뢰라는 것도 말은 쉽지만 그것을 현대사회에서 어떻게 해석하여야 할는지 갈수록 정치란 어려운 것이 되어 가고 있다.

자신의 자리에서 자신의 직분을 다하여 기본을 지키는 것이 바로 '신뢰'를 쌓아나가는 것이 아닐까? 후배 법조인들이 작은 사건이라도 눈 똑바로 뜨고 야무지게 실체적 진실을 밝혀가는 책임감으로 일하여 주길 바란다. 인생 살고 보면 바르게 사는 것보다 더 대단한 것은 없다.

공자께서는 "그 자리에 있지 않으면 주제넘게 그 정사에 손을 대지 않는다"라고 하셨고, 증자께서는 "군자는 생각이 제자리를 벗어나지 않는다"라고 하셨다.

子曰: "不在其位, 不謀其政." 曾子曰: "君子思不出其位."
자왈　부재기위　불모기정　　증자왈　군자사불출기위

13

공자의 평소 삶의 네 가지 태도(4무)

1. 자기 의견을 고집하지 마라(毋意)
2. 반드시 그래야 된다고 요구하지 마라(毋必)
3. 자기의 선입견을 고집하지 마라(毋固)
4. 내가 아니면 안 된다고 하지 마라(毋我)

인간에게 있어서 세상에서 가장 귀중한 존재는 자기(我)이다. 사람이 세상에 태어나면 반드시 '나'라는 자아自我가 생기게 되고, '나'가 있음으로써 '너'도 있고, 또 '그'도 있다. 인간 세상이라는 사회는 나, 너, 그가 함께 모여 사는 곳이다. 보통은 나도 사람이고, 너도 사람이며 다른 모든 사람들이 같다는 평등사상이 전제가 되어 조화롭게 잘 살아가다가도, 결국은 내가 남보다 중요하고 잘 났다는 생각 때문에 이익을 다투는 분쟁이 일어나고 서로 힘자랑을 하고 약육강식의 투쟁상태에 이르게 된다.

노자의 〈도덕경〉 33장에 "남을 아는 것이 지혜라면, 자기를 아는 것은 밝음입니다 (知人者智, 自知者明/ 지인자지, 자지자명). 남을 이김이 힘이 있음이라면 자기를 이김은 정말로 강함입니다 (勝人者有力, 自勝者强, 승인자유력, 자승자강)."라는 말이 있다. 자기를 알고 자기를 통제할 줄 아는 사람이 진정한 강자요 현인이라는 뜻이다. 자신을 소중히 하는 것은 그만큼 중요하다. 그래서 옛말에 "사람은 반드시 자신이 업신여긴 이후에 다른 사람이 그를 업신여긴다 (人必自侮, 而後人侮之 / 인필자모, 이후인모지).", "사물은 반드시 스스로 썩은 이후에 벌레가 생긴다 (物必自腐, 而後蟲生/ 물필자부, 이후충생)."라고 하였다. 하지만, 진정으로 자신의 고귀한 가치를 높이고 유지하려면 자기를 내세우지 않으려는 끊임없는 노력이 필요하다.

> 공자께서는 평소 삶에 네 가지의 태도가 전혀 없으셨다: 자기의 의견을 고집하지 않았다 (주관적 억측이 없었다. 내 생각만 고집하지 마라). 꼭 그래야 한다고 요구하지 않았다 (무리하게 관철시키려는 자세가 없었나. 반드시 그래야 한다고 하지 마라!), 자기의 선입견을 고집하지 않았다 (변통을 모르는 고집이 없었다. 자기 생각을 고집하지 마라!). 자기중심적으로 생각하지 않았다 (나라는 집착이 없었다. 내가 아니면 안 된다고 하지 마라!). **[자한 9–4]**
>
> 子絶四: 毋意, 毋必, 毋固, 毋我
> 자절사 무의 무필 무고 무아

단순해 보이는 이 한 구절에서 많은 의미와 생각을 풀어낼 수 있는 것이 뜻글자인 한자의 매력이다.

첫째, 공자는 처세에 있어서 자기 의견만이 제일이라고 주장하는 일이 없어, 본래 자기 의견이 있더라도 다른 사람이 더 좋은 의견을 내면 받아들이고 자신의 의견을 고집하지 않았다는 것이다.

둘째, 공자는 어떤 일에 대해 필연적인 결과를 요구하지 않았다. 인생의 일은 십중팔구 뜻대로 되지 않으며, 뜻대로 되지 않은 일에 부딪혔을 때 마음의 괴로움을 하소연할 사람도 없다. "뜻대로 되지 않는 일이 십중팔구이며, 더불어 말할 만한 사람이 두셋도 되지 않는다(不如意事常八九, 可與人言無二三/ 불여의사상팔구, 가여인언무이삼).", "세상일은 열에 아홉은 깨지기 마련이고, 마음에 드는 사람은 백 명 중 하나도 없다(十有九輸天下事, 百無一可意中人/ 십유구수천하사, 백무일가의중인)."

셋째, 자기의 선입견을 고집하지 않는다는 것은 특히 마음의 완고함을 경계한 말로 보인다.

넷째, 무아毋我는 무아無我와도 상통한다고 보인다. 철학이나 종교적 수양에서 최고의 목표는 항상 무아無我의 경지에 이르는 것인데, 관념상의 개념인 무아를 설명하기란 쉽지 않다. 하지만 자기를 버린다는 의미는 객관적인 태도를 유지하고자 함이요, 나의 욕심을 포기하거나 나아가서 적극적으로 남을 도와준다는 불교의 보살행을 실천하는 경지일 수도 있다.

14

군자는 세 가지 다른 모습이 함께 어우러져야 한다

인간의 품성은 그 노력에 따라 엄청난 단계의 수양에도 이를 수 있다. 하지만 한순간은 도를 깨우쳤다고 하는 순간이 있더라도 또 다음 순간은 다시 이전의 상태로 돌아갈 수밖에 없는 것이 인간의 한계이다. 그러기에 도를 깨우쳤다고 오도송을 읊은 선승들이라고 하여 과연 그 이후의 생에서도 깨우침을 놓치고 퇴보한 순간이 없었을까? 하지만 그러한 경지를 맛본 사람은 일보 퇴보하는 순간이 있더라도 용맹정진하여 다시 이보 전진하였을 것이 분명하다.

최신 IT 시대에 이르러서는 과거의 방송이나 보도물이 한순간에 재현되는 것이 가능하여 이전에 자신이 행한 언행을 부인할 수도 없고 감출 수도 없다. 과거의 잘못된 언행이 탄로나면 최소한 부끄러워하는 마음은 가져야 할 텐데 고개를 모두 빳빳이 들고 철면피하게 또 다시 위선의 언행을 이어간다. 그런데도 이런 자들이 아무런 화를 당하지도 않고 남보란 듯이 부귀와 영화를 누리니 이러한 부조리 또한 우리 인간세계의 숙명인가?

공자의 제자인 자하가 군자는 세 가지의 다양한 모습이 어우러져 있다고 아름다운 표현을 하였다.

자하가 말하였다: "군자에게는 항상 세 가지 다양한 모습이 있다. 멀리서 바라보면 엄숙하고 단정하게 보인다. 가까이 다가가면 따사로움이 느껴진다. 그의 말을 들어보면 잘 갈린 칼날처럼 명철하다." [자장 19-9]

子夏曰: 君子有三變: 望之儼然, 卽之也溫, 聽其言也厲.

자하왈 군자유삼변 망지엄연 즉지야온 청기언야려

첫째, 군자는 무겁고 권위가 있어야 한다. '중重'과 '위威'가 있어야 하는 데 이것은 "무거움, 진중함, 중후함", "위엄, 권위, 믿을만한 실력"이라고도 말할 수 있을 것이다. 공자의 모습도 이런 요소를 갖추고 있었다.

공자께서는 따사로우시면서도 엄격하셨고, 위엄이 있으시면서도 사납지 않으셨고, 공손하시면서도 자연스러우셨다. [술이 7-37]

子溫而厲, 威而不猛, 恭而安

자온이려 위이불맹 공이안

공자께서 말씀하시었다: "군자는 무게 있게 행동하지 않으면 위엄이 없고 학문을 해도 견고하지 못하게 된다. 우러나오는 마음과 믿음 있는 말을 주로 하며, 자기보다 못한 자를 벗 삼지 아니하며, 허물이 있으면 고치기를 꺼리지 않는다." [학이 1-8]

子曰: 君子不重則不威, 學則不固. 主忠信, 無友不如己者, 過則勿憚改
자왈 군자불중즉불위 학즉불고 주충신 무우불여기자 과즉물탄개

어떤 것이 엄연儼然함일까? 엄연함이란 외관을 말하는 것인데, 일단 의관을 정제하고 시선 처리, 걸음걸이 등 행동거지를 장중하게 잘 하여야 할 것이다. 물론 배우처럼 연기만 한다고 군자 되는 것은 아니고 마음의 덕성 수양이 경지에 이르러야 저절로 외관에 이러한 기색이 나타날 것이다.

… 군자는 의관을 정제하고 바라보는 것을 존엄하게 하니, 그 엄연한 모습을 사람들이 바라보고 외경심을 품는다. 이 또한 위엄이 있으면서도 사납지 아니하다고 할만하지 않겠는가? … [요왈 20-2]

君子正其衣冠, 尊其瞻視, 儼然人望而畏之, 斯不亦威而不猛乎?
군자정기의관 존기첨시 엄연인망이외지 사불역위이불맹호

둘째, 따뜻해야 한다. 남에 대하여 따뜻하게 대하려면 우선 자신의 마음이 넓고 평온해야 하고 여유가 있어야 한다. 그리고 쉽게 노怒해서도 안 된다. 사람들은 잘 알고 있다. 세상은 냉혹하고 사람들은 냉정하고 누구나 제 살기에 바빠 남 돌볼 여유가 없다는 것을. 복잡한

현대의 도시 생활에서 살아남으려니 사람들의 심성은 각박하여져 운전하다가 수시로 난폭운전, 보복운전하고 칼부림, 폭력, 강도 등등 사위가 암울하기만 하다. 또 변호사라는 직업은 어떠한가? 정의의 실현을 위하여, 공익을 위하여, 법치주의 실현을 위하여 활동하는 전문가라는 자부심은 여전히 유효한가?

따듯함이 없으면 일단 도움의 손길의 '거절'이란 형태로 나타나 길가던 사람이 쓰러져도 선뜻 다가가 일으켜 세우기도 겁이 난다. 그 사람이 돌변하여 강도로 변하거나 혹은 자신을 폭행하였다고 몰아세우는 기상천외한 일이 빈발하기 때문이다. 따뜻함은커녕 마음이 차가워져 '냉혹함'에 이르면 남에게 '가해'도 서슴지 않는다. 무시, 멸시, 폭언, 폭행, 절도, 사기, 강도, 강간, 살인 나아가서 테러, 전쟁 등. 세계질서와 평화를 위하여 유엔이라는 국제기구를 만들어 놓고도 여전히 전쟁이 횡행하고 있다. 따뜻한 내면의 마음이 무엇보다도 중요하다.

셋째, 언행이 명료해야 한다. 논어의 대부분이 언행에 관한 가르침이다.

◆ 15 ◆

군자가 미워하는 것

자공이 여쭈었다: "군자도 미워하는 것이 있습니까?" 이에 공자께서 말씀하시었다: "암~ 있고말고. 남의 단점을 들추는 자를 미워하며, 아래에 처하면서 윗사람을 하릴없이 비방하는 자를 미워하며, 용기만 있고 예의가 없는 자를 미워하며, 과감하기만 하고 융통성없는 자를 미워한다."

子貢曰: 君子亦有惡乎? 子曰: 有惡: 惡稱人之惡者, 惡居下流而訕上者, 惡勇而無禮者, 惡果敢而窒者.

자공왈 군자역유오호 자왈 유오 오칭인지악자 오거하류이산상자 오용이무례자 오과감이질자

그리고는 말씀하셨다: 사(자공)야! 너 또한 미워하는 것이 있느냐? 이에 자공이 답하였다. "네, 있습니다. 남의 지식을 훔쳐내는 것을 지혜로 여기는 자를 미워하며, 불손한 것을 용기로 여기는 자를 미워하며, 남의 비밀을 까발리는 것을 정직으로 여기는 자를

미워하나이다." [양화 17-24]

曰: 賜也亦有惡乎? "惡徼以爲知者, 惡不孫以爲勇者, 惡訐以爲直者."
왈 사야역유오호 오요이위지자 오불손이위용자 오알이위직자

첫째, 남의 단점만 들추어내는 자. 물론 사람에 대한 비평과 잘못의 지적이 필요하지만 우리는 이런 부류의 사람이 누구인지 이미 사회생활을 통하여 감을 잡고 있다. 특히 국회의 의정활동 방송을 보면 국회의원들이 이러한 부류이다. 갈수록 수준이 낮아져 이제는 시정잡배들이 쓰는 쌍욕설도 난무하는 것이 현재의 국회이다.

둘째, 윗사람을 비방하는 하급자. 정말 조직의 암적인 존재이다. 특히 공무원이나 공공기관은 일단 채용된 사람이면 능력 부족이나 업무 잘못으로 징계하여 잘라내기가 하늘의 별 따기처럼 어렵다. 그래서 기관장이나 상급자가 꾹 참고 건드리지 않고 둔다. 그러면 이 자들은 고맙게 생각하기는커녕 상급자가 약점을 보였다고 오해하고 더 악착같이 달려들며 공격한다. 공자 시대에도 이런 사람들이 횡행하였다니 정말 놀랍다.

셋째, 용기만 있고 예의가 없는 자. 공자는 "용감하면서도 예가 없으면 세상을 어지럽힌다(勇而無禮則亂/ 용이무례즉난)."이라고 했다. 이런 자가 조직에 있으면 가끔은 쓸모가 있겠지만, 예로서 조절되지 않은 용기는 항상 시한폭탄이다.

넷째, 과감하지만 융통성이 없는 자. 이런 자들은 자신의 의견을 굽힐 줄을 모른다. 설득이 불가능한 자로 설득이 안 된다는 것은 결국 남과 소통을 할 수 없는 독불장군이라는 뜻이다. 결국은 반목하여 반감을 품고 위의 첫째 내지 둘째 부류로 전락하기 십상이다. 이상 네가지 부류의 사람들은 상호보완성이 있어 모두 서로 통하는 암적인 존재라고 보면 된다. 그런데, 이런 사람들이 교육이나 설득으로 고쳐질 수 있을까? 불가능하다. 자신이 깨달아 먼저 스스로 자기 수양을 통하여 환골탈태하지 않는 한 사람이 변하는 것은 불가능에 가깝다.

자로가 덧붙인 밥맛형 인간을 더 살펴보자.

다섯째, 남의 지식을 훔쳐 자신의 지혜로 포장하는 자. 오늘날 표절이 문제가 되지만 예전에도 이런 자들은 증오의 대상이 되었던 모양이다.

여섯째, 불손한 것을 용기로 착각하는 자. 사람의 행동은 예로써 다잡아 가다듬지 않으면 (約之以禮/ 약지이례) 항상 과유불급이 생긴다.

일곱째, 남의 비밀을 까발리는 것을 정직으로 아는 자. 사실 요즈음은 공익제보자라 하여 Whistleblower를 보호하지만, 밀고하는 것은 원래 윤리적으로는 문제가 많은 분야이다. 정부가 밀고를 조장하거나, 모든 방면에서 부추기는 각종 포상금제도도 사실은 득보다는 보이지 않는 실이 더 크다. 원래 본성이 남의 잘못만 후벼파는 그런 사람이 있으니 어쩔 수 없이 그냥 두는 것은 차지하고서라도 나라에서 공적으로 이런 밀고행위를 찬양하고 보상까지 할 필요가 있을까? 사회가 온통 상대방의 발목을 잡기 위해 일상적인 대화까지 녹음하고 녹취내용을 조작하여 허위를 만들어 내는 등 정말 아비규환의 세상으로 변해가고 있다.

이외에도 군자들이 정말 미워하는 부류가 있다. 바로 향원鄕原, 즉 사이비군자似而非君子이다.

> 공자께서 말씀하시었다. 향원은 덕의 적이다. [양화 17-13]
>
> 子曰: 鄕原, 德之賊也
>
> 자왈 향원 덕지적야

맹자의 설명을 빌리면, "공자는 '어떤 사람이 내 집 문 앞을 지나가면서 내 집에 들어오지 않더라도 내가 조금도 유감스럽게 생각하지 않는 사람이 있다면 그 사람은 오직 향원뿐이다. 향원은 덕德을 해치는 자다.'라고 말했다." 향원을 정의하여, "이 세상에 태어난 이상 남들이 좋다고만 하면 된다고 하며 심하게 세상에 아부하는 자가 바로 향원이다.", "시류에 동조하고 더러운 세상과 영합하여 얼핏 충직하고 신의가 있는 듯하며 행동할 때는 청렴하고 결백한 듯해서 많은 사람들이 모두 그를 좋아하고 자신들도 그것이 옳다고 여긴다."라고 하였다. 데모고그 혹은 선동가들도 이에 속한다고 볼 수 있다. 사실 향원 정도만 되어도 군자 부류(사이비군자)에 속하니 보통 사람은 향원도 되기 어렵다.

◆ 16 ◆

군자가 대화하는 법

논어의 내용 중 말(言)에 관하여 공자가 말씀하신 부분이 아주 많다. 공자만의 언어철학을 곳곳에서 엿볼 수 있다. 말의 내용, 말과 행위의 관계, 말로서 사람을 평가하는 방법, 군자(어른)와 대화함에 주의해야 할 점, 말하는 속도, 대화할 만한 자의 선별 등 일반적인 대화법은 물론 정치지도자와의 대화에서 나온 명언이라 할 수 있는 "한마디 말로 가히 나라를 일으킬 만한 말 (一言而可以興邦/ 일언이가이흥방)", "한마디 말로 나라를 잃어버릴 만한 말(一言而喪邦/ 일언이상방)"에 이르기까지 그의 유려한 말의 철학을 두루 살펴볼 수 있다.

우선 만나는 대화의 상대방을 잘 가려서 아까운 인생 허비하지 말고 의미 있는 대화를 나누라고 촉구하고 있다. 우리는 흔히 훌륭한 사람과는 별로 말을 나눌 기회가 없거나 기회가 있더라도 말을 나누지도 못하고, 훌륭하지 못한 사람과는 마구 떠들어댄다. 보통 훌륭한 사람은 별로 말이 없다. 반면 훌륭하지 못한 사람은 대체로 좀 말이 많다. 물론 말이 최대의 무기인 현대사회에서는 사정이 다르지만, 공자님 당시에는 대화할 만한 사람과 서로 만나 대화한다는 것은 오늘날처럼 다반사가 아니었을 것이다. 그런 사정을 감안하여 보더라도 공자의 말씀은 많은 것을 생각하게 하고 스스로 자신을 다시 돌아보게 한다.

> 공자께서 말씀하시었다: "더불어 말할 만한 상대인데도 더불어 말하지 아니하면 그 사람을 잃어버리고, 더불어 말할 만한 상대가 아닌데도 더불어 말하면 그 말을 잃어버린다. 참으로 지혜로운 사람은 사람을 잃지도 않고 또한 말을 잃지도 아니한다." [위령공 15-7]
>
> 子曰: 可與言而不與之言, 失人; 不可與言而與之言, 失言. 知者不失人, 亦不失言.
>
> 자왈 가여언이불여지언 실인 불가여언이여지언 실언 지자불실인, 역불실언

군자(어른)를 모시고 대화함에는 더욱 조심스럽다. 조심스러운 대화에서는 정신을 차려서 완급을 조절하지 않으면 무슨 말을 하였는지, 어떤 태도로 말을 하였는지, 생각이 흐트러져 엉뚱한 말을 하고 말았는지 정말 고민이 많다. 이와같이 때와 장소와 상황에 맞추어 완급을 조절하여 잘 말한다는 것은 지난한 일이다. 흔히 변호사는 말로 먹고 산다고 하고 일반인들도 변호사들은 청산유수의 달변일 것으로 기대한다. 변호사 중에도 어쩔 수 없는 눌변이 많다. 공자는 다른 곳에서는 "눌언민행訥言敏行(언어에는 과묵하지만 실천 행동에는 민첩함)"을 칭찬

하더니, 왜 여기서는 이렇게 어려운 대화법을 가르쳐주시는 걸까?

> 공자께서 말씀하시었다: "군자(어른)를 모시는 데 세 가지 허물이 있다. 어른의 말씀이 미치지도 않았는데 자기가 먼저 말하는 것을 덜렁댄다(조급하다)고 일컫고, 어른의 말씀이 거기에 미쳤는데도 아무 말도 하지 않는 것을 숨긴다고 일컫고, 어른의 안색을 살피지도 않고 마구 지껄이는 것을 막무가내 장님이라(눈치 없다)고 일컫는다." [계씨 16-6]
>
> 孔子曰: 侍於君子有三愆: 言未及之而言, 謂之躁. 言及之而不言, 謂之隱. 未見顔色而言, 謂之瞽.
>
> 공자왈 시어군자유삼건 언미급지이언 위지조 언급지이불언 위지은 미견안색이언 위지고

상대방의 의도를 정확히 알고 이야기할 것이며, 말할 때와 침묵할 때를 놓치면 안 되고 타이밍을 잘 맞추어야 하며, 상대방의 기분을 잘 살펴서 대화하라는 요점인데, 이런 것도 연습하면 나아질 수 있으려나. 오히려 가장 중요한 것은 최선을 다하여 자신의 참모습과 진심을 드러내는 것이지 잠시 꾸며내어 지혜롭게 보인다고 그것이 무슨 소용이랴! 그것이 "교언영색선의인巧言令色 鮮矣仁"이라고 하여 번지르르한 말을 미워한 공자의 참뜻이 아닐까?

어른과 대화하는 법에 관한 공자의 말씀을 생각하며, 나의 지난날을 되돌아보니 얼굴이 화끈 달아오르는 순간들이 한두가지가 아니다.

나의 진심과는 다르게 왜 그리 터진 입으로는 얼토당토않은 말이 튀어나왔을까 싶은데, 다시 반성하여 보니 그것은 바로 잘 닦이지 못한 나의 성품에서 비롯된 것이요 그나마 상황을 살피는 신중함이 없었던 탓이리라. 수십 년이 지나도 아직 잊혀지지 않는 것을 보니 그때의 순간적인 실수가 나의 마음에 매우 뼈아프게 반성이 되었던 모양이다.

초임 검사 시절 1986년경 서울에서 공안부의 말석으로 근무할 시절에 매일 학원가의 시위가 종료되는 것을 보고 이를 정리하여 정보보고를 한 후에야 퇴근하는 것이 일상이었다. 지금 생각하면 그런 때도 있었던가 싶게 그때는 가두진출은 드물었지만 대학교 구내는 일상적인 집회 시위의 해방구로서 수시로 화염병을 투척하며 교문 진출을 시도하는 학생들을 막느라 각 대학교마다 많은 경찰의 경비병력이 투입되었다. 어느덧 해는 뉘엿뉘엿 넘어가고 이제 내가 맡은 각 대학의 상황을 일선 경찰로부터 파악하여 종합보고를 할 시간즈음이 되었다. 당시 모두 나보다는 연배도 한참 높고 훌륭하신 선배들이 부서를 채우고 있어 항상 예의를 지켜 올바른 대화법을 구사하여야 할 시점이었지만, 날마다 되풀이되는 격무에 다소 마음이 흐트러졌던 모양이다. 선배께서 왈; "윤검사, 연○대 쪽에 교내시위가 격렬하다던데 잘 파악해 봐!" 하셨다. 당연히 정답은 "예, 알겠습니다."인데 그날은 왜 그런지 윤검사 왈: "이제 해가 다 빠졌는데, 그놈들도 해산했겠지요..." 같은 급의 동료 검사들 사이에서는 그럴수도 있겠지만, 그날은 선배의 얼굴이 싸해지면 '이놈 봐라'하는 표정이었다. 부랴부랴 이를 수습하려고 "예, 알겠습니다."라고 마무리하였지만, 돌아서서는 후회하는 마음과 무안한 마음으로 나의 입주둥이를 손으로 치고 싶은 마음이었다.

잊혀지지 않는 나의 소인배적인 말실수는 또 있다. 내가 1994년 오스트리아의 유엔비엔나 사무소에 파견 근무 후 돌아온 1997년경의 일인가보다. 예전에 상관으로 모시던 검찰 선배님의 초대로 부부가 함께 식사를 하는 중에 선배님 왈: “그래 외국에서 근무하느라 고생했지. 뭐 기억에 남는 재미난 일은 없었나?”, 윤검사 왈: “오스트리아와 독일에서는 골프장이나 호텔의 사우나를 가니 남녀가 같이 들어가 사용하는 것이 이채로웠습니다. 타올 한 장 가지고 들어와 중요부분을 약간 가리는 사람도 있지만 대개는 그냥 자연스럽게 마주 보고 있어서 처음에는 매우 당황하였습니다.” 여기 정도에서 멈추어야 하는데 대화는 그만 사우나의 열기를 드높이기 위하여 가열기 위에 놓인 돌 위에 물을 끼얹고 사우나에 함께 있던 사람 중 자원자가 나서 큰 타올로 담요 털듯이 바람을 부쳐 한사람 한사람에게 뜨거운 바람을 끼얹어 주어 열기로 땀이 쑥 나오게 하는 처음 보는 풍경을 묘사하는 과정에서 너무 적나라하게 말이 나간 것이었다(최근 일본에서는 열파사熱波師라고 하여 이를 직업으로 하는 사람들이 유행인 모양인데, 정말 세상일과 풍속은 돌고 돈다). 옆에 앉은 아내가 다리를 꼬집어 대는데도 이미 나온 말은 천리를 가 버렸다. 마주 앉은 사모님의 다소 무안하여 어쩔 줄 몰라 하시던 얼굴이 수십 년이 지난 오늘도 눈에 선하고 마음은 여전히 부끄러움을 느끼고 있다. 공자님의 말씀에 이렇게 적확한 가르침이 있는 줄 그때는 몰랐다. 내가 바로 막무가내 장님같은 놈이었다(謂之瞽).

◆ 17 ◆

군자와 소인

『논어』에서 군자와 소인은 늘 대비되는 두 인간형인데 서로 비교하는 문장이 18회나 나온다. 군자는 인仁을 실천하고 공公을 우선으로 하지만 소인은 자신의 이익만을 추구하고 개인의 욕심을 우선으로 한다. 군자는 자신의 능력을 어떻게 사회에 도움이 되도록 베풀까 마음속에 늘 간직하고 살지만, 소인은 어떻게 하면 땅을 넓히고 돈을 벌까를 가슴속에 품고 산다. 그래서 군자는 엄격한 잣대로 자신을 통제하고, 소인은 어떻게 하면 자신의 잘못을 감추고 빠져나갈까를 고민하며 산다. 일반인이 군자처럼 살기는 어렵다.

옛날부터 추상적, 비유적 개념으로 말해져 오는 군자와 소인의 개념을 오늘날에 적용하기는 어렵지만, 사람의 의식을 구분하는 방법은 비슷할진대, 변호사들이라고 모두 군자는 아닐 것이요, 변호사들의 도움을 필요로 하는 사람들도 모두 소인들인 것은 아닐 것이다. 인간의 삶이 비록 고달플지라도 우리의 이상은 늘 군자의 삶을 추구한다. 어떤 삶을 살 것인가는 자신의 선택이다. 군자와 소인을 대비하는 논어의 문구를 듬성듬성 나열하여 본다.

> 공자께서 말씀하시었다: 군자는 큰 덕을 생각하고, 소인은 안온한 삶의 터를 생각한다. 군자는 두루 적용되는 법(법의 엄중함)을 생각하고, 소인은 작은 혜택(자신의 잘못을 용서받으려는 마음)을 생각한다. [이인 4-11]
>
> 子曰: 君子懷德, 小人懷土; 君子懷刑 小人懷惠
> 자왈 군자회덕 소인회토 군자회형 소인회혜

> 공자가 자하에게 일러 말씀하시었다: "너는 군자유가 되거라. 소인유가 되어서는 아니 되나니!" [옹야 6-11]
>
> 子謂子夏曰: 女爲君子儒, 無爲小人儒
> 자위자하왈 여위군자유 무위소인유

공자시대에는 공자와 그 제자들을 선비라 불렀다. 그런데 말만 선비이지 행동은 소인배처럼 행동하는 사람이 되어서는 안 된다고 경각심을 일깨운 것이다. 겉으로는 선비인 양하지만 사는 모습은 개인의 사욕을 우선하고, 남에 대한 배려심은 없이 군림하려고만 하고, 성찰과 반성이 없는 사람은 소인이다. 공자는 제자 자하에게 무늬만 선비인 체하지 말고 진정한 선비의 정신을 실천하라고 당부하고 있는 것이다. 현대사회에도 마찬가지로 지식인이나 사회적 지도자인 체하지만, 진정한 군자형 지식인이 있는 반면 소인형 지식인이 난무한다.

공자께서 말씀하시었다: "군자는 태연하되 교만하지 않고, 소인은 교만하면서 태연하지 못하다." [자로 13-26]

子曰: 君子泰而不驕, 小人驕而不泰
자왈 군자태이불교 소인교이불태

군자는 인격과 실력과 수양을 갖추었으므로 어떤 상황에서도 흔들리지 않는 강한 정신력을 가져 태연자약하다. 그러나 자신감이 있으므로 타인들에게 관대하고 너그럽고 겸손할 수 있다. 소인은 없는 실력에 교만을 떨다 막상 일이 닥치면 어떻게 할까 불안하여 쩔쩔맨다. 참으로 인간성에 대한 평가 기준은 이천년의 세월을 거쳐도 변함이 없다.

공자께서 말씀하시었다: "군자는 상달하고 (위로 통달하여 인의에 밝고/ 위로 나가기를 힘써 공동체의 문제와 보편적 가치의 추구에 힘쓰고), 소인은 하달한다 (아래로 통달하여 이익에 밝다/ 개인의 이익을 앞세워서 자질구레한 이해관계에 빠져있다). [헌문 14-24]

子曰: 君子上達, 小人下達
자왈 군자상달, 소인하달

공자께서 말씀하시었다: "군자는 의義에서 깨닫고 (좋아하고/ 기뻐하고), 소인은 이利에서 깨닫는다 (좋아한다/ 기뻐한다)." [이인 4-16]

子曰: "君子喩於義, 小人喩於利"
자왈 군자유어의 소인유어리

공자께서 말씀하시었다: "군자는 인품이 트여(마음이 평온하며) 너르고 여유롭고, 소인은 인품이 좁아 늘 걱정에 사로잡혀 있다(늘 근심이 가득하다)." [술이 7-36]

子曰: "君子坦蕩蕩, 小人長戚戚."
자왈 군자탄탕탕 소인장척척

예전에는 그 명칭이 안전기획부이던 '국가정보원'이 그 원훈을 도로 "우리는 음지에서 일하고 양지를 지향한다"로 되돌렸다. 다행히 1961년 안기부 창설 당시에 제작하였던 원훈석을 비리지는 않았던지 다시 그 돌을 설치하였다고 한다. 정말 다행한 일이다. 나의 심훈心訓이 "나는 소인같이 살고 있지만, 마음은 항상 군자를 지향한다"이기 때문이다.

◆ 18 ◆

말은 신중하게, 행동은 민첩하게 해야 한다

인생을 살다 보면 가장 후회가 많은 것이 터진 입으로 뱉어낸 말이다. 말이란 한번 나오면 끌어 담을 수도 없고 현대와 같은 IT 시대에는 인터넷을 타면 순식간에 전 세계에 퍼진다. 항상 말을 하고 난 다음에 후회한다. 말을 조금만 더 줄였으면, 감정을 조절하여 조금만 더 따뜻하게 말해 줄 걸, 잘 알지도 못하는 말을 전하였는데 사실을 알고 보니 잘못된 정보였는데 어떡하나, 참으로 "말로써 말 많으니 말 말을까 하노라"라는 옛사람의 한탄이 가슴에 와닿는다.

공자께서 말씀하시었다: "군자는 말은 어눌하게 하고, 행동은 민첩하게 하려고 노력한다." [이인 4-24]

子曰: 君子欲訥於言, 而敏於行

자왈 군자욕눌어언 이민어행

여기서 "눌訥"이란 한자의 뜻을 살펴보면, "말을 더듬거리다, 꾸밈 없이 바른말을 하다, (입이 무거워) 말을 잘 하지 않다, 소리가 나오지 아니하는 모양" 등 여러 가지 의미가 있다. 사람이 말을 어눌하게 더듬거리는 것이 꼭 바람직한 것은 아니므로 '말을 신중하게, 가려서 적게 하라'는 의미로 이해하는 것이 좋을 것 같다.

공자는 논어에서 참으로 말(言)에 대하여 많은 말씀을 하셨다. 그 옛날에는 사람 간의 교섭이 드물고 말 한마디로 목숨이 오가는 경우가 많아 더욱 말을 신중하게 하였을 것이고 거짓말을 하는 것은 오늘날보다 더욱 엄하게 처벌받았을 것으로 보인다. 오늘날 우리 변호사가 법정에서 흔히 목도하는 '거짓말의 경연'은 이미 통제할 수 있는 범위를 넘어있고 이를 획기적으로 시정할 마땅한 방도도 없어 우리의 가슴을 답답하게 한다. 공자는 말보다는 실천 (言行一致/ 언행일치)을 강조하였고, 말보다는 행동으로 보이는 것(先行後言/ 선행후언)을 더욱 가치 있게 생각하셨다.

공자께서 말씀하시었다: "군자는 먹음에 배부름을 구하지 아니하고, 거居함에 편안함을 구하지 아니하며, 일에는 민첩하고 말에는 삼갈 줄 알며, 항상 도가 있는 자에게 나아가 자신을 바르게 한다. 이만하면 배움을 좋아한다고 이를 만하다." [학이 1-14]

子曰: "君子食無求飽, 居無求安, 敏於事而愼於言, 就有道而正焉, 可謂好學也已."

자왈 군자식무구포 거무구안 민어사이신어언 취유도이정언 가위호학야이 공자께서 말씀하시었다: "군자는 그 말이 그 행동보다 과대한 것을 부끄럽게 여긴다 (말이 실천보다 넘치는 것을 부끄러워한다)." [헌문 14-29]

子曰: 君子恥其言而過其行
자왈 군자치기언이과기행

공자께서 말씀하시었다: "옛사람들이 말을 함부로 내지 않은 것은, 몸소 실천함이 거기에 미치지 못할 것을 부끄럽게 여겼기 때문이었다." [이인 4-22]

子曰: 古者言之不出, 恥躬之不逮也
자왈 고자언지불출 치궁지불체야

주역 제27번째 괘인 산뢰이山雷頤 괘의 '대상전'에서 말하기를 "山下有雷, 頤. 君子以愼言語, 節飮食/ 산하유뢰, 이. 군자이신언어, 절음식"이라 하였다. "산 아래에 우레가 요동치며 만물을 씹어 양육하고 있는 모습이 頤(이; 턱)괘의 형상이다. 군자는 이괘의 형상을 본받아 입에서 나가는 언어를 신중히 하여 덕을 기르고, 입으로 들어가는 음식을 절제하여 몸을 기른다."

사람의 입은 마시고 먹어서 몸을 양육하기 위한 기능이 주된 것이다. 그러나 먹는 것도 지나치면 오히려 몸을 상하니 음식을 절제함이 미덕이다. 먹는 것보다 더 중요한 것은 말하는 기능이다. 인간이 만물의 영장인 것은 바로 생각하고 말하는 기능 덕분이지만, 말을 함부로 하면 자신을 망치고 남을 망치고 사회를 망친다. 요즈음 신세대들은 말하는 것보다 SNS를 통한 메시지 전달로 대화한다. 인류사회에도 어느 미래에 이르러서는 입의 기능이 먹고 마시는 기능에만 국한된다면 지금의 말 많은 사회보다 평온한 세상이 될 수 있으려나.

◆ 19 ◆

외면과 내면의 가치를 이루어 통합해야 한다

문文과 질質 중에 어느 것이 중요한가 하는 문제는 논어에서 자주 언급되는 문제이다. 공자는 '문질빈빈文質彬彬' 즉, '형식과 본질이 잘 조화되어야 군자'라고 말하였다. 사람의 인품에 있어서 '형식과 실질의 조화', '외면과 내면의 조화'라는 문제는 항상 수양의 지향 목표로서 중요하다.

위나라 대부 극자성棘子成이 말했다: "군자는 질質로서 충분하다. 어찌하여 문文해야 된다고 그리 법석을 떠는가?"

棘子成曰: 君子質而已矣, 何以文爲?

극자성왈 군자질이이의 하이문위

이 말을 들은 자공이 탄식하며 말하였다: "아~ 애석토다! 저자가 군자에 대해 말하는 것을 보라! 사두마차가 저자의 혓바닥에서 떨어진 실언을 따라잡지 못하는구나! 문文이 결국 질質과 같은 것이며, 질質이 결국 문文과 같은 것이다. 문·질은 빈빈해야 하는 것이다. 호랑이나 표범의 가죽에서 털을 벗기고 나면, 털없는 양가죽이나 개가죽이나 무엇이 다르랴! 군자가 질로써 충분하다면 털 없는 가죽일 뿐이로다!" [안연 12-8]

子貢曰: "惜乎! 夫子之說君子也, 駟不及舌! 文猶質也, 質猶文也. 虎豹之鞹, 猶犬羊之鞹?

자공왈 석호 부자지설군자야 사불급설 문유질야 질유문야 호표지곽 유견양지곽

문은 문양文樣으로서 겉으로 드러난 모습이다. 질은 감추어진 본질로서 외면만 보아서는 파악되지 않을 수도 있다. 어느 것이 더 중요한가?

극자성은 본질만 좋으면 드러난 형식은 문제가 되지 않는다고 생각했다. 소박하고 질박한 내면의 아름다움만 있다면 드러나는 형식과 수식 따위는 문제가 안 된다는 견해이다.

자공의 견해는 다르다. 내면의 아름다움과 외면의 아름다움 중에 어느 것이 더 중요하다고 말할 수 없다. 똑같이 중요하면 둘 다 갖추어야 한다. 짐승의 가죽 비유는 기발하다. 표범과 개의 가죽은 털을 벗기면 똑같아 보인다 (사실 품질의 차이는 있겠지만). 그러니 외면의 털과 문양이 결국 표범과 개를 구별하는 중요한 요소라는 주장이다. 오늘날에도 여전히 유효한 의견 대립이다.

공자께서 말씀하시었다: "말하는 것이 돈독하게 보인다고 그런

사람과 더불어 하는 사람을 (혹은 그런 사람을), 군자라고 해야 할까? 외면만 그럴싸하게 꾸미는 자라고 해야 할까?" [선진 11-20]

子曰: 論篤是與, 君子者乎? 色莊子乎?
자왈 논독시여 군자자호 색장자호

논독論篤은 논리적인 말솜씨가 뛰어난 모습이다. 글도 잘 쓰고, 말도 잘하고 이론도 훌륭한 지식인의 모습이다. 물론 사회적으로도 많은 인기를 얻고 유명한 사람일 것이다. 그러나 이러한 사람이 반드시 군자일까? 이런 사람과 만나 담론하거나 혹은 같은 토론회의 패널로 등장하여 비슷하게 응대할 수 있는 사람이라고 해서 군자일까? 공자는 이런 사람들은 겉만 멋지게 포장한 사람일 수도 있다고 하며 고개를 갸웃한다. 말 잘하고 얼굴표정을 좋게 잘 짓는 교언영색의 사람들은 인仁한 사람이 드물다고 한 맥락과 같다.

군자는 말은 어눌해도 행동은 민첩한 사람이다. 논리적인 말과 표정보다는 빠른 실천력을 갖고 있는 사람이다. 그저 얼굴만 장엄하다고 군자라고는 할 수 없다. 하지만 얼굴이 잘생기고 말도 잘한다고 모두 교언영색자는 아니다. 가끔은 진정한 군자도 있다.

20

기본적인 행실 교육부터 착실히 갖추어라

공자가 죽고 난 후 제자들마다 각자 깨달은 바를 가지고 자신들을 따르는 제자들을 모아 제각기 학파를 이루었다. 모두 자신의 깨달음이 공자의 가르침을 제대로 이해한 정통이라고 자부하였기에 서로 경쟁을 하였으며 이웃한 학원끼리 제법 상호 비평이 있었던 모양이다.

자유子游가 말하였다: "자하子夏의 문인소자門人小子들은 물 뿌리고 청소하고, 손님을 응대應對하고, 집안을 들락날락하는 예절 정도는 잘 배운 것 같다. 그러나 그런 것은 다 지엽말단적인 것이다. 근본으로 들어가면 아무것도 없으니 이를 어찌할 것인가?"

子游曰: "子夏之門人小子, 當灑掃應對進退, 則可矣, 抑末也. 本之則無, 如之何?"

자유왈 자하지문인소자 당쇄소응대진퇴 즉가의 억말야 본지즉무, 여지하자하子夏가 이 말을 듣고 말하였다: "어허! 언유言游(자유의 성姓과 자字)의 말이 지나치다! 군자의 도인즉, 어느 것이 먼저라 하여 전하고, 어느 것이 후라 하여 게을리할 수 있겠는가? 초목에 비유해도 용도에 따라 구역을 나누어 심고 수확에도 단계적 절차가 있는 법이니, 어찌 군자의 도에 관하여 근본을 운운하면서 월권을 하려 드는가 (군자의 작은 기본적 실천은 외면한 채 고상한 것만 속여서 가르치겠는가)? 시작이 있고 끝이 있고, 그 모든 것을 구비한 분은 오직 성인聖人이실 것이다!". [자장 19-12]

子夏聞之, 曰: "噫! 言游過矣! 君子之道, 孰先傳焉? 孰後倦焉? 譬諸草木, 區以別矣. 君子之道, 焉可誣也? 有始有卒者, 其惟聖人乎!

자하문지 왈 희 언유과의 군자지도 숙선전언 숙후권언 비저초목 구이별의 군자지도 언가무야 유시유졸자 기유성인호

공자학원을 표방한 자유와 자하는 가르치는 방법과 순서에 대하여 서로 대립되는 주장을 펴고 있다. 자하는 그의 문인들에게 물 뿌리고 청소하고 손님 응대하는 일상의 예절을 주로 강조하여 가르쳤다. 교실과 주변을 청소하고 사람을 예의 바른 태도와 말로 응대하는 것은 '소학'과목의 기초이다. 자유는 그런 자하의 문인들을 비판하였다.

지엽적인 일상의 가르침보다는 보다 차원높은 철학을 가르쳐야 한다는 것이다. 이 말을 들은 자하는 자유의 말이 지나치다고 비판한다. 물론 자하학원에서도 맨날 물뿌리고 청소만 시키지는 않았을 것이다. 그러한 기초적인 주변 정리를 항상 강조하였을 뿐이리라. 자하는 군자의 도를 배우는 데 있어서 기초적인 것도 항상 중요하므로 이

를 반복 습득함으로써 몸과 성품에 배이도록 함이 중요하다고 가르치고 있었을 것이다.

스승인 공자는 차원 높은 철학을 이룩한 성인이지만, 일상의 비천한 일도 모두 꿰뚫은 분이었는데, 그분을 본받자는 우리가 청소도 할 줄 모르고, 밥도 지을 줄 모르면서 무슨 고상한 철학을 이야기할 것이며 차원 높은 삶의 가치를 논할 것이냐고 하는 것이다. 하학상달下學上達, 즉 아래로는 일상의 배움을 추구하고, 이를 기초로 하여 위로는 겉으로는 보이지 않는 높은 정신적 가치에 다다르는 것이 공자의 가르침이라고 설파하는 자하의 일갈이 나아 보인다.

이 구절을 읽을 때마다 초등학교에 들어가기도 전에 영어학원이니 선행학습이니 하여 학원에 끌려다니는 도시의 불쌍한 어린 영혼들이 생각난다. 예전에는 어릴 때부터 아침에 일어나면 집 안 청소도 하고 마당도 쓸고 아버지의 출근을 위하여 구두도 닦아놓고 문간에 서서 인사도 하는 것이 당연하였는데 불과 수십 년 사이에 변해도 너무 변하였다. 학교에서도 청소를 용역을 주어 학생들이 직접 교실 바닥을 빗자루로 쓸고 책상의 열을 정리하고 쓰레기를 치우고 하는 노력은 상상도 할 수 없다.

아마도 자유子游의 학원은 학생들을 모아 쇄소응대진퇴灑掃應對進退의 기본과정은 생략하고 바로 입시를 위한 고급반만을 운용하였던 모양이다.

◆ 21 ◆

도를 따를 것이냐, 돈을 따를 것이냐

공자 시대에도 먹고사는 것이 쉽지 않았을 것이다. 그래서 제자들이 공자사단에 입문하여 배우는 목적도 빨리 입신출세하기 위함이 대부분이었을 것이다. 하지만 가르치는 리더의 입장에서는 바람직한 삶의 자세로서 부귀와 안일을 경계하고 항상 군자로서의 도道를 실천하는 것을 강조하지 않을 수 없었을 것이다.

공자께서 말씀하시었다: "군자는 도道를 도모하나 밥을 도모하지는 않는다. 밭을 갈아도 굶주림의 위험은 항상 도사리고 있다. 배움을 사랑하면 배고플 수는 있을지언정 보람있는 녹祿 (녹은 관리의 봉급이라는 뜻과 함께 복, 행복이라는 의미도 있다)이 항상 기다리고 있다. 배움처럼 위대한 소득은 없다. 군자는 도道를 걱정할지언정 가난함을 걱정하지는 아니한다." [위령공 15-31]

子曰: 君子謨道不謨食. 耕也, 餒在其中矣; 學也, 祿在其中矣. 君

子憂道不憂貧

자왈 군자모도불모식 경야 뇌재기중의 학야 녹재기중의 군자 우도불우빈

도道만을 쫓아가자니 먹는 것이 걱정되고, 먹는 것만을 위해 살자니 자존감이 떨어지고 우리 인생은 이상과 현실 속에서 이렇게 항상 고민하고 갈등하며 줄타기를 한다. 군자는 도의 실천을 고민하는 사람이다.

공자께서는 동북의 구이에 가서 살고 싶어 하셨다. 혹자가 말하기를, "그곳은 누추한 곳인데, 어찌 그런 곳에서 사실 생각을 하십니까?"하니 공자께서 대답하시었다: "군자가 거하는 곳에 어찌 누추함이 있을까 보냐!" [자한 9-13]

子欲居九夷. 或曰: "陋, 如之何?" 子曰: "君子居之, 何陋之有?"

자욕거구이 혹왈 누 여지하 자왈 군자거지 하누지유

중국 당나라 시대 사람인 유우석은 "군자가 사는 곳에 무슨 누추함이 있겠느냐"는 공자의 뜻깊은 말을 새겨 멋진 글을 지었다. 처음에 잘 나가던 유우석이 좌천을 당하여 한촌의 낮은 벼슬을 살 때 상급 관리가 유우석을 미워하며 핍박을 하여 여러 가지 의미가 포함된 누실명을 지어 누추한 집 안에 걸어 놓았던 것이라고 전한다.

누실명陋室銘 유우석劉禹錫(772~842)

山不在高 有仙則名 (산부재고 유선즉명)

水不在深 有龍則靈 (수부재심 유룡즉령)

산은 높아서만 명산이 아니라, 신선이 살아야 그 이름을 얻고

물은 깊어서 신령한 게 아니라, 용이 깃들어야 신비함을 갖는다

斯是陋室 惟吾德馨 (사시누실 유오덕형)

이 방이 비록 작고 누추해도 오직 나의 덕만으로도 향기롭다.

苔痕上堦綠 艸色入簾青 (태흔상계록 초색입렴청)

이끼는 점점이 계단에 기어올라 푸르고, 풀빛은 발 안으로 비쳐 들어 푸르다

談笑有鴻儒 往來無白丁 (담소유홍유 왕래무백정)

담소하는 덕망이 높은 선비가 있을 뿐, 함부로 오가는 비속한 사람은 없다

可以調素琴 閱金經 (가이조소금 열금경)

장식 없는 거문고 줄을 고를 수도 있고(탈 수도 있고), 선현의 귀한 서책을 읽기도 한다

無絲竹之亂耳 無案牘之勞形 (무사죽지난이 무안독지로형)

요란한 가락에 귀 어지러울 일 없고, 잡다한 공문서로 신경 쓸 일도 없다

南陽諸葛廬 西蜀子雲亭 (남양제갈려 서촉자운정)

남양 땅 제갈공명의 갈대 초가집이나, 서촉 양자운(揚子雲)의 정자와 같구나

孔子云 何陋之有 (공자운 하누지유)

공자님이 말씀하셨지, "군자가 거하면 무슨 누추함이 있겠는가?" 라고

법조인도 그 수가 적어 다소의 희소성을 누릴 때에는 돈이냐, 명예냐를 구가하던 시절이 있었다. 이제는 "변호사는 날마다 고민한다"는 시대로 전락하였다. 날마다 사건이 없어 고민하고, 식솔들을 부양할 돈이 부족하여 고민하고, 경찰과 검찰이 사건을 바르게 처리하지 않아 고민하고, 판사의 판결도 왔다갔다 하여 고민하고, 날마다 당사자들의 채근에 고민한다. 변호사 선임한다고 하지 않고 변호사 산다고 한지가 오래되었다. 누추한 변호사 사무실에도 군자의 정신을 가진 변호사가 앉아 있으면 향기롭다.

◆ 22 ◆

근심하지 않고 두려워하지 않는다

우리가 애송하는 윤동주尹東柱의 서시序詩가 있다.

죽는 날까지 하늘을 우러러
한 점 부끄럼이 없기를

잎새에 이는 바람에도
나는 괴로워했다.

별을 노래하는 마음으로
모든 죽어 가는 것을 사랑해야지

그리고 나한테 주어진 길을
걸어가야겠다.

오늘 밤에도 별이 바람에 스치운다.

하늘을 우러러 한 점 부끄럼 없이 살고 싶은 것은 이상이나, 인간은 항상 잘못을 저지르게 마련이다. 중요한 것은 가능한 한 돌이킬 수 없는 큰 잘못을 저지르지 않도록 근신하고 잘못을 저질렀을 때는 반성하여 다시 같은 잘못을 저지르지 아니하는 것이다.

공자가 가장 총애하던 안회가 이 방면에 좋은 본보기가 되었는데, 안타깝게도 일찍 죽어 공자를 슬프게 하였다.

애공哀公이 물었다: "제자 중에서 누가 배우기를 좋아합니까?" 공자가 대답하여 말하였다. "안회顏回라는 아이가 있었는데, 배우기를 좋아하고, 노여움을 남에게 옮기지 않으며, 잘못은 두 번 다시 반복하는 적이 없었습니다. 그런데 불행하게도 명이 짧아 죽었습니다. 그가 지금은 이 세상에 없으니 아직 배우기를 좋아한다 할 만한 자를 듣지 못하였습니다." [옹야 6-2]

哀公問: "弟子孰爲好學?" 公子對曰: "有顏回者好學, 不遷怒, 不貳過. 不幸短命死矣. 今也則亡, 未聞好學者也."

애공문 제자숙위호학 공자대왈 유안회자호학 불천노 불이과 불행단명사의 금야즉망 미문호학자야

공자 자신은 호학자라 불리는 것을 가장 즐겁게 생각하였는데, 이 문장을 보면 공자가 생각하는 군자상이 그대로 드러나 있다. "호학, 불천노, 불이과好學, 不遷怒, 不貳過."

영어속담에 "잘못하는 것은 인간의 일이고, 용서하는 것은 신의 일이다(To err is human, to forgive divine)."이라고 했다. 잘못의 본질은 그것이 크든 작든 누군가 다른 사람에게 폐를 끼치고 피해를 주는 것이다. 그러므로, 잘못은 또한 본질적으로 시정되어야 하는 것, 고쳐야 하는 것이다. 그래서 결코 되풀이 되어서는 안 되는 것이다. 공자도 말씀하시었다.

"허물(잘못)이 있어도 고치지 않는 것, 그것이 바로 허물이다!" [위령공 15-29]

子曰: "過而不改, 是爲過矣!"
자왈 과이불개 시위과의

세상살이에는 수시로 공포와 근심으로 힘들어하는 때가 있다. 그러나 자신이 부끄러운 행동을 하지 않았다면 당당하게 살아갈 수가 있는 것이다. 내가 떳떳하기만 하면 두려움과 공포에 빠질 이유가 없다. 모함이나 무고를 당하였다면 우리 변호사가 조력할 여지가 있겠지만. 공자의 제자 중에 사마우는 자신의 형인 사마환퇴가 반란을 일으킨다는 소식을 듣고 두려워했다. 혹시라도 반란에 실패하면 그 여파가 자신에게 미칠까 두려웠던 것이다. 공자는 사마우의 불안한 심리상태를 진정시키고자 '군자는 근심과 두려움이 없는 사람'이라고 가르쳐 주었다.

사마우司馬牛가 군자에 대하여 여쭈었다. 이에 공자께서 말씀하시었다: "군자는 근심하지 않고 두려워하지 않는다." 그러자 사마우가 반문하였다: "근심하지 않고 두려워하지 않기만 한다면 곧 군자라 일컬을 수 있겠나이까?" 공자께서 말씀하시었다: "자기 속으로 살피어 부끄러울 일이 없는데, 무엇을 근심하며 무엇을 걱정하리오!" [안연 12-4]

司馬牛問君子. 子曰: "君子不憂不懼." 曰: "不憂不懼, 斯謂之君子矣乎?" 子曰: "內省不疚, 夫何憂何懼?"

사마우문군자 자왈 군자불우불구 왈 불우불구 사위지군자의호 자왈 내성불구 부하우하구

23

다양성을 인정하고 화합을 추구하라

세상은 너무나 다양하기에 각자 따로따로의 생각과 삶과 행동양식이 있다. 그러나 그 다양성이 제각기 흐트러져 반목하고 있을 때보다 하나의 통일성으로 화합이 될 때 더욱 조직의 경쟁력이 커질 수 있다. 동양 사회에서 '화和'의 개념은 지극히 중요한 것이었다. 음악에서 화음이라는 용어가 서로 다른 악기들이 만나 소리가 조화를 이루는 것을 의미하듯이, 인간사회에서도 서로 양보하고, 이해하고, 존중했을 때 비로소 아름다운 화음이 나오는 것이다. '동同'은 같다는 뜻이다. 각자의 다양성을 버리고 하나의 같음으로 들어오라는 전체주의적 사고가 담겨있다.

'화이부동和而不同'은 다름을 인정하고 같음을 강요하지 않는 군자의 철학이다. 통합과 통일은 하나가 아니라, 다양성을 기반으로 하여 정반합正反合적인 높은 단계의 균형을 이루는 과정이다. 무지개가 아름다운 것은 '빨주노초파남보'라는 일곱까지 빛깔이 미묘하게 서로 어우러졌기 때문이다.

> 공자께서 말씀하시었다: "군자는 사람들과 조화를 이루며 살아가지만 동류로서 휩쓸리지는 않는다. 그러나 소인은 사람들과 동류로서 휩쓸리기만 할 뿐 오히려 조화를 이루지는 못한다." **[자로 13-23]**
>
> 子曰: "君子和而不同, 小人同而不和."
>
> 자왈 군자화이부동, 소인동이불화

> 공자께서 말씀하시었다: "군자는 두루 마음을 쓰고 편당 짓지 아니한다 (두루 아우르며 치우쳐 가리지 않는다). 소인은 편당 짓고 두루 마음을 쓰지 아니한다 (치우쳐 가리며 두루 아우르지 않는다)." **[위정 2-14]**
>
> 子曰: "君子 周而不比, 小人 比而不周."
>
> 자왈 군자 주이불비, 소인 비이불주

'어우러짐'과 아울러 공자는 '아우름'도 강조하였다. 공자의 이 발언에서의 핵심은 '주周'와 '비比'인데, '주'를 높이 보고 장려하고, '비'를 낮게 보고 경계한다. 그런데 추상적인 뜻은 즉시 감이 잡히지만 말로 풀이를 해보려고 하면 쉽지 않다. '주'는 두루 아우르는 것이고, '비'는 치우쳐 가리는 것인데, 생각이나 발언이나 행위나 공부나 하여간 삶의 태도 전반에 걸쳐 이 말은 중대한 의미를 가진다.

자신의 의견을 주장하는 것은 좋지만 한쪽으로만 너무 치우쳐 상대방을 전혀 인정하지 않는 것은 중대한 편 가르기로서 상대방은 적과 원수가 되어 싸우게 된다. 지금 우리의 현실과 비슷하다. 각종 종교가 대립하고, 남북이 대결하고 있고, 좌우가 대립하고 있으며, 남녀와 노소도 서로 간의 이해관계를 걸고 싸우고, 각종 정당도 계파싸움, 당파싸움이 요란하다. 인간관계와 사회조직에서 발견되는 이러한 치우침과 편 가르기가 바로 '비比'이다.

생각도 언어도 행위도 삶도 우리는 "두루" 아울러야 한다. 두루 아우른다는 것은 작은 혹은 좁은 의미의 '나'나 '우리'의 바깥에 있는 사람들, 그들을 이해하고 품어서 테두리(周) 안에 넣어 주어 함께 하는 것을 말한다. 이쪽이나 저쪽이나 어찌 장점이 없고 단점이 없겠는가. 사람이 하는 일인데 어찌 잘못이 없겠는가. 그 장점 가능성과 단점 가능성을 다 인정하고 서로 존중하고 함께 하는 것이 바로 공자의 '주이불비周而不比' 정신이다.

> 공자께서 말씀하시었다: "군자는 긍지를 지니되 다투지 아니하고, 사람들과 더불어 하되 편당 짓지 않는다." [위령공 15-21]
>
> 子曰: "君子矜而不爭 群而不黨"
>
> 자왈 군자긍이부쟁 군이부당

긍지는 곧 자부심이다. 자부심은 사람의 가치를 높인다. 내가 비록 낮은 자리에서 힘든 일을 하고 있더라도 평온한 마음으로 얼마든지 그 상황을 감내할 수 있다. 남과의 경쟁에서 이기는 것만이 자부심이라고 생각해서는 안 된다. 자부심, 자존감은 경쟁을 통하여 나오는 것이 아니다. 자신의 내면을 성찰하는 수양의 노력에서 아름다운 자부심이 우러나올 수 있다.

법조인들은 우리 사회에서 선발시험을 거치고 전문직으로서의 대접도 받고 있어 누구보다도 자긍심, 자부심이 높다고 할 수 있다. 자신이 잘났다고 하는 사람들일수록 편당, 사당 정신이 더욱 강하여 보인다. 우리 사회에서도 당파적 무리를 지어 편 가르기, 끼리끼리의 문화로 지탄받은 군대의 '하나회', 요사이 인구에 회자되고 있는 '우리법연구회', '○○법연구회' 등도 처음에는 좋은 목적으로 서로 권면하고 북돋아 더욱 수양하고 공부하자는 건전한 정신에서 출발하였을 것이다. 하지만 보라, 통제되지 않은 인간의 욕심과 교만과 방자함의 결과를!

옛사람도 공부란 홀로 해서는 그 효과가 한계가 있다고 하였다. 『예기』 '학기學記'에 "홀로 공부하기만 하며 같이 연마하는 친구가 없으면, 그 배움이 고루해지고 과문하게 될 뿐이다. 獨學而無友, 則孤陋而寡聞 (독학이무우, 즉고루이과문)"라고 하였다. 공부든 사회의 조직생활이든 모두 마찬가지일 것이다. 서로 도와 좋은 방향으로 나가기를 힘쓰는 바를 막을 것은 아니지만 항상 인간 본성의 한계를 경계해야 하는 것이다. 특히 검찰이나 법원에서 엘리트라고 자부하는 사람들의 편당 의식을 경계해야 한다. 엘리트는 한순간에 "이리떼(狼)"의 무리가 될 수 있다는 것을!

◆ 24 ◆

모든 잘못의 원인을 자기 자신에게서 찾는다

공자께서 말씀하시었다: "군자는 자기에게 구하고 (자기 자신에게서 잘못을 찾고), 소인은 남에게서 구한다." [위령공 15-20]

子曰: "君子求諸己, 小人求諸人"

자왈 군자구저기 소인구저인

일이 잘되었을 때는 그 원인을 자기에게서 찾고 잘못되었을 때는 그 원인을 타인, 환경, 조상 등 자기 이외의 탓으로 돌리는 것이 일반적인 사람의 심리이다.

천주교의 미사 예절 의식의 과정 중에 자신의 죄를 반성하는 말을 반복하는 "내 탓이오, 내 탓이오, 나의 큰 탓이로소이다!"라는 부분이 있다. 오른손 주먹으로 왼쪽 가슴을 콩콩 치며 큰 소리로 나의 잘못임을 외칠 때마다 나는 내 자신의 영혼이 죄를 뉘우쳐 용서받아 머리가 시원해지고 가슴이 뭉클해지는 감동을 느끼고는 한다. 잠시나마 인생의 고단함을 원망하며 왜 나는 부자가 아닐까, 왜 나는 잘 진급하여 좋은 보직을 받지 못할까, 이번 시험은 왜 이리 못 보았을까, 왜 이유 없이 아들에게 짜증을 내었을까, 왜 내가 산 주식만 값이 떨어져 또 괜한 손해를 보았을까 등등 한 주일 동안 쌓인 분노와 원망이 스르르 없어지며 "그래, 다 내 탓이지, 내 탓 아닌 것이 어디 하나라도 있나" 하는 생각이 들며 다시 살아갈 힘을 얻는 것이다. 공자님의 말씀이 정확히 한국말로 '내 탓이오'이다.

나라의 살림을 책임지는 국가 지도자나 혹은 국민의 대변자라고 큰소리치는 정치인 중에 이와같이 '내 탓이오'라고 진정으로 겸손한 태도로 뉘우치는 사람이 많이 나왔으면 좋겠다. 경제가 어려워지거나 국민의 삶이 팍팍해지는 것을 하늘 탓이나 국가정세 탓이나 환경 탓으로 돌리지 말고 지도자로서의 책임으로 인정하고 겸손하고 진정한 군자의 자세를 보이는 것이다.

국정에 관여하는 정치인들은 가장 핵심적인 공인公人이다. 일반적으로 공인은 사람들이 누구나 알고 있어 주시의 대상이 되고 그의 행동거지가 대중에게 영향을 미치기 때문에 특별한 취급을 받게 된다. 영어로는 'public figure'라고 하며 일반적으로는 이들의 프라이버시 권리마저도 공중의 알권리를 보호하는 범위에서 제한되기도 한다. 정치인이나 국가공무원, 사람들의 인기를 끌고 있는 배우나 스포츠 스타들도 공인이라 할 수 있다. 군자는 반드시 그의 덕으로 저절로 사람들에게 알려질 것이므로 (물론, 양상군자나 사이비군자는 제외이다)

군자는 공인일 경우가 대부분이겠지만, 모든 공인이 군자는 아니다. 공자의 제자 자공은 사람들의 주목을 받는 오늘날의 군자적 공인에 대하여도 한 말씀을 남겼다.

자공이 말하였다: "군자의 허물은 일식, 월식과 같도다. 허물이 있으면 사람들이 모두 쳐다볼 수가 있고, 그 허물을 고쳤을 때도 사람들이 모두 우러러보느니라." [자장 19-21]

子貢曰: 君子之過也, 如日月之食焉. 過也, 人皆見之: 更也, 人皆仰之
자공왈 군자지과야 여일월지식언 과야 인개견지 경야 인개앙지

사회에서 공인이라고 활동하는 사람들은 자신의 이름이 영예롭게 불려지지 못하는 것을 부끄럽게 여길 줄 알아야 함을 항상 경계하여야 한다.

공자께서 말씀하시었다: "군자는 이 세상의 삶을 끝낼 때까지 그 이름이 한 번도 값있게 불려지지 못한 것을 부끄럽게 여긴다." [위령공 15-19]

子曰: 君子疾沒世而名不稱焉
자왈 군자질몰세이명불칭언

◆ 25 ◆

생각하고 또 생각하라

살다 보면 살기가 바빠서 아무 생각 없이 허겁지겁 어느새 하루가 지나가는 경우가 많다. 나이가 들어 돌이켜 보니 아무 생각 없이 살아온 것은 젊은 날의 일부분이 아니요 거의 전부이다. 생각 없는 삶을 살다 보니 어디로 가는지 인생의 방향을 자기가 주도하지 못하고 이리저리 방황하면서 여기까지 오고 말았다. 나에 대한 성찰 없이 살아온 지난날은 그저 죽지 않고 살아왔다는 것이 다행일 뿐 아쉬움 투성이다. 누군가 '인생의 목적이 무엇이냐'라는 문제는 질문으로 성립하기 어렵다고 했다. '인생人生'이란 글자의 뜻이 '살아가는 것'이고 그것 자체가 목적인데 무슨 '인생의 목적'이냐 라는 논리이다. 생각해 볼 여지를 제공하는 일리 있는 말이다.

공자께서 말씀하시었다: "군자에게는 아홉 가지 생각이 있다. 볼 때에는 밝음(明)을 생각하며, 들을 때에는 귀 밝음(聰)을 생각하며, 얼굴빛 가짐에는 온화함(溫)을 생각하며, 행동거지에는 공손함(恭)을 생각하며, 말에는 진심에서 우러나옴(忠)을 생각하며, 일에는 공경 집중함(敬)을 생각하며, 의심에는 물어 풀 것(問)을 생각하며, 분노에는 더 큰 어려움이 결과됨(難)을 생각하며, 득을 보면 의로움(義)을 생각한다."

公子曰: "君子有九思: 視思明, 聽思聰, 色思溫, 貌思恭, 言思忠 事思敬, 疑思問, 忿思難, 見得思義." [계씨 16-10]

공자왈 군자유구사 시사명 청사총 색사온 모사공 언사충 사사경 의사문 분사난 견득사의

아홉 가지를 생각하며 살라는 구사九思이다. 생각할 것이 어찌 아홉 가지뿐일까마는 자신에 대한 성찰을 하기 위한 방편으로 전반적인 행동거지를 챙겨볼 수 있는 훌륭한 덕목들이다. 보고, 듣고, 표정, 몸가짐, 말, 일 처리, 물음, 분노, 이득에 대하여 항상 고민하며 생각하고 또 생각하라!

인간은 생각하는 동물이다. 국립박물관의 '반가사유상'이나 로댕의 '생각하는 사람'이나 모두 심각하게 무엇을 생각하고 있고, 그 명작 앞에서 사람들은 또 팔짱을 끼고 '저 조각상의 인물은 무엇을 생각하고 있을까'하는 명상에 잠기어 본다. 공자도 논어에서 생각(思)에 관하여 많은 말씀을 남겼는데 몇 가지만 더 골라보았다.

공자께서 말씀하시었다: "배우기만 하고 생각하지 않으면 맹목적

으로 되고, 생각하기만 하고 배우지 않으면 위태롭다." [위정 2-15]

子曰: 學而不思則罔, 思而不學則殆

자왈 학이불사즉망 사이불학즉태

공자께서 말씀하시었다: "어진 이를 보면 그와 같아지기를 생각하며, 어질지 못한 이를 보면 안으로 자기를 되돌아본다." [이인 4-17]

子曰: 見賢思齊焉, 見不賢而內自省也

자왈 견현사제언 견불현이내자성야

계문자季文子는 세 번 곰곰이 생각한 뒤에야 행동하였다. 공자께서 이 말을 들으시고 말씀하시었다: "두 번이면 충분하다." [공야장 5-19]

季文子三思而後行. 子聞之, 曰: "再, 斯可矣."

계문자삼사이후행 자문지 왈 재 사가의

공자께서 말씀하시었다: "내 일찍이 종일토록 밥을 먹지도 아니하고, 밤새도록 잠을 자지도 아니하고, 생각에만 골몰하여도 보았으나 별 유익함이 없었다. 역시 배우는 것만 같지 못하니라." [위령공 15-30]

子曰: "吾嘗終日不食, 終夜不寢, 以思, 無益. 不如學也."

자왈 오상종일불식 종야불침 이사 무익 불여학야

논어에 나타난 유가 5덕 :
인, 의, 예, 지, 신

2

◆ 01 ◆

공자의 말씀에서 인仁이란?

인仁은 공자 사상의 핵심이다. 공자의 사회정치, 윤리도덕의 모든 논의가 인이라는 개념을 떠나서 이야기될 수 없다. 인이 곧 공자 사상의 핵이라는 것은 『논어』라는 텍스트 그 자체가 말해준다. 『논어』의 58장이 인을 다루고 있으며, 인이라는 글자가 출현하는 횟수는 총 109회나 된다.

예수를 말할 때 "하늘나라"를 빼놓을 수 없듯이, 공자를 말할 때 "인"을 빼놓을 수 없다. 예수의 하늘은 땅에 임하는 데 있었고, 공자의 하늘은 사람에게 있었다. 사람은 인을 실현하는 존재였다. 인을 실현하지 못하면 사람은 사람이 아니다.

『중용』 12장 「애공문정」장에서는 "인자仁者, 인야人也"라고 말했는데, 그것은 인이야말로 인간 전체를 규정한다는 뜻이다. 「팔일」 3장에는 "사람이면서 인하지 못하면 예인들 무엇하리오? 사람으로서 인하지 못하면 악인들 무엇하리오? 人而不仁, 如禮何? 人而不仁, 如樂何?"라고 했다. 인이란 예와 악을 의미 있게 만들 수 있는 가장 본질적인 요소인 것이다.

예는 옥백玉帛(번문 욕례)이 아니며, 악은 종고鍾鼓(악기의 기교)가 아니다.(양화 17-11). 번지가 인을 묻자, 공자는 한 번은 "애인愛人(사람을 아끼는 것)"이라 말했고 (안연 12-22), 한 번은 "어려운 일을 먼저 도모하고, 자신을 위하여 얻는 일은 뒤로한다 (先難而後獲/ 선난이후획)"(옹야 6-20)라고 했다. 안회가 물었을 때는 "극기복례克己復禮"(안연 12-1)라 했고, 자장이 물었을 때는 "공, 관, 신, 민, 혜恭寬信敏惠 다섯 가지를 천하에 펼쳐라" (양화 17-6)라고 했다. 제자들이 물을 때마다 대답이 달라지는 것이 인의 심원함이요 매력이다.

그리고 사랑하는 제자들에 관하여 "그가 인합니까"라고 물으면 이러이러한 장점은 있으나 인하다고까지는 말하기 힘들다(공야장 5-7)라고 하여 인의 경지를 쉽게 인정하지 않는다. 아마도 공자가 인의 경지를 인정한 유일한 인간이 안회였을 것이다. 안회의 삶의 태도가 인하다고 생각했을 것이다.

이상의 논의로 볼 때, 인은 상황적이며 고정적 정의가 불가능하며, 인간의 덕성의 궁극적 본질적 범주에 속하는 것임을 알 수 있다. 그것은 현실적 인간의 문제이지만 신神의 경지인 것이다.

흔히 인仁을 일의관지一以貫之 운운하며 (이인 4-15) 충서忠恕라는 덕목으로 접근하기도 하는데, 그것은 유교의 본래 정신을 흐리게 만드는 폐단을 낳았다. 충서라는 개념으로 유교는 국가이념이 되어 갔다. 그러나 충서도 외래적 권력에 대한 굴종이 아니라 인간 본연의 마음으로의 회귀를 의미하는 것으로 이해함이 타당하다.

「위령공」(15-23)에 자공과 공자의 대화가 있는데, 공자는 서恕를 "기소불욕 물시어인己所不欲 勿施於人"이라고 규정한다. 여기에는 충忠이 없다. 그리고 내가 원하는 것을 남에게도 베풀라는 서구적 "사랑"의 개념이 아니라, "내가 원하지 않는 것을 타인에게 베풀지 말라"는 부정의 뜻이 그 최상적 덕목이 되어 있음을 주목해야 한다. 공자의 인의 중요한 측면이 서恕이고, 서는 제국주의적 폭력을 거부하는 보편주의적 감성이라는 것을 알 수 있다. 보편이기 때문에 타인에게 강요할 필요가 없다.

인仁은 정의 불가능하다. 그러나 유교의 도덕 형이상학은 이 인 위에 건립되었다. 『역』은 "함咸(주역 제31번째 괘)이 감感"이라고 말했는데, 모든 존재는 "느낌Feeling"이라는 뜻이다. 인간은 느낌으로서 인을 감지할 수 있으며, 공자도 느낌의 본래적 생성 과정이 인仁이라고 생각한 것이다.

공자는 음악의 달인이기도 했다. 그는 세계를 심미적으로 파악했고 심미적 세계는 도덕을 포함한다고 보았다. 즉 인은 인간의 심미적 감수성Aesthetic Sensitivity을 통하여 도달하는 도道와 덕德의 세계이다.

인은 인간의 정치공동체 안에서 궁극적으로 실현되어야 할 실천적 가치인 것이다. 바람직한 공동체는 추기급인推己及人의 인仁한 마음이 서로 얽히는 공동체이며, 정치리더의 인한 마음을 본받아 대중들이 함께 인을 실천하여 가는 것이다. 정치의 최상위적 목표가 인仁이며, 그런 의미에서 인은 이상인 동시에 현실이요 상식이다.

◆ 02 ◆

인仁을 체화한 공자의 삶

공자께서 말씀하시었다: "도에 뜻을 두며, 덕을 굳게 지키며, 인을 항상 떠나지 아니하며, 예 속에서 노닌다. 이것이 나의 삶이다."

[술이 7-6]

子曰 "志於道, 據於德, 依於仁, 游於藝."
자왈 지어도 거어덕 의어인 유어예

'道(도)'라는 한자는 정말 다의적으로 쓰이고, 도교, 불교, 유가에서의 '도'는 엄밀하게는 의미상의 차이가 있다. 우선 사전의 뜻풀이만 보아도 "1. 길, 2. 도리, 이치. 3. 재주. 4. 방법, 술책. 5. 근원, 바탕. 6. 기능, 작용. 7. 주의, 사상. 8. 제도. 9. 기예. 10. 불교. 11. 승려. 12. 도교. 13. 도사. 14. 교설. 15. 행정 구역 단위. 16. 완벽한 글. 17. 통하다, 다니다. 18. 가다. 19. 행하다. 20. 따르다. 21. 말하다. 22. 다스리다. 23. 가르치다. 24. 깨닫다. 25. 정통하다. 26. 이끌다, 인도하다. 27. 의

존하다. 28. ~에서, ~부터" 등이 있다.

논어 속에서 여러 번 등장하는 '도'도 수시로 뉘앙스가 다르겠지만 대체적으로는 '공자학단이 추구하던 가치'를 의미하는 데 구체적으로는 그때그때 다르다. '有道' 혹은 '無道'라는 상태표현에서는 국가 내지 세상에서 요구되는 규범적 가치가 유지되느냐 혹은 무너진 상태냐를 의미하기도 한다.

공자께서는 평생을 도, 덕, 인, 예악의 정신을 생각하고 실천하는 삶을 사셨다. 그가 탁월한 예악의 능력자라는 것도 이채롭다.

> 공자의 집안 마구간에 불이 났다. 공자께서 조정에서 돌아오시어 이를 아시고 말씀하시었다: "사람이 상했느냐?" 그리고 말에 대해서는 묻지 않으셨다. **[향당 10–12]**
>
> 廐焚. 子退朝, 曰: "傷人乎?" 不問馬.
> 구분 자퇴조 왈 상인호 불문마

공자님의 '仁'에 입각한 성품을 나타내는 일화로 손꼽히는 예화이다. 당시로서는 조정에 나가는 것도 말을 매단 마차를 타고 입조하는 것이 예의여서 그 어느 때보다도 말의 재산적 가치는 대단한 것이었다. 그런데도 우선 사람이 상하였는지 안전한지를 가장 중요하게 생각하였으며, 전혀 허둥대지 않고 평정심을 유지하는 모습이 눈에 선하다.

공자께서 말씀하시었다: "인하지 못한 자는 곤궁함에 오랫동안 처하지 못하며 (오랫동안 힘든 상황을 견뎌내기 어려울 것이며/ 자신을 다잡은 상태에서 오래 머무르지 못하고), 또 즐거움에도 오랫동안 처하지 못한다. 인자는 인에서 편안할 (삶이 행복할) 줄 안다. 지자는 인에서 이로움을 취한다 (어짊을 이롭게 여긴다/ 사랑을 실천하는 것이 이익이라고 생각한다)." **[이인 4-2]**

子曰: "不仁者不可以久處約, 不可以長處樂. 仁者安仁, 知者利仁."
자왈 불인자불가이구처약 불가이장처락 인자안인 지자이인

인자의 특성을 엿볼 수 있다. 인자가 되려면 인내심과 지구력이 있어야 한다. 어렵거나 불편한 상황에서 오래 견디며 머무르는 것이 쉽지 않음은 불문가지이나, 좋고 즐거운 상황도 느긋하게 길게 머무르기가 쉽지 않다. 仁=忍의 등식이 어렴풋이 나타나 있다. '不仁者'의 조급함, 표변함, 촐삭거림을 대비하여 생각하며 보면 되겠다.

◆ 03 ◆

인한 사람도 나쁜 사람은 싫어한다

공자께서 말씀하시었다: "오로지 인仁한 자라야 사람을 좋아할 수 (사람을 좋아할 자격이) 있으며, 또 사람을 미워할 수 (사람을 미워할 자격이) 있는 것이다." [이인 4-3]

子曰: "有仁者能好人, 能惡人."
자왈 유인자 능호인 능오인

아무리 남에게 너그러운 사람, 인간을 사랑하는 사람이라도 나쁜 사람은 가려서 싫어하는 것이 안전하다. 물론 사람을 좋아하고 미워하는 것에는 편견이 따를 수 있기 때문에, 사랑을 실천하고 인을 실천하는 사람이라도 오류에 빠질 수 있기 때문에 사람을 좋아하고 미워하는 일은 어렵고 위험한 일이다.

공자님의 말씀으로는 다소 오묘한 말이기는 하다. 일단은 자신도 인하지 못하면서 함부로 남을 미워하지 말라는 정도로 이해하면 어떨까. 인하고 착한 사람일수록 악인에게 속을 위험이 있으니 함부로 아무나 사랑하고 어질게 대하여도 문제는 문제이다.

같은 맥락에서 살펴볼 만한 공자의 말씀이 있다.

자공이 여쭈어 말하였다: "향인鄕人 전부가 한 사람을 좋아한다면 그 사람은 어떻습니까?" 이에 공자께서 말씀하시었다: "그것으로는 부족하다." 자공이 또 말하였다: "그렇다면 향인 전부가 한 사람을 다 미워한다면 그 사람은 어떻습니까?" 이에 공자께서 말씀하시었다: "그것으로는 부족하다! 향인 중의 선한 사람들이 그를 좋아하고, 향인 중의 선하지 못한 사람들이 그를 미워하는 것만 같지 못하니라." [자로 13-24]

子貢問曰: "鄕人皆好之, 何如?" 子曰: "未可也." "鄕人皆惡之, 何如?" 子曰: "未可也, 不如鄕人之善者好之, 其不善者惡之."

자공문왈 향인개호지 하여 자왈 미가야 향인개오지 하여 자왈 미가야 불여향인지선자호지 기불선자오지

마을 사람 전부 즉 좋은 사람은 물론 나쁜 사람을 포함하여 전부가 어떤 사람을 좋아한다고 해도 그것은 좋은 것은 아니다. 나쁜 사람이 접근하는 것은 진정으로 그를 위함이 아니라 그를 먹잇감으로 노릴 경우가 많기 때문이다. 하여간 그 시절에도 나쁜 사람들은 잘 가리어 멀리함이 최선의 처신법인데 나쁜 사람은 사실 나라에서 잘 가리어 관리를 해 주어야 한다. 사람의 선악은 일부는 타고 나고 일부는 후천적일 수도 있지만 도저히 고치기 어렵다는 것이 나의 인생 경험

이다. 사방을 경계하여 나쁜 사람에게 피해를 당하지 않도록 주의해야 한다. 나쁜 사람이 대놓고 나를 미워하면 미리 조심할 수 있지만, 나쁜 사람일수록 속마음을 숨기고 불시에 해를 가하면 당하는 사람만 손해이다.

사람 사귀는 방법에 관하여 자하子夏과 자장子張은 다소 견해가 달랐던 모양이다. 자하는 '잘난 사람은 사귀고 못난 사람과는 관계를 끊는 것이 좋다'라고 가르치고, 자장은 '잘난 사람, 못난 사람 다 포용하여 능력이 닿는 한 거절하지 말고 다양한 사람을 안고 가라. 다른 사람이 내가 못났다고 보아 거절할 때까지는.'이라고 한다. 어느 것이 현실성이 있는가?

> 자하의 문인이 벗 사귐에 관하여 자장에게 물었다. 자장이 말하였다: "자하는 무어라 말하던가?" 자하의 문인이 대답하여 말하였다: "우리 자하께서 이르시기를, '벗할 만한 자와 더불어 하고, 벗할 만하지 못한 자는 거절해 버려라' 하고 잘라 말씀하시었습니다." 이에 자장이 말하였다. "내가 부자夫子로부터 들은 바와는 다르구나! 군자는 소수의 현인을 존중하되 동시에 대중을 포용해야 하며, 선한 자를 아름답게 여기지만 동시에 능력 없는 자를 불쌍히 여겨야 한다. 내가 크게 어질다면 타인과의 관계에 있어서 누구인들 포용치 못하겠느냐? 내가 만약 어질지 못하면 사람들이 먼저 나를 거절할 것이니, 내가 타인을 거절한다는 것이 있을 법이나 한 일이겠는가?" **[자장 19-3]**

子夏之門人, 問交於子張. 子張曰: "子夏云何?" 對曰: "子夏曰: '可者與之, 其不可者拒之.'" 子張曰: "異乎吾所聞: 君子尊賢而容衆, 嘉善而矜不能. 我之大賢與, 於人何所不容? 我之不賢與, 人將拒我, 如之何其拒人也?"

자하지문인 문교어자장 자장왈 자하운하 대왈 자하왈 가자여지 기불가자거지 자장왈 이호오소문 군자존현이용중 가선이긍불능 아지대현여 어인하소불용 아지불현여 인장거아 여지하기거인야

◆ 04 ◆

기소불욕, 물시어인

己所不欲 勿施於人

중궁이 인을 여쭈었다. 이에 공자께서 말씀하시었다: "집 문을 나가면 큰 손님을 뵈온 듯이 하고, 백성을 부릴 때는 큰 제사를 받들 듯이 하라. 내가 원하지 않는 것을 남에게도 베풀지 말라. 그리하면 나라에서도 원망받는 일이 없을 것이며, 집에서도 원망받는 일이 없을 것이다." 중궁이 대답하였다: "옹雍 제가 불민하오나 이 말씀을 공경되이 따르겠나이다." [안연 12-2]

仲弓問仁. 子曰: "出門如見大賓, 使民如承大祭. 己所不欲, 勿施於人. 在邦無怨, 在家無怨." 仲弓曰: "雍雖不敏, 請事斯語矣."

중궁문인 자왈 출문여견대빈 사민여승대제 기소불욕 물시어인 재방무원 재가무원 중궁왈 옹수불민 청사사어의

자가 중궁인 염옹冉雍(성은 염, 이름은 옹)은 공자보다 약 29세 연하의 제자이나, 공자가 그의 능력에 대하여 극찬하였다. 『공자가어孔子

家語』의 「칠십이제자해七十二弟子解」는 "염옹"에 대하여 다음과 같이 기록하고 있다. "염옹은 자가 중궁이다. 염백우와 같은 집안 사람이다. 매우 못난 아버지 밑에서 나서 컸다. 그럼에도 불구하고 덕행으로 이름을 날렸다." 공자의 인에 대한 대표적인 가르침을 중궁에게 하였다는 것도 그의 비중을 말해준다.

공자는 세 가지 점을 강조하고 있다.

① 모든 사람을 평등하게 대할 것,

② 사람들에게 지시할 때 공경의 자세를 잃지 않을 것,

③ 상대방의 입장에서 먼저 생각할 것.

'기소불욕 물시어인'의 가르침의 핵심은 '상대방'을 생각하는 마음이다. 나도 남의 한마디 말로 마음에 깊은 상처를 받은 일이 생각난다. 오스트리아 빈에 소재한 유엔사무소에 파견되어 2년간 근무하고 법무부에 돌아와서 당시 인사 담당 과장에게 인사를 하러 가니 왈: "그래 2년 동안 잘 놀았제? 이제 일 좀 해야지."(당시만 해도 검찰에서 해외연수를 다녀온다든지, 해외파견근무를 한다든지 하는 비율이 적어, 그러한 해외연수나 근무를 못 해본 사람들 중에는 국내의 검찰일 만이 중요하고 나머지는 모두 시간, 예산의 낭비라고 생각하는 사람들이 있었다.) 윤검사 왈: "? ? ? (묵묵부답)". 우선 오랜만에 만났으면 '그래 고생했지' 등등 인사치레라도 하고 숨을 돌린 후에 '그래 무엇했나? 혹시 놀기만 한 건 아니냐?' 등등의 차례로 대화가 진행되어야 하는 게 아닌가? 나는 이후 이 일을 후배들에게 더욱 말을 조심하는 계기로 삼았다.

◆ 05 ◆

삶의 모든 순간에서 인을 실천하라

공자께서 말씀하시었다: "부귀는 사람들이 다 원하는 것이다. 그러나, 정당한 방법으로 얻은 것이 아니라면 그것에 처하지 않는다. 빈천은 누구나 다 싫어하는 것이다. 그러나 그것이 비록 정당한 방법에 의하여 빈천에 빠진 것이 아니라 할지라도 부당한 방법으로 벗어나려고 노력하지는 않는다. 군자가 인함에서 떠나 있다면 어찌 명예로운 이름을 이룰 수 있겠는가?

군자는 한 끼니를 마칠 시간 동안에도 인을 어기는 법이 없다. 황급한 때도 반드시 인과 더불어 하며, 실족할 때에도 반드시 인과 더불어 할 뿐이다." [이인 4-5]

子曰: "富與貴, 是人之所欲也; 不以其道得之, 不處也. 貧與賤, 是人之所惡也; 不以其道得之, 不去也. 君子去仁, 惡乎成名, 君子無終食之間違仁, 造次必於是, 顚沛必於是."

자왈 부여귀 시인지소욕야 불이기도득지 불처야 빈여천 시

인지소오야 불이기도득지 불거야 군자거인 오호성명 군자무종식지간위인 조차필어시 전패필어시

공자는 '정명正名' 즉, 이름을 바로 세우는 것을 항상 강조하셨다. 여기서도 군자가 인하지 못하면 이름을 이룰 수 없는데, 삶의 한순간도 인의 정신을 놓쳐서는 안 되고 어떠한 역경 속에서도 인의 실천에 전력을 다하여야 한다고 강조하고 있다. 심지어 부당하게 빈천에 처하였더라도 정당한 방법과 과정이 아니면 이를 면하려고 해서는 안 된다고까지 한다.

이러한 투철한 정신은 후세에 맹자에게로 전하여져 '맹자 등문공하"에 나오는 대장부론에 그대로 살아있다.

居天下之廣居 (거천하지광거) 세상의 넓은 곳에 거처하고

立天下之正立 (입천하지정립) 세상의 바른 곳에 서며

行天下之大道 (행천하지대도) 세상의 큰 도를 행하여

得志 與民由之 (득지 여민유지) 뜻을 얻으면 백성과 더불어 말미암고

不得志 獨行其道 (부득지 독행기도) 뜻을 얻지 못하면 홀로 그 도를 행하여

富貴不能淫 (부귀불능음) 부귀가 마음을 방탕케 하지 못하며

貧賤不能移 (빈천불능이) 빈천이 절개를 옮겨 놓지 못하며

威武不能屈 (위무불능굴) 위세와 무력 앞에서도 굴복하지 아니하니

此之謂大丈夫 (차지위대장부) 이를 일러 대장부라 한다.

◆ 06 ◆

인한 사람은 사람을 사랑하고 불인한 사람을 고칠 수 있다

번지樊遲는 본명이 樊須(성이 번, 이름은 수)이고 字(자)가 子遲(자지)이며, 공자보다 46세 연하의 공자 말년의 제자이다. 번지는 신체적으로 단련되어 튼튼하고 성실하며, 특히 말 모는 재주가 비상했다. 수레몰이를 하며 공자 곁을 지켰다. 그는 공자의 수레를 몰면서 이것저것 물어보기를 좋아하였다. '지知' 또는 '인仁', '숭덕崇德' '변혹辨惑' 등등 큼직한 질문들을 다짜고짜로 제기하곤 해서 때로는 공자로부터 좋은 질문을 하였다고 칭찬을 받기도 했다. 그러나 농사짓는 법에 관해 물었다가 소인이라는 핀잔의 소리를 들은 적도 있지만, 평범한 인간이 느끼는 많은 문제상황에 관하여 자연스럽게 질문하고 공자는 좋은 답변을 하여주는 등 공자의 친근한 인간적 면모를 드러내는 데 일조하였다.

번지가 인仁을 여쭈었다. 공자께서 말씀하시었다: "사람을 사랑하는 것이다." 또 지知를 여쭈었다. 공자께서 말씀하시었다: "사람을 아는 것이다." 번지가 이 말씀을 깊게 알아들을 수가 없었다. 공자께서는 다음과 같은 말씀을 첨가하시었다:

"굽은 판자때기 위에 곧은 판자때기를 놓아 누르면 굽은 판자때기가 펴지듯이, 곧은 사람을 들어 굽은 사람 위에 놓으면 모든 굽은 사람들이 곧게 될 수 있나니라."

번지가 물러나 자하를 보았을 때, 다시 말했다: "지난번에 내가 선생님을 뵈었을 때에 지에 대해 여쭈었는데, 부자께서 곧은 사람을 들어 굽은 사람 위에 놓으면 모든 굽은 사람들이 곧게 되리라, 말씀하셨는데, 도대체 이 말씀이 무슨 뜻인고?" 자하가 말했다: "풍요롭도다! 그 말씀이여! 순舜이 천하를 얻음에 그 많은 사람 가운데서 뽑아 고요皐陶를 들어 쓰시니, 불인不仁한 자들이 멀리 사라졌고, 탕湯이 천하를 얻음에 그 많은 사람 가운데서 이윤伊尹을 들어 쓰시니, 불인한 자들이 멀리 사라지지 아니하였던가!" [안연 12-22]

樊遲問仁. 子曰: "愛人." 問知. 子曰: "知人". 樊遲未達. 子曰: "擧直錯諸枉, 能使枉者直."

번지문인 자왈 애인 문지 자왈 지인 번지미달 자왈 거직조저왕 능사왕자직

樊遲退 見子夏曰: "鄕也吾見於夫子而問知 子曰, '擧直錯諸枉, 能使枉者直,' 何謂也?"

번지퇴 견자하왈 향야오견어부자이문지 자왈 거직조저왕 능사왕자직 하위야

子夏曰: "富哉言乎! 舜有天下, 選於衆, 擧皐陶, 不仁者遠矣. 湯有天下, 選於衆, 擧伊尹, 不仁者遠矣."

자하왈 부재언호 순유천하 선어중 거고요 불인자원의 탕유천하 선어중 거이윤 불인자원의

번지가 또 다른 기회에 다시 지와 인에 대하여 공자께 여쭈었다.

번지(樊遲)가 앎(知)에 관하여 여쭈었다. 공자께서 이에 말씀하시었다. "백성의 마땅한 바를 힘쓰고, 귀신을 공경하되 멀리하면, 안다고 말할 수 있다."

번지가 또 인(仁)에 대하여 묻자, 공자가 말씀하시었다: "인한 사람은 항상 어려운 큰일을 먼저 도모하고, 자신을 위하여 얻는 일은 뒤로한다. 그리하면 가히 인하다 말할 수 있다." [옹야 6-20]

樊遲問知. 子曰: "務民之義, 敬鬼神而遠之, 可謂知矣."

問仁. 曰: "仁者先難而後獲, 可謂仁矣."

번지문지 자왈 무민지의 경귀신이원지 가위지의

문인 왈: 인자선난이후획 가위인의

인의 모범을 보이는 사람은 사회의 리더로서 군자의 품성을 갖춘 자이리라. 그래서 그들은 남들을 위하여 어렵고 힘든 길을 선택하여 가는 사람들이다. 선한 기운이 강한 인자는 그 조직의 속성을 바르게 바꾸어 남들에게 감화를 주어 좋은 방향으로 이끌고 갈 수 있을 것이다. 날로 불인한 세력이 많아지는 오늘날 인자들의 가련한 노력이 오히려 꺾일까 안타깝다.

번지가 인을 물었다. 이에 공자께서 말씀하시었다: "평소에 거처하는 모습이 공恭(공손)해야 하고, 일을 하는 모습은 경敬(경건, 성실)해야 하며, 사람을 사귀는 모습은 충忠(진심, 믿음)해야 한다. 비록 문화가 다른 동북방 나라에 간다 할지라도 이러한 자세를 버려서는 아니 된다." **[자로 13-19]**

樊遲問仁. 子曰: "居處恭, 執事敬. 與人忠. 雖之夷狄, 不可棄也."
번지문인 자왈 거처공 집사경 여인충 수지이적 불가기야

◆ 07 ◆

극기복례

克己復禮

안회顔回는 자가 자연子淵이어서 안연顔淵이라고도 부른다. 공자보다 30세 연하. 공자 초기 제자인 안로의 아들. 논어에서 공자는 안회와 마주할 때 가장 진실된 모습을 보여준다. 공자가 인하며 호학자라고 인정하는 유일한 인물이다. '옹야편' 9장에서 공자는 "훌륭하도다! 안회는 한 소쿠리의 밥과 한 표주박의 청수로 누추한 골목에서 산다. 사람들은 그 근심을 견디지 못하지만, 그는 그 즐거움을 바꾸지 않는다"라고 칭찬하였다.

> 안연이 인을 여쭈었다. 이에 공자께서 말씀하시었다: "자기를 이기어 예로 돌아가는 것을 인仁이라고 한다. 하루라도 자신을 이기고 예로 돌아갈 수 있다면 천하가 모두 인으로 돌아간다. 인을 실천하는 것은 오로지 자기로 말미암는 것이니, 어찌 타인으로 말미암아 인을 실천할 수 있겠느뇨?"

안연이 말씀드렸다: "그 세목을 여쭙겠나이다." 공자께서는 "예가 아니면 보지도 말고, 예가 아니면 듣지도 말며, 예가 아니면 말하지도 말고, 예가 아니면 움직이지도 말지어다." 안연이 대답하였다: "회가 비록 불민하오나 이 말씀을 공경되이 따르겠습니다." [안연 12-1]

顏淵問仁. 子曰: "克己復禮爲仁. 一日克己復禮, 天下歸仁焉. 爲仁由己, 而由人乎哉?" 顏淵曰: "請問其目."

안연문인 자왈 극기복례위인 일일극기복례 천하귀인언 위인유기 이유인호재 안연왈 청문기목

子曰: "非禮勿視, 非禮勿聽, 非禮勿言, 非禮勿動." 顏淵曰: 回雖不敏, 請事斯語矣.

자왈 비례물시 비례물청 비례물언 비례물동 안연왈 회수불민 청사사어의

공자는 '인을 실천하는 것은 자기로 말미암는 것이다 (자기에게서 비롯된다)'라고 하였는데, 인은 멀리 있는 것이 아니라고 강조하셨다.

공자께서 말씀하시었다: "인이 멀리 있겠느냐? 내가 어질고자 하면 바로 여기로 달려오는 것이 인인데." [술이 7-29]

子曰: "仁遠乎哉? 我欲仁, 斯仁至矣."

자왈 인원호재 아욕인 사인지의

◆ 08 ◆

인의 세목은 공관신민혜恭寬信敏惠

자장은 성이 전손顓孫, 이름이 사師, 자는 자장子張이다. 공자보다 48세 연하. 증자, 자하, 자유와 함께 공자 말년의 공자학단을 이끌었다. 논어에서 가장 나이 어린 제자임에도 불구하고 많은 질문을 통해 공자의 대답을 이끌어냈다. 공자 사후, 자장의 제자들은 유가 8파의 으뜸가는 일문을 형성하였고, 묵가墨家에 깊은 영향을 주었다.

> 자장이 공자께 인에 관하여 여쭈어보자 공자께서 말씀하시었다: "천하에 다섯 가지를 행할 수 있으면 그것이 인이다." 그것이 무엇인지를 다시 여쭈자, 공자께서는 "공손함, 관대함, 믿음직스러움(신의), 민첩함, 은혜를 베풂이다. 공손하면 남을 업신여기지 아니하고, 너그러우면 대중의 마음을 얻게 되고, 신의가 있으면 사람들이 신임하며, 민첩하면 공로가 있게 되고, 은혜를 베풀면 사람들을 넉넉히 부릴 수 있게 된다". [양화 17-6]

子張問仁於孔子. 孔子曰. 能行五者於天下爲仁矣. 請問之. 曰, 恭寬信敏惠. 恭則不侮, 寬則得衆, 信則人任焉, 敏則有功, 惠則足以使人.

자장문인어공자 공자왈 능행오자어천하 위인의 청문지 왈 공관 신민혜 공즉불모 관즉득중 신즉인임언 민즉유공 혜즉족이사인

공자는 '강의목눌'도 인에 가까운 실천 항목이라고 하였다. 인은 화려하지 않고, 치장하지 않고, 세련되지 않고, 돋보이지 않는다. 묵묵히 남이 보지 않는 곳에서 내 안에 있는 사랑의 인자한 마음을 실천하는 것이 군자의 참모습일 것이다.

공자께서 말씀하시었다: 강인하고, 굳세고, 질박하고, 어눌한 것은 인에 가깝다. [자로 13-27]

子曰: 剛, 毅, 木, 訥, 近仁.

자왈 강 의 목 눌 근인

◆ 09 ◆

자기가 서고자 하면 남도 서게 하라

자공은 성이 단목端木, 이름은 사賜다. 공자보다 31세 연하. 초기 제자로서 공자의 유랑시대의 고난을 함께 하였다. 공자는 논어 선진편에서 ”자공은 천운을 타지 않는데도 재화가 늘어났다. 억측을 해도 자주 들어맞았다“라고 하여 그가 이재에 밝아 큰 재화를 벌었음을 암시하였다. 자공은 공자학단을 유지하는 데 필요한 재화의 공급자로서 큰 역할을 하였다. 공자의 사후에는 자공만이 6년 동안 스승의 무덤을 지켰으며 이후 제후들을 찾아다니면서 공자의 위대함을 알렸다. 사마천은 『사기史記』 화식열전貨殖列傳에서 자공에 대하여 다음과 같이 썼다.

“자공은 공자 슬하에서 학문을 닦은 후에는 위나라로 돌아가 벼슬을 하였다. 상품을 시의에 맞게 사들여 조나라와 노나라 일대에서 중계하며 이익을 많이 남겼다. 소위 70 제자 중에서 자공이야말로 그 부가 넘치도록 풍성했다.”

자공이 여쭈었다: "널리 백성에게 베풀어서 많은 사람들의 삶을 유족하게 만드는 (민중의 어려움을 구제하는) 사람이 있다고 한다면 어떠합니까? 그 사람은 인하다고 말할 수 있습니까?" 공자께서 말씀하시기를 "어찌 인하다고 할 정도만이겠느냐? 반드시 성인이라고 부를만하다. 요와 순임금도 그것을 어렵게 여겨 걱정하였느니라. 대저 인한 사람은 자기가 서고자 하면 남도 서게 하며, 자기가 달성코자 하면 남도 달성케 해 준다. 능히 가까운 데서 자기 몸으로 깨달을 수 있는 것을 취할 줄 안다면, 그것을 바로 인을 실천하는 방법이라 일컬을 만하다. [옹야 6-28]

子貢曰, 如有博施於民而能濟衆, 何如? 可謂仁乎? 子曰, 何事於仁! 必也聖乎! 堯舜其猶病諸! 夫仁者, 己欲立而立人, 己欲達而達人. 能近取譬, 可謂仁之方也已.

자공왈 여유박시어민이능제중 하여 가위인호 자왈 하사어인 필야성호 요순기유병저 부인자 기욕립이립인 기욕달이달인 능근취비 가위인지방야이

공자 시대에도 위정자의 최대 목표는 백성들의 먹고사는 것을 풍족하게 해 주는 것이었다. 공자는 요순도 걱정하던 이것을 할 수 있는 사람은 단순히 '인'을 실천하는 사람의 단계를 넘어 성인이라 할만하다고 상찬한다. 자기만 챙기지 않고 내가 서고 싶다면 동시에 남도 도와 함께 서게 하고, 함께 일을 성공시키도록 하는 일, 즉 가까운 이웃부터 챙기는 사람이야말로 인을 실천하는 사람이라는 것이다.

또한 정치인으로 벼슬길에 나가서 활동하려는 꿈을 품고 있는 자공이 인을 실천하는 방법을 묻자, 더욱 현실적인 방안으로 조언하기를 '인을 실천하려면 자리와 역할이 있어야 하는 데 그런 자리와 역할을 만들려면 주요 인물들을 먼저 우호 세력으로 확보해야 한다. 귀족들과 전문가집단 중에 현명하고 인에 대하여 호의적인 사람들과 좋은 교우관계를 형성하여 기반을 넓혀 놓는 것이 좋겠다'라고 충고한다. 비유하여 '공인이 일을 잘하려면 먼저 연장부터 다듬어야 한다'고 한 것이다.

> 자공이 인을 실천하는 방법에 관하여 묻자, 공자가 말씀하셨다: "공인이 그 일을 잘하려면 먼저 연장을 예리하게 준비해야 한다. 한나라에 살게 되면 반드시 그 대부 중에 슬기로운 자를 섬기고, 그 선비 중에 인한 자를 벗 삼아야 한다." [위령공 15-9]
>
> 子貢問爲仁. 子曰: "工欲善其事, 必先利其器. 居是邦也, 事其大夫之賢者, 友其士之仁者."
>
> 자공문위인 자왈 공욕선기사 필선리기기 거시방야 사기대부 지현자 우기사지인자

10

인을 행하는 것은 말더듬이가 말을 하는 것처럼 힘들다

사마우는 성이 사마司馬이고 이름은 경耕이고 자는 자우子牛이다. 사마우에 대하여는 자세한 기록은 없고 송나라에서 공자를 공격했던, 사마환퇴司馬桓魋의 동생이라는 공안국의 설과, 그냥 공자 제자 중의 한 사람이라는 '사기 중니제자열전'설이 있다. 논어 안연편에 연이어 3장의 에피소드가 등장한다 (12-3, 12-4, 12-5).

> 사마우가 인에 대해서 묻자, 공자께서 말씀하셨다: "인이란 말하기를 머뭇거리는 것이다 (인한 자는 말더듬이처럼 말이 힘겹다/ 인한 자는 말을 참고 아끼는 사람이다)". "말을 머뭇거리면 그것을 인이라고 하겠습니까?"하니 공자께서 말씀하셨다: "행하기가 어려우니 말을 머뭇거리지 않을 수 있겠느냐?" **[안연 12-3]**
>
> 司馬牛問仁. 子曰: "仁者其言也訒." 曰, "其言也訒 斯謂之仁矣乎?" 子曰: "爲之難, 言之得無訒乎?"

사마우문인 자왈 인자기언야인 왈 기언야인 사위지인의호
자왈 위지난 언지득무인호

행하기가 어려운 일에 대하여 쉽게 말할 수는 없다. 공자는 '인'이 무엇이냐고 묻는 사마우에게 '인을 행하기가 어려움'을 말더듬에 비유했다. 말을 더듬는 사람이 말을 이어 나가기 위하여는 답답함을 참고 꾸준하게 한마디 한마디 끈기 있게 이어 나가야만 한다. 인을 행하기가 어려운 것을 아는 사람은 인을 함부로 말하지도 못할 것이요, 더욱 인을 행하기 위한 굳은 결심이 필요할 것이다. 혹자는 말을 아끼는 것이 인이라고 해석하는 사람도 있다. 즉 상대방의 기분을 살피지 아니하고 자신이 하고 싶은 말만 장황하게 늘어 놓으며 상대방에게 말할 기회를 주지 아니하는 것이 아니라, 자신의 말을 참고 상대방의 말을 듣는 것이 인이라고 해석한 것이다. 仁=忍이다. 재미있는 해석이다.

진정으로 인을 소중히 생각하는 지사志士(뜻을 가진 선비)와 인인仁人(인을 실천하는 사람)은 인을 위하여 목숨을 바친다(殺身成仁/ 살신성인).

공자가 말씀하시었다: "지사와 인인은 구차히 삶을 구하여 인을 해침이 없고, 그 몸을 죽이어 인을 이룸은 있다." [위령공 15-8]

子曰: "志士仁人, 無求生以害仁, 有殺身以成仁."
자왈 지사인인 무구생이해인 유살신이성인

공자는 인을 실천함에 있어서는 스승에게도 양보하지 않아야 한

다고 제자들에게 강조하였다. [위령공 15-35]

子曰: 當仁, 不讓於師.
자왈 당인 불양어사

진정한 인자는 반드시 용기가 있다. 인을 실천할 용기가 없으면 진정한 인자가 아니다.

공자께서 말씀하시었다: "덕이 있는 자는 반드시 훌륭한 말을 하거니와, 훌륭한 말을 하는 자라고 해서 반드시 덕이 있는 것은 아니다. 인한 자는 반드시 용기가 있거니와, 용기가 있는 자라고 해서 반드시 인한 것은 아니다." [헌문 14-5]

子曰: 有德者必有言 有言者不必有德. 仁者必有勇, 勇者不必有仁.
자왈 유덕자필유언 유언자불필유덕 인자필유용 용자불필유인

◆ 11 ◆

의義란 무엇인가?

'義'라는 한자의 뜻은 사전에 의하더라도 약 20가지의 형용사, 명사적인 뜻이 있다. 주로 '옳다, 의롭다, 정의, 의리, 뜻, 의의' 등 긍정적인 의미로 쓰이나, 특이하게도 '간사하다, 옳지 않다, 가짜'라는 뜻으로 쓰이는 경우도 있음이 이채롭다.

글자 모양은 羊(양 양) 자와 我(나 아) 자가 결합한 모양이다. 그래서, 나(我)의 마음 씀을 羊(양)처럼 착하고 의리있게 가진다는 뜻을 합하여 '옳다'를 뜻하게 되었으며, 고대 의식에서 신에게 희생양으로 바치던 제물이 주로 양이었으므로 '바르다, 의로운 일'의 의미를 갖게 되었다고 한다.

논어에서 공자가 여러 차례 '의'를 언급하고 있으나, 그것이 무엇인지, 무엇이 그러한 상태인지 구체적인 개념 정의나 정확한 구별 기준에 대하여는 언급이 없다. 공자는 그냥 이것이 인간에게 좋은 것이고 꼭 필요한 것임을 전제로 하여 그 부재를 탓하거나 경계하며, 그 존재를 칭찬하거나 권유하고 있을 뿐이다. 공자의 여러 가지 발언들을 통하여 우리는 '의'라는 것이 어떤 맥락에 놓여 있는지, 우리 인간 사회에서 어떤 가치론적 좌표에 위치하여 있는지를 간접적으로 심정적으로 이해할 수 있을 뿐이다.

서양철학에서 '정의'에 관한 치열한 토의와 이론의 정립이 시도되어 온 것에 비하여, 공자의 논의 내용에 의로움에 대한 설명은 없지만 각 에피소드의 문맥을 통하여 우리는 그것이 어떤 것인지를 간접적으로 파악할 수 있다. 곧 '불의'라는 개념 및 불의한 상황과 대비하여 무엇이 우리가 갈구하는 '정의'인지를 알 수 있게 되는 것이다.

'의로움(義)'과 유사한 '바름(正)'과 '곧음(貞)'도 논어에 등장한다.

논어에 등장하는 바르다는 뜻의 '正(정)'은 '바름, 바로잡음'을 의미하며, 매사에 올바르게 행동하고자 하는 자세, 태도를 나타내는 데 사용되었다. 특히, 공자는 정치에 있어서 '正名(정명: 이름을 바로 잡는 것)'을 중요하게 생각하였는데, 그 의미는 각자가 각자의 자리에서 각자의 역할을 충실히 해서 그 이름값을 똑바로 하는 것이다. 왕은 왕답게, 신하는 신하답게, 부모는 부모답게, 자식은 자식답게, 모두가 각자 그 이름의 본질을 구현하도록 만드는 것이 바로 '바로잡는 것'이다. 제나라 경공이 공자에게 정치를 묻자, 공자는 "君君, 臣臣, 父父, 子子. (군군, 신신, 부부, 자자)"라고 대답하였다. 사실 공자의 시대나 현재의 시대나 세상은 온통 '바르지 못함', '부정不正'으로 가득 차 있으므로, '正'자 하나만 제대로 실천해도 세상은 금세 바로 설 수 있을 것이다. '義'는 '正'보다도 사람의 의사결정을 토대로 하는 주관적인 의미가 가미되어 더욱 강하고, 상황에 대한 적합한 판단이 결합된 고차원적인 의미라고 생각된다.

'貞(정)'은 '올곧음, 꼿꼿함'을 의미하는 데 '점치다'라는 의미도 있다. 논어에는 '貞' 자가 딱 한 번 등장한다. '貞'이란 '원칙을 지키며 적당히 넘어가지 않는다'는 '원칙주의'의 완고함이 배어있다. 주역에서는 '乾'괘가 '元(원: 으뜸됨), 亨(형: 형통함), 利(이: 이로움), 貞(정: 올곧음)'의 덕을 완비하고 있다고 괘사에 쓰여있다.

> 공자께서 말씀하시었다: "군자는 정도를 굳게 지키고, 작은 신의에 얽매이지 않는다 (군자는 올곧으며, 적당히 봐주지 않는다)." **[위령공 15-36]**
>
> 子曰: 君子貞而不諒
> 자왈 군자정이불량

논어에서 '義'자의 쓰임새를 대별하여 보면 아래와 같다.

1. 가치론적 지향점으로서의 '의'는 훌륭한 사람들이 높이 여기는 상등의 가치로서, 소인들이 추구하는 '이익'과 대척점에 있다.

'의'는 군자가 취하여야 할 행위 양식으로서 일단 부귀의 정당함에 대한 기준이 된다. 의롭지 못한 방법으로 부귀를 추구하여서는 안

되며, 그것이 '불의'의 정도에 도달하면 죄가 된다.

2. '의'는 반드시 행하여야 하는 것인데, 그것을 행하기 위하여는 또 다른 미덕인 '용'이 필요하다.

군자가 세상일에 관하여 '가까이하느냐, 멀리하느냐 혹은 행하느냐, 마느냐'의 여러 가지 갈등 상황에 처하게 되는데, 그 행위 기준은 "어떻게 하는 것이 의로우냐" 하는 것이다. 의'는 마땅히 나아가야 할 방향이지만, 실행하기가 쉽지 않다 (聞義不能徙/ 문의불능사: 의로운 일을 듣고도 능히 나아가지 못하는 것). 따라서, 그것을 행하기 위하여는 '용기'가 필요하다.

3. 백성을 부리는 내용의 정치 행위에 있어서의 합리성, 정당성 판단기준

'의'는 백성을 부리는(使民) 시기나 정도가 적당한지, 백성을 어느 방향으로 유도하여 힘쓰도록(務民) 하는 것이 합리적이며 가치가 있는지를 판단함에 있어서의 기준이 되었다.

4. '義'와 '崇德'은 일치된 개념

의로운 길로 나아가는 것(徙義/사의)은 '덕을 숭상하는 것'(崇德)과 같은 것이다.

5. 내적 수양단계의 표징

'義'를 좋아하기는 쉽지 않은 일이며, 의를 좋아한다는 것은 수양

이 일정한 경지에 도달하였다는 징표이다. 공자는 "통치자가 의를 사랑하면 백성들은 심복하지 아니함이 없다 (上好義, 則民莫敢不服/ 상호의, 즉민막감불복)."라고 하였다. 백성들도 '의'가 좋다는 것을 직감적으로 알고 따라온다는 의미로 보인다.

6. '의'는 군자 자질의 바탕이 되어야 하고, 사람들이 늘상 토의하고 화제에 올리기를 좋아하여야 될 덕목이다.

"군자는 의로써 바탕을 삼는다." [위령공 15-17]

君子義以爲質

군자의이위질

"종일토록 여럿이 함께 있으면서 하는 말들이 의로움에 미치지 못하고, 잔재주 부리기 (작은 지혜를 행하기)나 좋아한다면 곤란하다."

[위령공 15-16]

群居終日, 言不及義, 好行小慧, 難矣哉!

군거종일 언불급의 호행소혜 난의재

7. '의'는 '덕성'의 순수성을 지키는 완충장치

'의'로써 절제되지 않으면, 덕성도 변질될 수 있다. '의로움'이 없는 용기는 난이나 도적이 된다.(爲亂, 爲盜). '의'는 사람과 사람과의 이해관계가 충돌할 때, 정당한 권리주장의 한계점 및 양보의 시발점 판단의 기준이 된다.

◆ 12 ◆

'의로움'은 세상 일을 처리하는 기준이다

공자께서 말씀하시었다: "군자는 의義에서 깨닫고, 소인은 이利에서 깨닫는다(군자는 의로움에 밝고, 소인은 이익에 밝다)." [이인 4-16]

子曰: 君子喩於義, 小人喩於利

자왈 군자유어의 소인유어리

군자의 도와 소인의 도의 구분 방법이 바로 '義'냐, '利'냐의 지향 기준이다. 공자를 이어 유가의 도를 이은 맹자도 같은 취지의 말을 하였다.

맹자가 양나라 양혜왕을 만났을 때 "선생께서 불원천리하고 오셨으니 역시 우리나라를 이롭게 하실 게 있으십니까 (叟不遠千里而來 亦將有以利吾國乎/ 수불원천리이래 역장유이리오국호)"하고 묻자, 맹자는 "왕께서는 왜 하필 이익을 말씀하십니까. 인의가 있을 따름입니다 (王何必曰利 亦有仁義而已矣/ 왕하필왈리 역유인의이이의)"라고 대답하였다.

공자께서 말씀하시었다: "거친 밥 먹고 물 마시며 팔을 굽혀 베개 삼더라도, 나의 삶의 즐거움은 이 속에 있노라. 의롭지 못하게 부를 얻고 높은 지위를 얻는 것은, 나에게는 뜬구름일 뿐." [술이 7-15]

子曰: 飯疏食飮水, 曲肱而枕之, 樂亦在其中矣. 不義而富且貴, 於我如浮雲

자왈 반소사음수 곡굉이침지 낙역재기중의 불의이부차귀 어아여부운

공자께서 말씀하시었다: "군자는 세상일에 관하여서는 가까이할 것도 없고 멀리할 것도 없다 (군자가 천하를 대함에 있어서는 절대적으로 '이것이다' 하는 것도 없고, 절대적으로 '이것은 아니다' 하는 것도 없다). 오로지 의로움에 따를 뿐이다." [이인 4-10]

子曰: 君子之於天下也, 無適也, 無莫也, 義之與比

자왈 군자지어천하야 무적야 무막야 의지여비

공자께서 말씀하시었다: "덕이 잘 닦이지 않는 것, 배운 것을 잘 강습하지 못하는 것, 의를 듣고도 실천하지 못하는 것, 나에게 불선이 있는 것을 알고도 고치지 못하는 것, 이것이 평소 나의 삶의 걱정이다." [술이 7-3]

子曰: 德之不修, 學之不講, 聞義不能徙, 不善不能改, 是吾憂也

자왈 덕지불수 학지불강 문의불능사 불선불능개 시오우야

13

'의'를 행할 '용기'가 있어야 한다

자로가 여쭈었다: "군자는 용맹을 숭상해야 합니까?" 이에 공자께서 말씀하시었다: "군자는 의를 으뜸으로 삼는다. 군자가 용기만 있고 의로움이 없으면 반란을 일삼게 되고, 소인이 용기만 있고 의로움이 없으면 도둑놈이 되느니라." [양화 17-23]

子路曰: "君子尙勇乎?" 子曰: "君子義以爲上. 君子有勇而無義爲亂, 小人有勇而無義爲盜."

자로왈　군자상용호　자왈　군자의이위상　군자유용이무의위란　소인유용이무의위도

'용기'의 사전적 의미는 '두려움을 이겨내고 자신이 하고 싶거나, 옳다고 여긴 일을 실천하는 마음'을 의미한다. '두려움의 극복'이 용기의 핵심이다. 두려움은 '실패에 대한 두려움'이다. 인간을 인간답게 만드는 훌륭한 요소가 '용기'이지만, 불행하게도 대부분의 사람은

대체로 용렬하고 겁쟁이다. 공자님의 용기에 관한 정의를 보자. 공자는 겸손하게 자신은 용기에 능하지 못하다고 낮추어 말씀하셨다.

> 공자께서 말씀하시었다: "군자의 도에 세 가지가 있으나 나는 능한 것이 없구나. 인자는 근심하지 아니하고, 지자는 미혹하지 아니하고, 용자는 두려워하지 아니한다." 자공이 이에 말하였다: "우리 부자께서 스스로 낮추어 말씀하신 것이다." [헌문 14-30]
>
> 子曰: "君子道者三, 我無能焉: 仁者不憂, 知者不惑, 勇者不懼."
> 子貢曰: "夫子自道也."
>
> 자왈 군자도자삼 아무능언 인자불우 지자불혹 용자불구
> 자공왈 부자자도야

공자는 두려워하지 않음이 용감함(용기 있음)이라고 한다. 두려워하면 행위 함에 나아가지 못하기 때문에 목표를 이룰 수 없다. 과감히 목표에 도전하여 위험을 무릅쓰고 나아가야 실패를 하든 성공을 하든 그 결과물에 다가갈 수 있다. 더구나 구체적이고 가시적인 목표가 아니라 일상적 생활에서 추상적 기준인 '의'를 용감히 실천한다는 것은 여러 가지 오류와 위험성을 내포한다. 인간이 내적인 평소의 수양을 통하여 올바른 의로움에 대한 판단 능력을 가지고 있는 것이 선행되어야 다음 단계로서 용기를 가지고 그것을 행하는 것이 정당성을 확보할 수 있는 것이다. '의'라고 생각하고 과감히 용기를 내어 실행하였는데 그것이 반란군이나 도적이 되기도 하는 것이다.

◆ 14 ◆

사람을 대할 때는 '의로움'의 기준에 맞아야 한다

공자께서 자산을 평하시어 말씀하시었다: "군자의 도가 네 가지 있으니, 자기의 몸가짐이 공손하며, 윗사람을 섬김이 공경스러우며, 백성을 기름이 은혜로우며, 백성을 부림이 의로운 것이다." **[공야장 5-15]**

子謂子產, "有君子之道四焉: 其行己也恭, 其事上也敬, 其養民也惠, 其使民也義."

자위자산 유군자지도사언 기행기야공 기사상야경 기양민야혜 기사민야의

자산은 정鄭나라의 재상을 지내 정자산이라고 일컬어진다. 성이 공손公孫, 이름은 교僑, 자는 자산, 시호가 성자成子였다. 지금의 하남성 정주鄭州를 수도로 하는 작은 제후국 정鄭나라의 왕족 출신의 재상이었다. 공자가 가슴 속 깊이 존경하는 인물이었다. 자산은 학식이 넓고

투철한 합리주의자였으며, 법가적 요소와 유가적 요소를 골고루 다 구현하였던 탁월한 정치 감각의 소유자였다. 자산 시대의 정나라는 강대국이던 진晉나라와 초楚나라 사이에 끼어 고전하였음에도 자산은 박식과 웅변, 그리고 임기응변의 수완을 발휘하여 두 나라와 평화를 도모하였다. 국내적으로 농지의 구획정리를 행하여 세를 증수하였고, 군사세를 실시하여 국가 경제를 재건하였다. 공자는 정자산을 동시대의 사상가로서 마음속 깊이 존경하였으며 논어에 나타나는 자산에 대한 평가도 드높다. 「헌문」편 10장에서는 자산을 평하여 "혜인야惠人也"라고 하였는데, "혜인"은 백성에 대한 깊은 사랑을 한결같이 지니고 있던 사람이라는 뜻이다.

위 「공야장」편 15장에서도 의로움으로 백성을 부렸다고 찬양하고 있는 것이다. 공자 30세 때 자산이 세상을 떠나자 공자는 그의 죽음을 듣고 눈물을 흘리면서 말했다. "예로부터 내려오던 사랑을 실천한 사람이었다. (及子産卒, 仲尼聞之, 出涕曰: '古之遺愛也'/ 급자산졸, 중니문지, 출체왈: '고지유애야.' (좌전 소공 20년조)

> 번지가 앎知에 관하여 여쭈었다. 공자께서 말씀하시었다: "백성에게 마땅한 바(의로움)를 (권면하기를) 힘쓰고, 귀신을 공경하되 멀리하면 안다고 말할 수 있다." **[옹야 6-20]**
>
> 樊遲問知. 子曰: "務民之義, 敬鬼神而遠之, 可謂知矣."
> 번지문지 자왈 무민지의 경귀신이원지 가위지의

15

'예禮'와 '예악禮樂'이란?

중국 고전에서는 예와 악이 분리된 별개의 것이 아니고 항상 "예악"이라는 하나의 개념으로 등장한다. 그러니까 예禮와 악樂이 하나의 세트를 이루는 추상개념으로서 등장한다는 것이다.

예禮라고 하는 것은 언뜻 이해가 쉬운 듯이 보인다. 그러나 그것은 단순히 예절이나 에티켓을 의미하는 것은 아니다. 예禮라고 하는 것은 고례古禮에 나타나는 선왕지도先王之道이다. 선왕지도라는 것은 인간사회의 질서를 유지시키는 모든 의례를 총칭하는 것이다. 여기서 "선왕"이라는 것은 그러한 의례를 제작한 최초의 지배자를 가리킨다. 이 예禮야말로 문명의 본질이며, 끊임없는 생성되어 온 문화의 자취이다.

그런데, 이 선왕지도는 구체적으로 『의례』와 『주례』에 가장 선명하게 기술되어 있다. 관, 혼, 상, 제冠婚喪祭는 물론 온갖 빙례聘禮나 연례燕禮, 상견례相見禮, 향음주례鄕飮酒禮, 향사례鄕射禮, 그리고 온갖 외교상의 접대, 화친, 회맹, 조약, 그 모든 것이 예가 아닌 것이 없는 것이다. 그런데 이러한 의례들을 우리는 허례허식의 구속으로만 생각하기 쉽다.

동양사회에 있어서 예는 예로서 독립되는 적이 없었다. 예는 반드시 악을 동반하였다. 악이 없는 예란 존재할 수가 없고, 예가 없는 악이 존속할 수가 없는 것이다. 고례에 있어서는 모든 집례자執禮者가 실제로 악사樂師들이었다. 어떤 때에 누가 등장하고 어떤 의복을 입으며 어떤 기물을 활용하고 어떤 음악이 연주되는가, 이러한 구체적 세목에 밝은 자는 악관이 아니고서는 불가능했다.

예는 본시 딱딱한 것이요, 분별을 위한 것이요, 서열을 가리기 위한 것이요, 공경키 위한 것이다. 그러나 악은 본시 즐거운 것이요, 같음을 위한 것이요, 서열을 초월키 위한 것이요, 친함을 위한 것이다. 이같이 다소 성격이 다른 두 가지가 서로 조화되고 절도가 갖추어져야 형식과 실질이 공존하는 아름다운 인간의 질서로 존재할 수 있는 것이다.

악은 부드러운 정감의 소산이요, 예는 딱딱한 이지의 소산이다. 따라서 악은 인간의 내면으로부터 일어나는 것(由中出)이요, 예는 인간의 외면으로부터 사회적으로 주어지는 것(自外作)이다. 그러므로 악은 정靜(고요)한 것이요, 예는 문文(질서정연)한 것이다. 대악大樂은 필이必易요 대례大禮는 필간必簡이다. 위대한 음악은 반드시 쉬워야 하고, 위대한 예법은 반드시 간결해야 한다.

예는 우리에게 질서의 아름다움을 제공하고, 악은 우리에게 생명의 즐거움을 제공하는 것이다(樂者樂也). 이렇게 예악禮樂을 위대하게 만들 수 있는 "인仁"의 요소이다. 예禮를 예다웁게, 악樂을 악다웁게 만드는 것은 바로 인간이요, 인간을 인간다웁게 만드는 것은 바로 인仁이다.

◆ 16 ◆

〈한국민족문화대백과〉에서 '예'의 정의

1. 정의

유교에서 인간의 도덕성에 근거하는 사회적 질서의 규범과 행동의 표준적 절차 및 유교적 제사 의례의 구성과 절차를 가리키는 유교 용어. 종교용어.

2. 내용

예의 어원적 의미는 제사 의례祭祀儀禮에서 찾을 수 있다. 『설문해자說文解字』에 예禮는 '땅귀신 기'자와 '풍년들 풍'자로 구성되어 있다고 설명되어 있다. 기示는 신적 존재요, 풍豊은 제기祭器인 '두豆'에다 제물을 담아 신에게 봉헌하는 제사 의례를 의미한다. 풍豊자는 실제로 예禮의 옛 글자다. 유교의 근원적인 예는 바로 종교의 가장 일반적 실천 행위로서 제의祭儀(cult, rite)의 의미를 지니고 있다.

유교에서 예는 그 근원에서는 형이상학적인 근본 개념으로 이해

되면서, 그 실제의 적용은 다른 어떤 개념보다 더욱 구체적인 현실에 관여한다. 주희는 예를 '하늘 이치의 절도 있는 문채요, 인간 사무의 본이 되는 행동 규범(天理之節文, 人事之儀則/ 천리지절문, 인사지의칙)'이라고 정의하였다. 실제로 예는 인간 삶의 중대한 일(冠婚喪祭: 관혼상제)에서부터 이웃과의 일상적 교제에 이르기까지, 음식 · 의복과 앉고 일어나며 나아가고 물러나는 모든 동작을 규정하는 등, 생활 전반에 걸쳐 핵심적 기능을 수행한다. 따라서 유교 사회의 통치 기능과 더불어 유교 문화의 특징을 '예교문화禮敎文化'로 규정짓기도 한다.

예의 의미를 특징적으로 파악하고 있는 고전적 개념을 몇 가지 제시해 볼 수 있다. ① 근원적으로 제사(祭)다. ② 실천적으로 구체적 행동(履/ 리; 밟다, 신발을 신다, 행하다, 행실, 행동)이다. ③ 공동체나 신과 인간 사이의 관계에서의 조화(和)다. ④ 분별과 구분화를 통한 질서로서의 차례(序)다. ⑤ 정당성과 적합성을 가진다는 의미에서 원리(理)다.

예는 특히 교화 수단으로서의 악樂과 결합해 예악禮樂이라는 통합 영역을 형성한다. 예악은 의례와 음악이 서로 침투되고 상호보완적 역할을 하는 데서 나타나는 현상이다. 또한, 예는 특히 도덕 규범의 핵심으로서 의義와 결합해 예의禮義라는 또 하나의 통합 영역으로 나타난다. 예의는 예절의 행동 양식과 절차가 도덕성을 갖는 데서, 의리의 이념적 가치와 예절의 실천 형식적 방법이 결합하는 데서 성립한다.

또한, 예는 보편적인 가치의 도덕성을 지니면서 구체적 현실의 변화 속에서 실천되어야 한다. 이에 따라 예가 행동 양식과 절차라는 점에서 일정한 고정된 형식을 지니는 것을 상례常禮라 한다. 그러나 시대와 사회의 변화에 따라 의례의 형식과 절차가 변화하는 것을 변례變禮라 한다. 따라서, 각 시대와 사회에 통용하는 변화 가능성을 지닌 구체적 의례와 어느 시대에나 보편적인 가치로 적용되는 예의 정신(원리)이 분리되어 이해될 수 있다.

공자는 예를 인仁의 실천 방법으로서 '자신私慾을 극복하고 예법天理을 회복하는 것(克己復禮爲仁)'이라 해석한다. 여기서 예는 인간의 도덕성을 실현하기 위한 과제요 목표로 제시되고 있다. 공자는 아들 백어伯魚에게 "예법을 배우지 않으면 설 수가 없다."고 하면서, 인격적인 실천의 자율적 독립성을 예에서 확인하고 있다. 맹자는 예를 인간 성품의 도덕적 기본 요소의 하나로 파악해, '사양辭讓하는 마음'이라는 선한 감정으로 나타나는 것이라 지적한다. 이에 비해 순자荀子는 예를 인간사회에서 각각의 분수를 한정짓는 기준으로서 객관적 규범으로 파악하고, 인간 성품의 악함을 다스리는 역할을 하는 것으로 이해한다.

◆ 17 ◆

예禮는 군자의 필수덕목

논어에서도 공자는 '예'라는 가치에 관하여 분명한 구체적 개념 설명을 하지 않는다. 그의 말씀에서는 당연히 '예'의 개념을 아는 것으로 전제하고 있다. '사람이 온전한 한 인간으로서 제대로 구실을 할 수 있게 되는 상태'(立: 서는 것)에 이르기 위해서도 반드시 "예'를 통하여야 한다고 말한다.

공자께서 말씀하시었다: "사람은 시에서 배움을 일으키고, 예에서 원칙을 세우며, 악에서 삶을 완성시킨다 (시를 통해 일어나고, 예를 통해 서며, 음악을 통해 이룬다)." **[태백 8-8]**

子曰: 興於詩, 立於禮, 成於樂.
자왈 흥어시 입어례 성어악

공자께서 말씀하시었다: "명命을 알지 못하면 군자가 될 수 없으며, 예禮를 알지 못하면 사회에 당당히 설 수가 없으며, 언言을 분변하지 못하면 타인들의 사람됨을 알아볼 수가 없다." [요왈 20-3]

子曰: "不知命, 無以爲君子也; 不知禮, 無以立也; 不知言, 無以知人也."

자왈 부지명 무이위군자야 부지례 무이립야 부지언 무이지인야

기본적으로 예는 사람을 대하는 태도이다. 사람이 사람에 대하여 지켜야 할 정중한 태도이다. 그러한 존중, 공경의 태도를 형식을 갖추어 표현하는 것이 예인 것이다. '사람에게 지켜야 할 가치를 형식에 담은 표현'이 '예'다. 공자는 군자의 덕목으로 '의義(의로움)', '손孫(겸손함)', '신信(미더움)'과 나란히 '禮'를 거론한다.

공자께서 말씀하시었다: "군자는 의로써 바탕을 삼으며, 예로써 행동하며, 겸손으로써 표현하며, 신험함으로써 완성한다. 이것이 군자로다!" [위령공 15-17]

子曰: 君子義以爲質, 禮以行之, 孫以出之, 信以成之. 君子哉!

자왈 군자의이위질 예이행지 손이출지 신이성지 군자재

예는 인仁의 실천방법이다.

안연이 인을 여쭈었다. 이에 공자께서 말씀하시었다: "자기를 이기어 예로 돌아가는 것을 인仁이라고 한다. 하루라도 자신을 이기

고 예로 돌아갈 수 있다면 천하가 모두 인으로 돌아간다. 인을 실천하는 것은 오로지 자기로 말미암는 것이니, 어찌 타인으로 말미암아 인을 실천할 수 있겠느뇨?"

안연이 말씀드렸다: "그 세목을 여쭙겠나이다." 공자께서는 "예가 아니면 보지도 말고, 예가 아니면 듣지도 말며, 예가 아니면 말하지도 말고, 예가 아니면 움직이지도 말지어다." 안연이 대답하였다: "회가 비록 불민하오나 이 말씀을 공경되이 따르겠습니다."

[안연 12-1]

顏淵問仁. 子曰: "克己復禮爲仁. 一日克己復禮, 天下歸仁焉. 爲仁由己, 而由人乎哉?" 顏淵曰: "請問其目." 子曰: "非禮勿視, 非禮勿聽, 非禮勿言, 非禮勿動." 顏淵曰: 回雖不敏, 請事斯語矣.

안연문인 자왈 극기복례위인 일일극기복례 천하귀인언 위인유기 이유인호재 안연왈 청문기목 자왈 비례물시 비례물청 비례물언 비례물동 안연왈 회수불민 청사사어의

◆ 18 ◆

'예'로 가지런히 하고, '예'로 집약시켜라

공자께서 말씀하시었다: "정령으로써 이끌고 형벌로써 가지런히 하면, 백성들이 면하기만 할 뿐이요 부끄러움이 없다. 그러나 덕으로써 이끌고 예로써 가지런히 하면 부끄러움이 있을 뿐 아니라 떳떳해진다." [위정 2-3]

子曰: "道之以政, 齊之以刑, 民免而無恥; 道之以德, 齊之以禮, 有恥且格."

자왈 도지이정 제지이형 민면이무치 도지이덕 제지이례 유치차격

공자께서 말씀하시었다: "군자는 문의 세계에서는 가급적 널리 배워야 한다. 그러나 그것을 반드시 예로서 집약시켜야 한다. 그리하면 도에 어긋남이 없을 것이다 (모반하지 않게 할 수 있다)." [옹야 6-25]

子曰: "君子博學於文, 約之以禮, 亦可以弗畔矣夫."
자왈 군자박학어문 약지이례 역가이불반의부

예는 사회질서 유지에 있어서는 도덕의 수준으로서 국가의 강제력에 의지하는 법에 나가기 이전에 인간관계를 예에 기초하여 조절한다면 가장 바람직할 것이다. 개인의 수양에 있어서도 잡다한 지식과 지혜의 활용을 예의 정신으로 통제하고 가다듬지 못하면 조악을 면치 못할 뿐이다. 백성들이 부끄러움을 알고 격조가 있게 되면 질적 수준이 높아지고 국가기강에 흔들림이 없을 것이나, 백성들이 부끄러움과 격이 없어지게 되면 적대세력은 이틈을 이용하여 배반, 모반으로 국기를 뒤흔드는 결과까지 발생할 것이다.

공자도 일찍이 노魯나라 정공定公때 형법의 시행을 책임진 사구司寇(오늘날의 법무부장관 정도의 직책)가 되어 7일 만에 말재간으로 나라를 어지럽히는 향원鄕原이자 영인佞人 무리의 우두머리인 소정묘少正卯를 주살하였다. 인仁의 정신을 강조하는 공자로서 놀라운 일이 아닐 수 없다. 하지만 평소의 지론은 사람들의 송사를 예방하는 것을 강조하였고, 그 방법은 바로 '예'를 숭상하는 기풍을 조성하는 것이라고 생각하였다.

공자께서 말씀하시었다: "송사를 듣고 결단하는 데 있어서는 나 또한 남과 같이 잘할 수 있다. 그러나 내가 기필코 원하는 것은 이것이다! 사람들로 하여금 송사를 일으킬 일이 없도록 만드는 정치

를 행하는 것이다." [안연 12-13]

子曰: "聽訟, 吾猶人也. 必也使無訟乎!"
자왈 청송 오유인야 필야사무송호

'예'가 없으면 그것이 바로 '무례'이고, 이것은 '勞(노: 노고로와지고)', '葸(사: 두려워하고 겁약해지고)', '亂(난: 어지럽히고)', '絞(교: 비틀어 짜는 것처럼 냉혹해지고)'라는 사태로 발전한다. '恭, 愼, 勇, 直 (공, 신, 용, 직)' 즉 '공손한 것, 신중한 것, 용감한 것, 곧은 것'이라는 소중한 덕목이 '예'라는 것이 빠지는 순간 극도로 부정적인 가치로 전락하는 것이다.

공자께서 말씀하시었다: "공손하면서 예의 원칙이 없으면 피곤하기만 하고, 삼가되 예의 원칙이 없으면 주눅 들기만 하고 (겁약해지고), 용감하되 예의 원칙이 없으면 어지럽게 되고, 정직하되 예의 원칙이 없으면 사람 목을 조른다 (냉혹해진다). 사회지도자인 군자가 가까운 사람들을 돈독하게 하면 백성들이 인한 풍속을 일으키고, 연고 있는 자나 친구를 버리지 않으면 백성들이 각박해지지 않는다" [태백 8-2]

子曰: "恭而無禮則勞, 愼而無禮則葸, 勇而無禮則亂, 直而無禮則絞. 君子篤於親, 則民興於仁; 故舊不遺, 則民不偸."
자왈 공이무례즉로 신이무례즉사 용이무례즉란 직이무례즉교 군자독어친 즉민흥어인 고구불유 즉민불투

◆ 19 ◆

내면적인 가치가 외면적인 태도로 나타나는 예의 본질

공자는 예를 강조하였음에도 구체적인 설명을 하지 아니한 채 여러 가지 상황에서 한가시씩 한마디씩 던져줄 뿐이다. 예라는 것은 유가에서 강조하고 있는 여러 가지 가치와 덕목을 하나의 고리로 연결하여 묶어 줌으로써 인간을 완성하는 최종적인 결합제라고나 할까. 공자는 기회 있을 때마다 개별상황에서 무엇이 예인지, 무엇이 '무례無禮'이고 '실례失禮'인지를 보여준다.

공자께서 말씀하시었다: "예다, 예다라고 말하지만, 어찌 그것이 옥백 (구슬과 비단으로 치장함)을 말하는 것이겠느냐? 음악이다, 음악이다라고 말하지만, 어찌 그것이 종과 북을 치는 것을 말하는 것이겠느냐?" **[양화 17-11]**

子曰: "禮云禮云, 玉帛云乎哉? 樂云樂云 鐘鼓云乎哉?"
자왈 예운예운 옥백운호재 악운악운 종고운호재

공자나 유가를 형식적인 허례허식의 원흉이라고 비난하는 사람들이 있는데, 그것은 공자의 진정한 정신을 모르고 하는 말이다. 공자도 예가 형식으로 나타난 것은 그 내면적 정신적인 가치, 정성스러움이 기본이 되어 외부로 배어 나온 것일 뿐이라는 것이다. 매사에 정성을 다하는 것, 대충하지 않는 것, 기꺼이 임하는 것, 즐겁게 대하는 것, 윗사람의 너그러움, 아랫사람의 윗사람에 대한 공경심, 초상집을 문상할 때는 진심으로 애도하고 슬퍼하는 마음 등등이 바탕이 되어 외부적인 태도와 자세로 나타날 때 이것이 진정한 의미의 '禮'이다. 사람의 바탕이 어질지(仁) 못하면 예도 무의미하다.

공자께서 말씀하시었다: "사람이면서 인하지 못하다면 예인들 무엇하리오? 인하지 못하다면 악인들 무엇하리오?" **[팔일 3-3]**

子曰: "人而不仁, 如禮何? 人而不仁, 如樂何?"
자왈 인이불인 여례하 인이불인 여악하

공자께서 말씀하시었다: "윗자리에 있으면서 너그럽지 아니하며, 예를 행함에 공경스럽지 아니하며, 상에 임함에 슬퍼하지 않는다면, 내 그를 무엇으로 평가하겠는가?" **[팔일 3-26]**

子曰: "居上不寬, 爲禮不敬, 臨喪不哀, 吾何以觀之哉?"
자왈 거상불관 위례불경 임상불애 오하이관지재

임방林放이 예禮의 근본을 여쭈었다. 공자께서 말씀하시었다: "훌륭하도다, 그 질문이여! 예禮는 사치스럽기보다는 차라리 검소해

야 하고, 상喪은 형식적 질서를 따르기보다는 차라리 슬퍼하는 것이 낫다." [팔일 3-4]

林放問禮之本. 子曰 : "大哉問! 禮, 與其奢也, 寧儉; 喪, 與其易也, 寧戚."

임방문예지본 자왈 대재문 예 여기사야 영검 상 여기이야 영척

맹의자가 효를 물었다. 공자께서 이에 말씀하시었다: "거슬림이 없는 것이외다." 번지가 수레를 몰고 있었는데, 그에게 공자가 말씀하시었다: "맹손씨가 나에게 효를 묻기에, 나는 그냥 거슬림이 없는 것이라고만 대답했다." 번지가 말했다: "그것은 무엇을 두고 하신 말씀인가요?" 공자께서 말씀하시었다: "살아계실 때 예로써 섬기고, 돌아가시면 예로써 장사 지내고, 예로 제사 지내는 것이다." [위정 2-5]

孟懿子問孝. 子曰: "無違." 樊遲御, 子告之曰: "孟孫問孝於我, 我對曰, 無違." 樊遲曰: "何謂也?" 子曰: "生, 事之以禮; 死, 葬之以禮; 祭之以禮."

맹의자문효 자왈 무위 번지어 자고지왈 맹손문효어아 아대왈 무위 번지왈 하위야 자왈 생 사지이례 사 장지이례 제지이례

경우에 따라서는 '매사 묻는 것(每事問/ 매사문)'이 예가 될 수도 있다.

공자께서 태묘에 들어가 제사가 진행됨에 매사를 물으셨다. 어떤 사람이 말했다. "그 누가 추인의 자식을 일러 예를 안다고 했는가? 태묘에 들어와 매사를 물으니." 공자께서 이 말을 전해 들으시고 말씀하셨다. "묻는 것이 곧 예니라." **[팔일 3-15]**

子入太廟, 每事問. 或曰: "孰謂鄹人之子知禮乎? 入太廟, 每事問."
子聞之, 曰: "是禮也."

자입태묘 매사문 혹왈 숙위추인지자지례호 입태묘 매사문
자문지 왈 시례야

◆ 20 ◆

왕과 신하 간의 예에 관하여

공자께서 말씀하시었다: "임금을 섬김에 예를 다하는 것을 사람들이 아첨한다 하는구나!" [팔일 3-18]

子曰: "事君盡禮, 人以爲諂也."
자왈 사군진례 인이위첨야

신하가 임금을 섬길 때 그 예가 어떤지 또는 어느 정도로 어떤 행위를 하는지는 생략되어 있다. 하지만 남들이 '아첨'하는 것으로 여길만한 그 어떤 정도까지 '최대한 존중하고 신경을 쓰며 그 의중을 헤아리고, 그를 위하여 자신의 모든 정성을 바치는 것'의 의미로 이해할 수 있다. 현대사회에서 대통령을 모시는 각료들의 태도도 참됨과 정성스런 모습에서는 이 정신을 참고하되, '義'의 정신이 기본이 되어야 할 것이다.

공자께서 말씀하시었다: "관중의 그릇이 작구나!" 그러자 어떤 이가 말했다. "관중은 검소했습니까?" 이에 공자께서 말씀하시었다: "관씨는 부인을 셋을 거느렸고, 관官의 사무를 부하들에게 겸임시키는 일이 없었으니 어찌 검소했다 말할 수 있겠는가?"

"그래도 관중은 예는 아는 사람이었지 않았겠습니까?" 이에 공자께서 말씀하시었다: "나라의 임금이라야만 나무를 심어 문안을 가릴 수 있거늘 관씨 또한 나무를 심어 문안을 가렸고,

나라의 임금이라야만 두 임금이 만나는 의전 절차를 위하여 대청에 술잔 받침대를 둘 수 있는데 관씨 또한 술잔 받침대를 두었으니, 관씨가 예를 안다고 한다면 누가 예를 알지 못한다 하겠는가?" **[팔일 3-22]**

子曰: "管仲之器小哉!" 或曰: "管仲儉乎?" 曰: "管氏有三歸, 官事不攝, 焉得儉?" "然則管仲知禮乎?" 曰: "邦君樹塞門, 管氏亦樹塞門. 邦君爲兩君之好, 有反坫, 管氏亦有反坫. 管氏而知禮, 孰不知禮?"

자왈 관중지기소재 혹왈 관중검호 왈 관씨유삼귀 관사불섭 언득검 연즉관중지례호 왈 방군수색문 관씨역수색문 방군위양군지호 유반점 관씨역유반점 관씨이지례 숙부지례

관중은 친구 포숙아鮑叔牙의 도움으로 제齊나라 재상이 되어 제환공齊桓公을 천하의 패자霸者로 만들었던 사람으로, 공자보다 약 180년 앞서 태어난 사람으로 공자의 시대에는 이미 신화적인 인물로 기억되고 있었다.

논어에서도 공자는 여러 번 관중에 대하여 평가하는 말을 하였는

데 긍정적인 평가도 있는가 하면 '예'의 실천에 관한한 위 에피소드에서 보듯이 신하의 자세를 넘어서서 전혀 바람직하지 못한 행동을 한 '예가 아님, 예를 모름'의 실례로 등장하고 있다. (관중에 대한 평가; 팔일 3-22, 헌문 14-10, 14-17, 14-18 참조)

> 공자께서 말씀하시었다: "삼베 관을 쓰는 것이 예이지만 요즈음에 와서는 명주관을 쓰는 데, 이는 검소한 것이므로 나도 시속에 따르겠다. 당하에서 절하는 것이 예이지만 요즈음에 와서는 당상에서 절하는 데, 이는 거만한 것이므로 비록 시속에 어긋나더라도 나는 당하에서 절하는 것을 따르겠다." [자한 9-3]
>
> 子曰: "麻冕, 禮也; 今也純, 儉. 吾從衆. 拜下, 禮也; 今拜乎上, 泰也. 雖違衆, 吾從下."
>
> 자왈 마면 예야 금야순 검 오종중 배하 예야 금배호상 태야 수위중 오종하

공자는 전례나 시속도 절대기준은 아니라고 본다. 예의 본질에 부합하는 태도인가를 따져 풍습이 비록 변하더라도 자신의 기준을 고집할 수 있다. 공자는 검소함(儉/검)은 예의 기본정신에 부합하고, 거만함(泰/태)은 예의 정신에 반한다고 보고 비록 자신의 태도가 시류와 불일치하더라도 자신의 의지를 따르신 것이다.

◆ 21 ◆

‘예’의 작동 원리는 공경과 형식을 갖춰야 한다

‘예’의 작동 원리는 ‘지知’, ‘인仁’, “장莊(장중함, 엄숙함)‘ 등 훌륭한 가치를 갖추었더라도 공경과 형식을 갖춘 ‘예’에 따라 움직여야만 최선의 상태를 이룰 수 있다.

공자께서 말씀하시었다: “지식으로써 이치를 파악하더라도 인仁이 그것을 지켜내지 못하면, 비록 지위를 얻더라도 반드시 잃는다. 지식으로써 이치를 파악하고 인仁이 그것을 지켜내더라도 장엄한 인격으로써 임하지 아니하면 백성들은 공경하지 아니한다. 지식으로써 이치를 파악하고, 인이 그것을 지켜내고, 장엄한 인격으로써 임하더라도, 백성을 예禮로써 동원치 (움직여 나가지 못하면) 아니하면, 아직 온전하다고 (최선이라고) 말할 수 없다.” **[위령공 15-32]**

子曰: “知及之, 仁不能守之, 雖得之, 必失之. 知及之, 仁能守之, 不莊以涖之, 則民不敬. 知及之, 仁能守之, 莊以涖之, 動之不以禮,未善也."

자왈 지급지 인불능수지 수득지 필실지 지급지 인능수지 불장이리지 즉민불경 지급지 인능수지 장이리지 동지불이례 미선야

지, 인, 장, 례가 하나의 사슬 속 고리처럼 연결되어 가치의 실현 과정이 높은 단계로 연쇄적으로 영향을 미치고 있다. 마지막 단계에서 '예'가 작용하지 않으면 아직 최선의 상태라 할 수 없다고 한다. 예야말로 앞선 가치의 내용을 가장 아름답게 실현시키는 핵심 요소라고 보고 있다.

공자와 자공은 군자가 혐오하는 것을 열거함으로써 그러한 행위 자체가 예의 부재 내지 예의 결핍에 해당하는 '무례無禮' 혹은 '실례失禮'의 전형임을 보여주고 특히 '용기만 있고 무례한 자'의 위험성을 강조하였다.

자공이 여쭈었다: "군자도 미워하는 것이 있습니까?" 이에 공자께서 말씀하셨다: "암~있고말고. 남의 허물(단점)을 떠들어대는 자(들추는 자)를 미워하고, 아랫사람이 윗사람을 하릴없이 비방하는 것을 미워하며, 용기만 있고 예의가 없는 자를 미워하고, 과감하기만 하고 융통성이 없는 자(앞뒤가 막힌 자)를 미워한다."

子貢曰: 君子亦有惡乎? 子曰: 有惡: 惡稱人之惡者, 惡居下流而訕上者, 惡勇而無禮者, 惡果敢而窒者.

자공왈 군자역유오호 자왈 유오 오칭인지악자 오거하류이산상자 오용이무례자 오과감이질자

그리고 공자께서 물으셨다: "사야! 너도 미워하는 것이 있느냐?" (이에 자공이 대답하였다.) "남의 지식을 훔쳐내는 것을 지혜로 여기는 자 (엿보고 아는 체하는 자)를 미워하고, 불손한 것을 용기로 여기는 자 (착각하는 자)를 미워하며, 남의 비밀을 까발리는 것(결점을 들추어내는 것)을 정직으로 여기는 (곧음이라고 여기는) 자를 미워합니다." [양화 17-24]

曰: 賜也亦有惡乎? 惡徼以爲知者, 惡不孫以爲勇者, 惡訐以爲直者.
왈 사야역유오호 오요이위지자 오불손이위용자 오알이위직자

◆ 22 ◆

빈부와 '예'

인생에 있어서 '먹고 사는 문제'는 피할 수 없는 생존의 문제이다. 공자도 인생 유전이 기구하여 아버지가 70세에 공자를 낳았으나 3세 때 아버지가 돌아가셨으며 홀어머니 밑에서 빈한하게 살면서 천한 일을 마다치 않고 두루 노력하였다. 자신의 말에 의하면 천지의 모든 것으로부터 두루 배우지 않은 것이 없었고 다방면의 기능을 습득하였다 (나는 어렸을 때 천한 사람이었다. 그러기에 비속한 잔일에 재주가 많을 뿐이로다. 자한 9-6. 吾少也賤, 故多能鄙事/ 오소야천, 고다능비사). 17세 때 어머니마저 돌아가셨다. 그래서 경제적인 곤궁이 인생에 미치는 영향을 누구보다도 잘 알았다. 제자 중에서도 특히 안회를 아낀 것은 그가 똑똑하기도 하였지만 누추한 생활에도 굴하지 않고 정신적인 수양을 추구한 강인한 정신력의 소유자였기 때문이었다.

공자께서 말씀하시었다 : 훌륭하도다! 안회는. 한 소쿠리의 밥과

한 표주박의 청수로 누추한 골목에서 산다. 사람들은 그 근심을 견디지 못하건만, 안회여! 그는 그 즐거움을 바꾸지 않는도다. 훌륭하도다! 안회는. [옹야 6-9]

子曰: 賢哉! 回也. 一簞食, 一瓢飮, 在陋巷. 人不堪其憂, 回也, 不改其樂. 賢哉! 回也.

자왈 현재 회야 일단사 일표음 재누항 인불감기우 회야 불개기락 현재 회야

관자管子는 "곡식 창고가 차 있어야 예절을 알고, 의식이 풍족해야 영화로움과 수치를 알 수 있다.(倉廩實則知禮節, 衣食足則知榮辱/ 창름실즉지예절, 의식족즉지영욕)"고 하였다. 부자이면 예절을 차리기가 더욱 쉽지만 교만하여지기 쉽고, 빈한하면 주눅이 들어서 가진 자에게 비굴하여지기 쉬운 것은 어쩔 수 없는 인간의 본성이다. 그러나, 이러한 통상적인 본성을 극복하여 인간 개인의 자존감을 가지고 살아가는 것이 바로 군자의 도인 것이다. 공자가 안회의 굳건한 정신력을 칭찬한 것으로 보아 그가 그 어려운 환경 속에서도 당연히 '예'의 덕목을 소홀하지 아니하였을 것이다. 사실 '빈이무첨貧而無諂'도 이미 빈천한 위치에 있는 군자가 최소한 지켜야 할 '예'의 기본이라고도 할 수 있다. 목구멍이 포도청인데 당장 굶어 죽을 지경인데 '예의'가 밥 먹여 주느냐고 할 수도 있겠지만, 빈한한 처지에 있으면서도 지켜야 할 체면은 있는 것이다.

공자와 자공의 다음의 대화는 금전만능 주의가 극한을 치닫고 있고, '돈 있고 권력이 있으나, 무례한 사람들'이 넘쳐나는 현대사회에서 다시 한번 인간의 도를 생각하게 하여준다.

자공이 여쭈었다: "가난하면서도 아첨하지 아니하고, 부유하면서도 교만하지 아니하면 어떻겠습니까?" 이에 공자께서 말씀하시었다: "괜찮지(나쁘지 않지). 그러나 가난하면서도 즐길 줄 알고 (즐거워하고; 무엇을 즐기나? 가난을 어찌 즐기랴?), 부유하면서도 예禮를 좋아하는 것만 같지는 못하니라."

자공이 말하였다: "시경에 이르기를, '자른 듯, 다듬은 듯, 쪼은 듯, 간 듯'이라는 말이 있습니다. 바로 이것을 두고 한 말이겠군요?" 공자께서 말씀하셨다: "사야, 이제 비로소 너와 함께 시를 논할 수 있겠구나! 지나간 것을 일러주었더니 다가올 것을 알아채니 말이다"

[학이-15]

子貢曰: "貧而無諂, 富而無驕, 何如?" 子曰: "可也. 未若貧而好樂, 富而好禮者也." 子貢曰, 詩云, 如切如磋, 如琢如磨 其斯之謂與, 子曰: "賜也, 始可與言詩已矣. 告諸往而知來者也."

자공왈 빈이무첨 부이무교 하여 자왈 가야 미약빈이호악 부이호례자야 자공왈 시운 여절여차 여탁여마 기사지위여 자왈 사야 시가여언시이의 고제왕이지래자야

공자가 칭찬한 '가난하면서도 즐길 줄 알고, 부유하면서도 예를 좋아하는 자'를 자공은 시경의 시에 나오는 것을 인용하여 "자른 듯, 다듬은 듯, 쪼은 듯, 간 듯하고, 위엄이 있고도 너그러우며 빛나고도 뚜렷하구나. 끝내 잊지 못할 아름다운 군자여"라고 찬탄하였고, 공자는 그의 해석을 칭찬하였다.

◆ 23 ◆

'지智'란 무엇인가?

유가에서 어떤 덕목을 정하여 특별히 이를 중요시한 것도 유교가 국가의 통치 이념으로 편입된 이후의 일로 보이며, 공자 시대에는 유가 5덕인 '인의예지신'이란 것도 인간의 완성을 위한 여러 가지 지향 가치 중의 중요한 일부에 불과하였다. 이 책에서도 논어의 내용을 발췌함에 있어 임의적으로 항목을 나눈 것은 편의적인 방편일 뿐 군자의 길을 논함에 그 가치의 우열을 따질 수는 없는 것이다.

공자는 지혜(智)의 중요성을 강조하였으며, 주로 "지知(알아줌, 앎, 지혜)"와 "학學(배움)"을 말하는 내용 속에서 그의 철학을 찾아볼 수 있다.

1. '남이 자기를 알아줌'을 바라는 것은 인간의 본성이지만, '남이 알아주지 않음'에 대하여 너무 마음 아파하지 말라.

2. '무엇을 알아야 하는가' 즉 앎의 대상에 대하여 다양한 각도의 가르침이 등장한다.

우리는 과연 무엇을 알고, 무엇을 알지 못하는가?
우리는 과연 무엇을 알고자 하고, 무엇을 알고자 하지 않는가?
우리가 알고자 하는 관심은 무엇을 위한 것인가?
우리는 앎을 통하여 어떤 사람이 되고자 하는가?

3. 알아야 미혹되지 않는다.
진정한 '아는 사람(知者)'은 미혹되지 않으며, 오히려 겸손하다.

4. 온고이지신, 호학 정신으로 배우고, 배움을 즐거움으로 삼아 삶에 실천하라.

5. 학문은 아무리 해도 부족하니 퇴보하거나 잃음이 없을까를 항상 걱정하라.

◆ 24 ◆

남이 나를 알아주는 것에 대하여

논어 첫 구절에서 '남이 나를 알아주지 못함'이 바로 등장한다.

"학이시습지, 불역열호? 유붕자원방래, 불역락호? 인부지이불온, 불역군자호?"

남이 나를 알아주지 않아도 노여워하지 말고 가만히 있으면 그만인가? 공자는 이에 대하여 '알려질 수 있도록 노력'하라는 권고와 함께 더 나아가 '내가 남을 알지 못함도 걱정'하라고 충고한다.

"배우고 때에 맞추어 익히니 또한 기쁘지 아니한가? 벗(뜻을 같이 하는 자)이 있어 먼 곳으로부터 찾아오니 또한 즐겁지 아니한가? 사람들이 알아주지 않아도 노여워하지 않으니 또한 군자가 아니겠는가?" **[학이 1-1]**

子曰: 學而時習之, 不亦說乎? 有朋自遠方來, 不亦樂乎?
자왈 학이시습지 불역열호 유붕자원방래 불역락호

人不知而不慍, 不亦君子乎
인부지이불온 불역군자호

"남이 나를 알아주지 않음을 걱정하지 말라. 내가 남을 알지 못함을 걱정할지니." [학이 1-16]

子曰: 不患人之不己知, 患不知人也
자왈 불환인지부기지, 환부지인야

"지위가 없음을 걱정하지 말고, 무엇을 가지고 설 것인가를 걱정하라, 사람들이 자기를 알지 못함을 걱정하지 말고, 나의 내면이 참으로 알려질 수 있기를 구하라." [이인 4-14]

子曰: 不患無位, 患所以立. 不患莫己知, 求爲可知也.
자왈 불환무위 환소이립 불환막기지 구위가지야

"남이 나를 알아주지 않는 것을 걱정할 것이 아니라, 나의 능력이 모자라는 것을 걱정해야 한다." [헌문 14-32]

子曰: 不患人之不己知, 患其不能也
자왈 불환인지부기지 환기불능야

"군자는 자기의 무능함만을 병으로 여긴다. 남이 나를 몰라주는 것을 병으로 여기지 아니한다." [위령공 15-18]

子曰: "君子病無能焉, 不病人之不己知也."
자왈 군자병무능언 불병인지불지기야

"군자는 이 세상의 삶을 끝낼 때까지 그 이름이 한 번도 값있게 불려지지 못한 것을 부끄럽게 여긴다." [위령공 15-19]

子曰: "君子疾沒世而名不稱焉."

자왈　군자질몰세이명불칭언

공자 시대에는 나라에 자기를 알려 벼슬을 함은 한 인간의 전 생애의 성패가 달린 중요한 문제였다. 오늘날처럼 각자의 개성을 살려 능력을 발휘하는 시대가 아니었다. 공자 자신도 "아무도 나를 알아주는 이가 없구나!"하고 탄식을 하였다.

공자께서 말씀하시었다: "나를 알아주는 이가 없구나!" 이에 자공이 여쭈었다: "어찌하여 선생님을 알아주는 이가 없는 것입니까? (어찌 세상이 선생님을 알지 못하기야 하겠습니까?)" 공자께서 말씀하시었다: "나는 하늘을 원망하지 않노라. 나는 사람도 탓하지 아니하노라. 나는 비천한 데서 배워, 지고의 경지까지 이르렀노라. 이 나를 아는 이는 저 하늘이실 것이로다." [헌문 14-37]

子曰: "莫我知也夫!" 子貢曰: "何爲其莫知子也?"

子曰: "不怨天, 不尤人, 下學而上達. 知我者, 其天乎!"

자왈　막아지야부　자공왈　하위기막지자야

자왈 불원천　불우인　하학이상달　지아자　기천호

'불원천, 불우인'은 천하의 명언이다. 모든 것은 자기로부터 비롯되거나 혹은 자신의 운명의 결과이다.

◆ 25 ◆

안다는 것이란 무엇인가?

인생에 있어서 모르는 것을 알아가는 것만큼 재미있고 또 보람된 것은 없다. 노자의 도덕경에 "모르는 것을 알아가는 것이 가장 좋다 (모른다는 사실을 아는 것이 가장 좋다). 알아야 할 것을 모르는 것은 병이라 할 수 있다. (知不知上, 不知知病/ 지부지상, 부지지병)"이라는 대목이 있다.

논어에서 공자는 앎(知)에 대하여 많은 말을 했다. 안다는 것이란 무엇인가, 무엇을 알아야 하는가, 어떻게 알아야 하는가, 인간의 앎의 등급은 어떠한가 등에 관한 것이다. 제자 번지가 "앎에 대하여 묻자 (問知: 문지)", 공자는 "사람을 아는 것이다 (知人: 지인)"라고 대답하였다. 결국 앎의 목적은 우선 자신이 인간답게 살기 위하여 갖추어야 할 품성을 도야하고 미혹에 빠지지 않기 위한 것(知者不惑: 지자불혹)이고, 그 대상은 이에 필요한 여러 가지 덕성이며 방법은 "옛것을 되살려 새로운 것을 아는 것 (溫故而知新: 온고이지신)"이다.

공자께서 말씀하시었다: "유야! 너에게 안다고 하는 것을 가르쳐 주마! 아는 것을 안다고 하고, 모르는 것은 모른다고 하는 것, 이것이 곧 아는 것이다." [위정 2-17]

子曰: "由! 誨女知之乎! 知之爲知之, 不知爲不知, 是知也."
자왈 유 회여지지호 지지위지지 부지위부지 시지야

공자께서 말씀하시었다: "지자는 미혹됨이 없고, 인자는 잔걱정을 하지 않으며, 용자는 두려움이 없다." [자한 9-28]

子曰: "知者不惑, 仁者不憂, 勇者不懼."
자왈 지자불혹 인자불우 용자불구

미혹迷惑이란 낱말의 뜻은 국어사전에서는 "1. 무엇에 홀려 정신을 차리지 못함. 2. 정신이 헷갈리어 갈팡질팡 헤맴."이라고 되어 있다. 공자는 미혹에 관하여 다음과 같이 말했다.

무엇이든지 좋아하면 그것이 잘되기를 바라고, 싫어하면 그것이 못되기를 바란다. 이미 잘되기를 바라면서 또 못되기를 바라는 인간의 모순된 감정, 그것이 바로 미혹이니라. [안연 12-10]

愛之欲其生, 惡之欲其死. 旣欲其生, 又欲其死, 是惑也
애지욕기생 오지욕기사 기욕기생 우욕기사 시혹야

제자인 번지가 '변혹辨惑(미혹함을 분변하는 것)'에 대하여 묻자, "하루아침의 분노로써 한 몸을 잊어버리고 그 화를 부모님에게까지 미

치게 하는 것, 그것이 바로 미혹함이 아니고 무엇이겠니?" [안연 12-21]

一朝之忿, 忘其身, 以及其親, 非惑與

일조지분 망기신 이급기친 비혹여

공자께서 말씀하셨다: "옛것을 온양하여(되살려) 새것을 만들어 낼 줄 알면, 남의 스승이 될 만하다." [위정 2-11]

子曰: "溫故而知新, 可以爲師矣."

자왈 온고이지신 가이위사의

공자께서 말씀하시었다: "태어나면서부터 아는 자가 최상의 인간이며, 배워서 아는 자가 그다음의 인간이며, 곤요롭게 배워서 아는 자가 또 그다음의 인간이다. 곤요로운데도 배우지 아니하는 자는 인간으로서 최하의 인간이 된다." [계씨 16-9]

公子曰: "生而知之者, 上也. 學而知之者, 次也. 困而學之, 又其次也. 困而不學, 民斯爲下矣."

공자왈 생이지지자 상야 학이지지자 차야 곤이학지 우기차야 곤이불학 민사위하의

공자께서 말씀하시었다: "나는 태어나면서부터 아는 자가 아니요, 옛것을 좋아하고 민첩하게 구하여 아는 자이로다." [술이 7-19]

子曰: "我非生而知之者, 好古, 敏以求之者也."

자왈 아비생이지지자 호고 민이구지자야

26

공자의 학습법과 교수법

공자는 자신이 15세에 배움에 뜻을 두었다고 한다. (吾十有五而志于學/ 오십유오이지우학). 일찍부터 '예'에 밝다고 소문이 나 맹희자孟僖子는 자신의 아들 맹의자孟懿子를 공자의 제자로 보냈다고 한다. 30세에 섰다(三十而立/ 삼십이립)는 논어의 기록으로 보아 이즈음 공자학단을 세운 것으로 보인다. 안로, 증점, 자로 등이 최초로 공문제자 그룹을 형성하였다. '장자'에도 공자가 많이 등장하는 것으로 보아 공자가 노자를 찾아가 예를 묻고 서로 교섭한 기회가 있었던 것으로 보인다.

공자는 자신에 대하여 '알지 못하면서 지어내는 사람(不知而作之/ 부지이작지)'이 아니라고 말한다. 자신은 '많이 들어서 그중 좋은 것을 택하여 따르고, 많이 보아서 그것을 파악한다 (多聞, 擇其善者而從之, 多見, 而識之/ 다문, 택기선자이종지, 다견, 이식지)'라고 하였다.

공자께서 말씀하시었다: "대저 소상히 잘 알지도 못하면서 마구 지어내는 녀석들이 많다. 나에게는 그러한 삶의 태도가 전혀 없다. 나는 될 수 있는 대로 많이 듣는다. 그리고 그중에서 훌륭한 것을 택하여 따른다. 그리고 될 수 있는 대로 많이 보면서 문제를 인식한다. 이것이야말로 앎의 올바른 순서일 것이다." [술이 7-27]

子曰: "蓋有不知而作之者, 我無是也. 多聞, 擇其善者而從之, 多見, 而識之, 知之次也"

자왈 개유부지이작지자 아무시야 다문 택기선자이종지 다견 이식지 지지차야

공자는 겸손하여 자신이 많이 안다고 생각하지 않았다. 그래서 '내가 아는 것이 있는가? 아는 것이 없다.(吾有知乎哉? 無知也/ 오유지호재? 무지야)'라고 말한다. 그래서 남들이 아무리 엉뚱한 질문을 해오더라도 '양쪽 끝, 즉 지나침과 모자람, 과도함과 부족함을 지적하여 줄 뿐(叩其兩端/ 고기양단)'이라고 하였다. 제자들에게 간접적으로 알려주어 자신이 직접 깨닫게 하는 것, 이것이 공자의 교수법이다.

공자께서 말씀하시었다: "세인들이 나보고 박식하다고들 하는데, 과연 내가 뭘 좀 아는가? 나는 아는 것이 별로 없다. 비천한 아이라도 나에게 질문을 하면, 비록 그것이 멍청한 질문이라 할지라도, 나는 반드시 그 양단의 논리를 다 꺼내어 그가 납득할 수 있도록, 있는 성의를 다해 설명하여 준다. 이래서 내가 좀 아는 것으로 보였을지도 모르지." [자한 9-7]

子曰 "吾有知乎哉? 無知也. 有鄙夫問於我, 空空如也, 我叩其兩端而竭焉"

자왈 오유지호재 무지야 유비부문어아 공공여야 아고기양단이갈언

공자께서는 항상 네 가지를 중심으로 가르치셨으니, 학문, 실천, 충실, 신의이다. [술이 7-24]

孔子四教: 文, 行, 忠, 信

공자사교 문 행 충 신

27

학문의 즐거움

공자께서 말씀하시었다: "배움의 길에 있어서 무엇을 안다고 하는 것은 좋아하는 것만 못하고, 좋아하는 것은 즐기는 것만 못하다." [옹야 6-18]

子曰: 知之者, 不如好之者; 好之者, 不如樂之者.
자왈 지지자 불여호지자 호지자 불여락지자

우리 인간은 생각할 수 있으나, 이것을 실행에 옮기기는 쉽지 않다. 알고 난 다음에 그나마 여러 번 실습을 해서 익히고 재미가 조금 붙은 단계는 좋아한다고 할 만하다. 즐기는 것은 이보다 더 심취한 단계이다. 우리가 다 아는 사실이지만, 공자님이 한 말씀 해 놓으시니 음운상으로나 그 심오한 의미로나 멋진 명구이다.

이어서 공자는 교육의 방법론에 대하여 가르치신다. 이것은 인간의 귀천을 말하는 것이 아니라 교육의 방법론상 수준에 맞지 않는 무리한 요구를 하면 실패한다는 말이다. 자기 자녀가 제일 귀중하다고 해서 그 수준을 생각하지 않고 상급의 것만을 말한다든가, 중등급 이하의 부하직원에게 상급의 임무를 맡기는 식이다.

공자께서 말씀하시었다: "지력이 중급 이상의 사람들에게는 상급의 것을 가르쳐도 되지만, 중급 이하의 사람들에게는 상급의 것을 가르쳐서는 안 된다." [옹야 6-19]

子曰: 中人以上, 可以語上也; 中人以下, 不可以語上也.
자왈 중인이상 가이어상야 중인이하 불가이어상야

이어서 공자는 그 유명한 요산요수의 문학적이고 상징적인 가르침을 말한다. 지혜로운 이의 즐거움은 물의 덕성과 같이 유연하고, 느긋하여 침착하며, 끈기가 있어 쉼이 없고, 강하며 영원히 활발하다.

공자께서 말씀하시었다: "지자는 물을 좋아하고 (지혜로운 사람의 즐거움은 물과 같고), 인자는 산을 좋아한다 (인자한 사람의 즐거움은 산과 같다). 지자는 동적이고 인자는 정적이다. 지자는 즐길 줄 알고, 인자는 장수할 줄 안다."

子曰: 知者樂水, 仁者樂山. 知者動, 仁者靜. 知者樂, 仁者壽.
자왈 지자요수 인자요산 지자동 인자정 지자락 인자수

노자가 "상선약수上善若水(최고의 선은 물과 같다)"라고 하였는데,

'물의 덕성'은 우리 인간에게 끊임없는 가르침의 샘이 되어왔다.

물은 유연하기 때문에 어느 그릇에도 담길 수 있고, 자기를 내세우지 않기 때문에 어떤 상대에게도 유연하게 받아들여진다.

물이 낮은 곳으로 흐르는 것은 겸손함의 상징이요 끊임없이 낮은 곳으로 흘러가다가 바다로 돌아간다.

시냇물은 쉬지 않고 끊임없이 흘러가는 '자강불식自强不息'의 상징이다.

물은 재촉하지 않고 기다릴 줄 아는 인내의 상징이다. 흐르다가 움푹 파진 웅덩이를 만나면 이를 가득 채울 때까지 기다리다가 가득 넘쳐야 비로소 다음 단계로 진행한다.

물은 난관을 여유롭게 돌파한다. 흐르다가 바위를 만나면 돌아서 흐르는 여유와 유연함이 있다.

물은 계속 흘러야 새로움을 유지하고 고여있는 물은 썩기 마련이다. 우주의 순환과 변화의 원리를 상징하고 그래서 깊은 산속 옹달샘은 모든 큰 강의 근원이 되고 새로운 시작의 근본이다.

물은 수증기가 되었나가 모여서 비를 만들고 얼어서는 얼음이 되고 무수한 변화를 거치지만 그 근본적 성질은 그대로 유지하는 반본환원返本還源의 도리를 깨우쳐 준다.

돌을 깎아내고 뚫는 낙숫물은 불굴의 노력의 상징으로 인간으로 하여금 노력하는 인생을 살아가도록 가르친다.

큰 강은 작은 하천의 청탁을 불문하고 포용하며 마침내 바다는 모든 강의 흐름을 포용한 후에 다시 새로운 순환의 시작인 비를 만든다.

◆ 28 ◆

세상 만물이 다 나의 스승이다

태어날 때부터 천재인 사람도 분명히 있는 듯하다. 야사에 의하면 당나라의 백거이白居易는 갓 태어나 아직 엄마 품에 안겨 말도 할 줄 모를 때인데도 무無 자를 알아보았다고 한다. 여러 차례 시험해 보고, 책을 한 권 가져다 가리켜 보라고 하면 틀림없이 無 자를 가리켰던 것이다. 티베트 불교에서도 선대의 달라이 라마가 사망하면 그의 의식이 다른 아이의 몸으로 환생한다고 믿어 그 계승자를 찾아내어 후계자로 삼는다. 아직 우리가 모르는 세계가 분명히 있는 것이다.

하지만 공자님은 수차례 스스로 인정하셨던 바와 같이 자신은 '학이지지자' 수준이지 '생이지지자'는 아니라고 하셨다. '호고, 민이구지자好古, 敏以求知者(옛 전통문화를 애호하고, 항상 민첩하고 부지런하게 공부하여 온 사람)'이라고 자신을 평가하신다. 자신의 학문은 끊임없이 힘써 배워온 것에 기인한 것이지 하루아침에 온 것이 아니라고 하신 말씀은 우리에게 커다란 위안과 격려를 준다.

> 공자께서 말씀하시었다: "세 사람이 길을 가도 그중에는 반드시 나의 스승이 있다. 그 선한 자를 가려 좋은 점을 본받고, 선하지 못한 자는 그의 좋지 않은 점에 비추어 나의 잘못을 반성하여 고치는 귀감으로 삼는다." [술이 7-21]
>
> 子曰: "三人行, 必有我師焉. 擇其善者而從之, 其不善者而改之."
> 자왈 삼인행 필유아사언 택기선자이종지 기불선자이개지

논어 학이편(1-8)에 나오는 '무불여기자無友不如己者'를 "자기보다 못한 자를 벗 삼지 아니하며"라고 해석하는 것이 일반적이다. 그러나, 일설은 이것을 "자기보다 못한 사람은 없다"라고 해석하는 데 나는 이 해석이 훨씬 마음에 든다. 사람의 성격이나 자질이 한가지 기준만으로 평가하기 어려울진데, 대체적 일반적으로 우열을 평가할 수 있을지언정 어찌 한 가지도 본받을 만한 점이 없는 사람이 있겠는가? 설사 악인이라 하더라도 '반면교사反面教師'로서 그의 사악함을 보고 자신에게 돌이켜 악한 마음을 품지 않도록 하는 배움을 얻을 수 있지 않겠는가? 세 사람 중 한 사람은 자신이고 한 사람은 자기보다 못한 사람이고 한 사람은 자기보다 잘난 사람이라고 해석하는 것은 너무 형식적이다.

◆ 29 ◆

호학자好學者는 어떤 사람인가?

공자께서 말씀하시었다: "군자는 먹음에 배부름을 구하지 아니하고, 거함에 편안함을 구하지 아니하며, 일에는 민첩하고 말에는 삼갈 줄 알며, 항상 도가 있는 자에게 나아가 자신을 바르게 한다. 이만하면 배우기를 좋아한다고 이를만하다." [학이 1-14]

子曰: "君子食無求飽, 居無求安 敏於事而愼於言, 就有道而正焉, 可謂好學也已."

자왈 군자식무구포 거무구안 민어사이신어언 취유도이정언 가위호학야이

공자께서 말씀하시었다: "선비가 도에 뜻을 두고서 나쁜 옷과 나쁜 음식을 부끄럽게 여긴다면, 그와 더불어 말할 거리가 없다." [이인 4-9]

子曰: "士志於道, 而恥惡衣惡食者, 未足與議也."

자왈 사지어도 이치악의악식자 미족여의야

'호학자'란 학습의 기쁨을 느끼며 살아가는 사람이라는 뜻이다. 공자와 그 제자들은 자신들을 '학습을 좋아하는 집단' 즉, 학습을 통하여 성숙한 인간인 군자가 되고자 하는 무리라고 칭하였다.

배부름과 편안함을 추구하는 것은 인간의 기본적인 욕망이다. '호의호식'이 좋기는 하나 정도가 지나치면 탐닉이 되고, '악의악식'이 괴롭기는 하나 이를 참을 줄 아는 것은 인내심의 수양이 될 것이다. 과분한 안일이나 사치스런 만족을 추구하는 것은 군자의 도리가 아니다. 안락한 물질생활을 바라지 말고, 승화된 정신생활을 하기를 힘쓰라는 것이다.

자신에게 맡겨진 책임이나 마땅히 해야 할 일은 민첩하게 처리하고, 말은 함부로 해서는 안 된다. 도가 있는 자나 도가 있는 곳으로 나아가라는 것은 곧 옛사람의 도가 책에 있으므로 책을 읽고, 또한 본받아 배울만한 사람에게 배우라는 말이다. 공자학단의 공부는 인간으로서의 기본을 갖추고 이를 몸과 생활 태도에 체화하기 위한 말하자면 '좋아하는 단계'를 넘어서 이 모든 공부를 '즐기는 단계'로 나아가고자 하는 노력이었던 것이다.

자하가 말하였다: "날마다 그 모르는 것을 알게 되며, 달마다 자기가 이미 능한 것을 잊지 않으려고 노력하면, 배우기를 좋아한다고 이를만하다." **[자장 19-5]**

子夏曰: "日知其所亡, 月無忘其所能, 可謂好學也已矣."

자하왈　일지기소망　월무망기소능　가위호학야이의

자하는 성이 복卜, 이름은 상商, 자는 자하子夏이다. 공자보다 44세 연하로 공자 말년의 제자였다. 공자가 죽은 후 자하는 서하西河에서 학단을 형성하여 제자들을 가르쳤다. 위문후魏文侯는 그의 문하생이 되어 경학과 육예를 배웠으며, 그에게 국정의 자문을 구하였다. 위문후의 주변에 모인 인재는 자하의 제자나 그와 인연이 있는 사람들이 많았다. 자하의 학문 자세는 "널리 배우되 그 뜻을 돈독히 하라(博學而篤志/ 박학이독지), 절실하게 묻고 가까운 데서 검증하라(切問而近思/ 절문이근사)."(자장 19-6)이다. 주희의 『근사록近思錄』의 책 이름이 자하의 이 말로부터 유래되었다.

자하의 호학의 정의는 배움의 완벽한 기억과 습득이다. 아무리 많이 배워도 그 배움이 나에게 남아 있지 않다면 배움이 아니라는 것이다. 그래서 날마다, 달마다 배움이 나에게서 떠나지 않도록 노력해야 한다는 것이다. 배움의 지식이 내 머리에 오래 남아 있는 것도 중요하고 그 배움이 실천되어야 하는 것도 중요하다. 머릿속에 있는 지식과 배움이 실천함을 통하여 몸과 태도에 체화되고 이러한 반복적인 경험과 훈련이 쌓여야만 군자의 경지에 이르게 될 것이다.

> 자하가 말하였다: "비록 작은 재주라 하더라도 반드시 볼 만한 것이 있을 것이나, 원대한 길을 가야 하는 데 진흙 수렁에 빠져들까 두려우므로 군자는 배우지 않는 것이다." **[자장 19-4]**
>
> 子夏曰: "雖小道, 必有可觀者焉, 致遠恐泥, 是以君子不爲也."
> 자하왈 수소도 필유가관자언 치원공니 시이군자불위야

학문은 끝이 없는데 세월은 덧없이 흘러가고 인간의 시간과 능력은 유한하기 그지없다. 골프, 게임, 바둑, 서예, 음악 등도 물론 그 분야를 전공하는 사람에게는 대도大道가 될 수 있다. 자하도 "사람은 지식이 해박해야 하지만, 지식이 해박할수록 사상의 중심이 없다"고 하였다. 유한한 인간의 능력을 감안하여 곁다리의 소도小道에 지나치게 매달리게 되면 큰 줄기를 놓치게 된다.

◆ 30 ◆

배움과 사색의 이중주

공부의 방법론에 있어서 학學과 사思는 항상 서로 분리할 수 없는 인식 과정이다. 잘 조화되어 멋진 이중주를 이루어야 한다.

> 공자께서 말씀하시었다: "내 일찍이 종일토록 먹지도 않고, 밤새도록 잠도 안 자고 생각에 빠져보았으나 아무런 소득이 없었다. 배우는 것만 못하다." **[위령공 15-30]**
>
> 子曰: 吾嘗終日不食, 終夜不寢, 以思, 無益. 不如學也
>
> 자왈 오상 종일불식 종야불침 이사 무익 불여학야

공자는 자신의 경험을 말하고 있다. "내가 일찍이 어떤 문제를 연구하기 위해 하루 종일 먹지도 않고 밤에 자지도 않으면서 스스로 생각하고 연구해 보았지만, 결과적으로 소용이 없었으며, 책에서 배우는 것만 못했다. 왜냐하면 지식은 사상과 결합되어야 하는데, 책을 많이 읽고 아는 것이 많아야 생각을 통하여 발전하고 창조적인 결과를 도출할 수 있기 때문이다."

공자께서 말씀하시었다: "배우기만 하고 생각하지 않으면 맹목적으로 되고 (현실과 동떨어지고), 생각만 하고 배우지 않으면 위태롭다." [위정 2-15]

子曰: 學而不思則罔, 思而不學則殆
자왈 학이불사즉망 사이불학즉태

옛날에는 인재라면 세 가지 기본 조건, 재才, 덕德, 학學이 구비되어야 된다고 생각했다. 어떤 사람은 품덕品德(이는 주로 천성적으로 타고나는 것이다.)은 타고났지만 재능이 없다. 품덕이 있는 사람은 남이 이루어 놓은 것을 지킬 수는 있어서 뒤에서 일을 지휘하는 것은 잘하지만, 무슨 방법을 써서 어떤 국면을 타개해 나가거나 새로이 창조적인 성과를 만들어 내는 일은 잘하지 못한다. 이렇듯, 재덕을 겸비하기란 어려운 일인데, 이를 보충하여 주는 것이 학이다. 학문을 통하여 그 부족한 부분을 배양하는 것이다. 타고난 재능과 품덕이 있더라도 학문으로 배양해야 한다.

학문에는 두 가지가 필수적인데, 하나는 배워야 한다는 것이고, 또 하나는 물어야 한다는 것이다. 묻는 것은 남에게도 물어야 하지만 자기 자신에게 물으며 항상 생각해야 한다. 공자는 "배우기만 하고 생각하지 않으면 맹목적이 된다 (현실과 동떨어진다)."고 했다. 어떤 사람은 학문은 있지만 지혜로운 생각이 없는데, 그럴 경우 현실에 어둡고 실제상황과 동떨어지는 판단밖에 할 수 없어 쓸모가 없는 것이다. 학식만 있고 진정한 사상이 없으면 쓸모가 없다.

반대로, 어떤 사람들은 "생각만 하고 배우지 않아서 위험하다." 이런 사람들은 생각을 많이 하고 타고난 재능은 있지만, 학문을 통해 올바른 방향으로 착실히 단련하지 않으면 대단히 위험하다. 많은 사람들이 타고난 재능을 잘못 사용하여 나쁜 짓을 제멋대로 저지르거나, 더 크게는 남을 해치고 사회에 커다란 혼란을 초래하기도 한다. 학문으로 기본을 배양하면서도 사색을 통하여 자신에게 부여된 재능을 조화롭게 발전시켜야 될 것이다.

◆ 31 ◆

배운 것을 잊지 않고, 삶 속에서 실천하라

배움은 지식의 축적이 아니다. 그 배움을 어떻게 내 삶에 반영하여 살 것인가에 대한 심각한 질문이 배움 뒤에 따라야 한다. 학력이나 학위가 화려하다고 그 사람의 삶의 질이 고상한 것은 아니다. 배움의 실천이 중단되지 않도록 항상 배움을 실천하고 있지 못함에 대한 고민이 있어야 하고, 오늘 실천하고 있는 배움이 의지 부족으로 다시 중단되지 않도록 걱정하며 마음을 나삽아야 한다. 얼마나 많이 학습하였느냐가 아니라, 얼마나 수준 높게 학습을 실천하고 있느냐가 중요하다.

공자께서 말씀하시었다: "학문은 아무리 해도 부족한 듯이 느끼고 (배우는 것도 부족하고 실천하는 것도 늘상 부족한 것이 아닌가 고민하고), 오히려 퇴보하고 잃는 것이 아닐까 걱정하라." [태백 8-17]

子曰: 學如不及, 猶恐失之

자왈 학여불급 유공실지

호학자는 단순히 배우는 것만 좋아하지 않는다. 배우는 목적은 실천하기 위함이다. 언제나 자신이 충분하지 못함을 느끼고 스스로 노력하여 진보하여야 한다. "배움은 물을 거슬러 올라가는 배와 같아서 나아가지 않으면 퇴보한다. (學如逆水行舟, 不進則退/ 학여역수행주, 불진즉퇴)" 멈추면 시대 조류에서 밀려나고, 진보 아니면 퇴보이지, 그 중간에 머물러 있는 경우는 없다.

학문은 아무리 해도 부족한 듯이 느끼는 정신으로 노력하면서, 또 지금까지 공부해 온 것을 잃고 퇴보하지는 않을까 걱정해야 하는 것이다. "학여불급행즉실學如不及行則失". 행함이 없는 배움은 무의미하다.

사람이란 인생사에서 무수히 많은 사람을 만나고 헤어지고 하지만 좋은 인연으로 만나 오랫동안 그 관계를 지속하는 사람이 있다는 것은 정말 행복한 일이다. 내가 사회에서 만난 분 중에 이런 분을 한 분 꼽을 수 있는데, 만난 지는 이미 40여 년이 다 되어 가고 그동안 만나 오면서 더욱 그분 삶의 태도와 자세를 통하여 많은 것을 느끼고 배우며 더욱 따르고 존경하는 마음이 깊어지고 있다. 자신이 배우고 깨달은 것을 삶 속에서 실천하려고 노력하고 항상 다른 사람에게서 배우려는 자세로 살아가는 모습이 위의 공자님 말씀과 흡사하다.

그분의 생애도 공자님과 조금 비슷하여 일찍이 조실부모하고 건설업 등으로 여러 가지 어려움을 극복하여 자수성가하였으며, 상당한 부를 이룬 다음에는 어느 시점에서 노자가 말한 듯이 '공수신퇴功遂身退(공을 이루었으면 적당한 시점에 물러나는 것이 하늘의 도라는 뜻)'하시고, 많은 재원을 출연하여 '인성人性'을 위주로 가정이 어려운 인재를 발굴하여 꾸준히 후원하는 '○○장학재단'을 설립하여 운영하여 오고 있다. 내가 아는 한 지난 수십 년간 우면산 기슭의 거처를 옮기지 않으시고 살면서, 날마다 우면산에 올라 사색하며 삶의 자세를 가다듬는 이분을 내가 '우면산 산신령'이라고 부르고 있다. 그런데 이분이 평소 하시는 말씀이 모두 논어에 나오는 공자님의 가르침과 정확히 일치한다. 일부러 논어를 읽어 본 것도 아닌데 언어만 한국말이지 그 뜻과 전하려는 의미는 논어의 문장과 일치하는 것을 보며 나는 날마다 탄복하는 것이다. 그래서 나는 더욱 사색과 소요의 불가분성과 배움이란 스스로 생각하여 깨닫고 실천하는 것이 중요하다는 평범한 진리를 반복하여 깨닫는 것이다.

이분을 보면 왜 그리이스의 소크라테스학파를 '소요학파'라 하였는지, 왜 칸트가 매일 정시에 산책 소요하며 자신의 철학을 완성할 수 있었는지, 인간의 사색에 있어서 '소요'가 얼마나 중요한지, 공자님은 왜 "인자요산 지사요수"라 하였는지 실감이 나는 것이다. 공자도 자신의 학단 제자들과 교실 안에서의 학습이 아닌 왔다갔다 하는 상황상황의 시점에서 자연의 법칙과 형상에서 떠오른 영감을 한마디씩 가르쳐주신 것이 모여서 논어라는 것으로 집대성된 것이 아닐까. 나도 산을 좋아하고 말마다 물의 덕성을 생각하는 것은 비슷하니, 죽을 때까지 "학여불급, 유공실지學如不及, 猶恐失之"의 자세로 살아갈 것을 다짐하여 본다.

◆ 32 ◆

신信이란 무엇인가?

"신"의 의미는 곧 인간의 "말"이다. 신은 곧 "言"인 것이다. 「학이」편 13장의 "신근어의信近於義, 언가복야言可復也(미더움이 의로움에 가까워야 그 말이 실천될 수 있다)"의 신信과 언言은 결국 같은 단어의 다른 표현일 뿐이다.

인간의 믿음은 모두 말 속에 있는 것이다. 인간의 약속도 결국 "말"이다. "신"은 『논어』에서 공자가 계속 일관되게 강조하는 것으로, 말의 신뢰성에 대한 것이다. 공자는 인간의 언어생활이 도덕적 인격성의 잣대라는 생각을 분명하게 갖고 있었다. 특히 정치를 하는 군자에게 있어 믿을 수 있는 말과 행동이란 정치의 성패를 좌우하는 요소라는 것을 의미한다.

인간으로서 인간이 사용하고 있는 언어가 구체적으로 신뢰할 수 있는 어떤 신험성을 가지고 있다는 것, 그것은 인간의 인격을 성립시키는 근본이다. 공자는 인간의 언어생활이 그 인간의 도덕적 인격성의 잣대라는 생각을 분명하게 가지고 있다. 언어의 진실성이 곧 인간의 성실한 삶의 반영이라는 것이다.

33

말이 충실하고, 행동이 극진해야 한다

공자에게 믿음(信)이라는 것도 아주 중요한 주제의 하나였다. 유교하면 '인의예지'니 '충효'니 하는 가치개념이 대표적으로 거론되나 그에 못지않은 중요성을 가진 가치개념이 '믿음'이다. 공자는 "사람으로서 신실함이 없으면, 그 사람됨을 (그 무엇이 옳은지를) 알 수가 없다. (人而無信, 不知其可也/ 인이무신, 부지기가야)"(위정 2-22)라고 하셨다. 그와 같이 중요한 사람의 신실함을 판단하는 방법은 그의 말을 보는 것이다. 말의 신뢰성을 본 다음 그말을 행하는지 여부를 보는 것이다. 믿음성의 존재에 대한 판단기준은 그 사람의 언행에 있는 것이다.

어린 제자 자장이 도가 세상에 행하여지는 것에 관하여 여쭈었다. 이에 공자께서 말씀하시었다: "말이 충신하고 그 행동이 독경하면 비록 만맥의 변방 나라라 할지라도 도가 행하여질 수 있겠지만, 말이 충신하지 못하고 그 행동이 독경하지 못하면 자기가 사는 작은 동네에서도 도는 행하여지지 않는다. 일어서면 그 충신 독경한 생각이 항상 몸 앞에 어른거리는 듯하고, 수레에 올라타면 그 충신 독경한 생각이 가로목 형衡에 기대어 서 있는 것 같이 보이는 그러한 마음자세 후에나 도는 행하여질 수 있는 것이다." 자장은 이 말씀을 듣고 그것을 자기 허리띠에 기록하였다. **[위령공 15-5]**

子張問行. 子曰: "言忠信, 行篤敬, 雖蠻貊之邦, 行矣. 言不忠信, 行不篤敬, 雖州里, 行乎哉? 立則見其參於前也, 在輿則見其倚於衡也, 夫然後行." 子張書諸紳.

자장문행 자왈 언충신 행독경 수만맥지방 행의 언불충신 행부독경 수주리 행호재 입즉견기참어전야 재여즉견기의어형야 부연후행 자장서저신

공자께서는 항상 네 가지를 중심으로 가르치셨으니, 학문, 실천, 충실, 신의이다. **[술이 7-24]**

孔子四教: 文, 行, 忠, 信.

공자사교 문 행 충 신

신信은 공자의 교육이념의 중요한 축이었다.

주역 '대상전'에 나타난 군자의 길

3

◎ 공자와 주역, 그리고 군자의 길

공자가 '주역'이라는 문헌을 발굴하여, 그 뜻을 부연하여 엮어낸 책이 '십익十翼(열 개의 날개)'이라고 전해지는데, 단전, 상전, 계사전, 문언, 잡괘 등이 그것이다. 바람직한 군자의 상에 대한 공자의 사상은 주역에 관한 '십익'의 문서 중 '대상전'에 가장 핵심적으로 나타나 있다. '주역'이라고 하는 서물의 집단은 '역경' 및 '십익'을 기본으로 하여 수천 년에 걸쳐 이에 대한 연구와 해설이 누적되어 온 것이다.

1. 역경易經

주역의 다른 이름이라고도 할 수 있는 역경은 총 64괘로 되어 있으며, 상경과 하경으로 나누어져 있다. 1괘부터 30괘까지가 상경, 31괘부터 64괘까지가 하경이다. 64괘에 대한 괘사, 효사를 바탕으로 하여 기본적인 점치기나, 역의 이치에서 인간의 바람직한 삶의 도리를 유추하여 낸 여러 가지 연구가 행하여 졌던 것이다.

64개의 각 괘는 3개의 양, 음의 부호로 이루어진 기본 8괘를 중첩한 6개의 효爻로 이루어져 있으며, 각 괘에 대한 괘명卦名(괘의 이름)이 있고, 그 괘에 대한 전체적인 총괄적 설명이라고 할 수 있는 괘사卦辭(괘의 설명)가 있고, 6개의 각 효에 대한 효사爻辭(효에 대한 설명)가 있다.

그러나 그 내용이 상징적이므로 난해하여 통일된 해석이 없이 각인각색이라고 할 정도이며, 원문의 한자 수도 너무 적어서 이것의 해석만으로는 실제로 주역을 이해하거나 공부하기 어렵다. 이러한 관점에서 공자가 저술하였다고 전해지는 역경의 내용을 부연 설명하고 풀이한 '전傳'의 역할이 중요하다. 이 전을 이루는 열 가지 해설서가 십익인 것이다. 그 이후에도 기나긴 세월 동안 수많은 연구자들이 또다시 이에 대한 해석과 의견을 달아 왔던 것이다.

2. 10개의 전傳 : 십익

역경을 이해하기 위하여 읽어야 하는 것으로 날개와도 같이 경을 지지하는 것이라 하여 '십익十翼'이라고도 불리는데, 공자의 저술이라고 전해지나 아마도 후세 사람들이 여러 시기에 걸쳐 차츰 정립해 온 내용이 혼재한 것이라고 보인다.

1) 단전彖傳

괘사를 해설하여 알아듣기 쉽게 설명해 놓은 서물書物로 상, 하편으로 되어 있어, 단전만으로도 십익 중 2종으로 간주한다.

2) 상전象傳

이 역시 상, 하편으로 되어 있어, 상전만으로도 십익 중 2종으로 간주한다. "상전象傳"이라는 이름은 문장이 "상왈象曰(상은 말한다)"로 시작되기 때문에 붙은 이름이다. '단전' 바로 뒤에 오는 '상왈'의 문장을 "대상전大象傳"이라하고, 각 효사 밑에 효사를 설명하기 위하여 붙어있는 상왈의 문장을 "소상전小象傳"이라 한다. "대상전"의 주어로서는 군자가 53회, 선왕이 6회, 대인이 1회, 상上이 1회 쓰였다.

3) 계사전繫辭傳

“계사繫辭”는 “매단 말”이라는 뜻이다. 상, 하편으로 되어 있어 십익 중 2종으로 친다. 주역의 의미를 밝히고 주역이라는 경전이 우리 인간들에게 어떠한 의미를 전하고 있는지를 상세하고 친절하게 포괄적으로 이론을 전개하고 있다.

4) 문언전文言傳

“문언”이란 수식하는 아름다운 말이라는 뜻인데, 건괘와 곤괘만을 대상으로 서술한 것이다. 건괘와 곤괘의 괘사, 효사, 그 의미체계에 관한 아름다운 논설이다.

5) 설괘전說卦傳

건, 곤, 진, 손, 감, 리, 간, 태乾, 坤, 震, 巽, 坎, 離, 艮, 兌라는 팔괘의 상징 체계를 해설하는 논문이다. 각 괘는 음양을 상징하는 장단의 횡선으로 구성된 부호 세 개를 쌓아서 자연세계와 자연현상을 나타내는 8개의 기본개념, 즉 하늘天, 乾卦, 땅地, 坤卦, 우레雷, 震卦, 바람風, 巽卦, 물水, 坎卦, 불火, 離卦, 산山, 艮卦, 연못兌, 澤卦을 나타내었다. 이 8괘를 기초로 괘를 중첩시키거나, 뒤집거나, 상하를 바꾸거나 하는 등의 방법으로 확장하여 모두 64괘의 상을 정립한 것이다.

6) 잡괘전雜卦傳

잡괘전은 현행 64괘의 순서를 따르지 않고, 성격이 대비되는 괘 둘을 짝으로 삼아 32개의 짝을 만들어 괘의를 설명하고 있다. 32개의 짝은 착錯과 종綜의 관계를 가지고 있다.

7) 서괘전序卦傳

현존하는 64괘의 괘명의 순서대로 그 괘명의 의미를 연결시켜 순서의 정당성을 설명하고 있는 서물이다.

3. 각 괘 대상전에 대한 개괄의 의의

주역 64괘에 대한 '대상전'은 자연과 인간관계의 섭리에 대한 이해를 도울 수 있는 귀중한 문헌이다. 유학에서 사서삼경이란 사서四書인 '논어論語', '맹자孟子', '대학大學', '중용中庸'과 삼경三經인 '시경詩經', '서경書經', '역경易經'을 말하고, 이에 '예기禮記', '춘추春秋'를 더하면 4서5경이 된다.

공자는 '역경'에 대하여 "역의 가르침은 순결하고 고요하며, 정치하고도 미세하다.(潔靜精微, 易之敎也/ 결정정미, 역지교야)"라고 하였다.
'결정潔靜'은 역경이 심리적 정서적 측면에서 극히 정결하고 고요하다는 의미로 종교적 철학적 의미를 내포한 말이다. '정미精微'는 그 내용이 아주 과학적이라는 의미로 역을 공부하는 사람은 냉철한 머리로 치밀하게 연구해야만 한다는 것을 강조한 것이다.

역경의 폐단에 관한 비판 중에 "잘못하면 망쳐 버린다(其失也, 賊/ 기실야, 적)." 이라고 하였는데, 이는 역이 너무 오묘하여 이해하기도 어려울 뿐 아니라 너무 심취하여 빠지면 정상적인 사회생활을 못하고 폐인인 된다는 점을 경계한 말이다. 한편, 한나라의 왕봉王鳳, 당나라의 우세남虞世南 같은 재상은 "역을 읽지 않은 사람은 장상이 될 수 없다(不讀易不可爲將相/ 불독역불가위장상)."라고도 하였다. 그만큼 고대 중국 사회에서는 지배층의 기본 필독서로 역경에 대한 약간의 지식은 필수요건이었으며, 많은 유학자들도 역경의 원리에 심취하여 이와 관련된 많은 저서를 남겼다.

하여간, 세상은 바뀌어 아무리 과학 문명의 현대사회라 하더라도 우리 동양 문화의 뿌리의 일부인 '주역'의 기본은 최소한 교양인으로서 이해하여 둠이 필요하다고 하겠다. 중국 송나라 때 주자학의 기본을 수립한 주자와 그 제자 여조겸이 함께 편찬한 성리학의 간추린 입문서라고 하는 '근사록近思錄'의 상당 부분도 모두 주역 괘상의 해설에 관한 것으로서 64괘의 기본을 모르면 그 의미를 음미하기가 어렵다. 주역은 동양 문화의 정수로서 단순한 점술서가 아니라 우주의 운행 원리에 기초한 천문학이 가미된 과학적인 것이라 할 수 있다. 이미 16, 17세기에 서양 카톨릭 신부를 통하여 유럽에 소개된 주역은 독일 작센 라이프치히에서 활동하던 수학자 라이프니츠가 2진법을 수립하는 데 영감을 주었으며 이것이 오늘날 컴퓨터연산의 기본이 되었다는 것은 주지의 사실이다.

역을 이야기할 때 의리역학과 상수역학을 구분하는 데, 의리義理란 역경에 나타난 인문적 관점에 치중하여 올바른 삶의 자세를 수립하는 철학적 원리 또는 마음의 수양 지침으로서의 효용에 치중하는 것이고, 상수象數는 괘에서 나타난 상징적 모양과 숫자에 나타난 자연의 원리나 계시를 해석하여 미래의 앞일을 아는 것을 목적으로 하는 것이다.

본서에서는 각 괘의 형상을 보고 인생의 진리를 상징적으로 설파한 공자의 '대상전'의 내용을 인문학적 관점에서 부연 설명한 선현들의 해설을 소개하고, 각 괘에 대한 일반적 해설을 소개함으로써 '역경'에 대한 기본적 흥미를 고취하고자 하였다. 주로 왕부지가 주역내전에서 설명한 내용을 옮긴 것이 중심인데, 역경에 대한 '왕부지'의 해설서인 '주역내전'은 성리학적 관점에서의 인생의 모든 철리를 내포한 역경에 대한 감동적인 해설로서 공자가 설파한 '군자지도'가 무엇인지 깨달을 수 있는 귀중한 문헌이라고 하겠다.

말미에 공자와 왕부지의 생애를 요약한 설명을 부가하였다.

◆ 01 ◆

스스로를 강하게 만드는 노력을 멈추지 말라

1괘. 중천건(重天乾) ☰

「象」曰: 天行, 健. 君子以自彊不息.

상 왈: 천행, 건. 군자이자강불식.

「대상전」: 하늘의 운행은 씩씩하다. 군자는 이를 본받아 스스로를 튼튼하게 하며 쉬지 않는다.

왕부지의 주역내전에서 "대상전은 주역으로 배움을 삼는 이들에게 천지간 음, 양의 작용에서 선함을 가려내서 제시한 것인데, 그렇게 함으로써 그 의미를 잘 헤아려서 그것을 닮도록 하고 거기에서 부족한 것은 멀리하며 그 우수한 것은 본받아서 그대로 드러내도록 하기 위한 것이다."라고 한다.

군자가 하늘과 땅 사이를 보면 배우지 않을 것이 없다. 하늘의 운행은 하루에 한 바퀴를 돌고 다음 날 또 한 바퀴를 돌고 이리하여 군건하게 그 운행을 멈추지 않으니 그 건강한 모습은 건괘가 상징하는 덕성이다. 그러한 하늘의 덕성을 본받아 군자는 쉼이 없이 자신의 힘으로 자기 자신을 강하게 만들어야 한다는 것이다.

"자강(자기 스스로의 힘으로 자기를 강하게 만듦)", "불식(그러한 군자의 노력은 하늘의 운행과도 같이 그침이 없음)"과 같은 관념은 『중용』의 "지성무식至誠無息(지극한 정성은 쉼이 없다)"의 명제로 발전하게 된다.

다음은 중용 제26장으로 소위 "지성무식장至誠無息章"이다.

"그러므로 지성은 쉼이 없다. 쉼이 없으면 오래가고, 오래가면 징험이 드러난다. 징험(나타나는 징조)이 드러나면 유원(아득히 멈)하고, 유원하면 박후(넓고 두터움)하고, 박후하면 고명(높고 밝음)하다. (故至誠無息, 不息則久, 久則徵, 徵則悠遠, 悠遠則博厚, 博厚則高明/ 고지성무식, 불식즉구, 구즉징, 징즉유원, 유원즉박후, 박후즉고명) … "

"이제 저 하늘을 보라! 가냘픈 한 가닥의 빛줄기가 모인 것 같으나, 그것이 무궁한데 이르러서는 보라! 해와 달과 별들이 장엄하게 수를 놓고 있지 아니하냐! 만물을 휘덮는도다! (今夫天, 斯昭昭之多, 及其無窮也, 日月星辰繫焉, 萬物覆焉/ 금부천, 사소소지다, 급기무궁야, 일월성신계언, 만물부언) …"

이처럼 군자는 하늘의 운행과 같은 천지의 도를 본받아 일생 동안 쉬지 않고 꾸준히 자신을 갈고닦으려 노력하는 것이다.

〈건괘 해설〉

건은 원기를 크게 형통하는 괘이다. 마음을 곧고 바르게 가져야 이로운 것이다.

건이란 굳세고 피로할 줄 모르는 것을 뜻한다. 강건하고 충실하고 능동적이다.

모든 양효는 강하고 적극적인 것을 상징하는데, 특히 전부가 양효로 되어 있어 순수한 것을 의미한다.

자연에 적용하면 하늘이 움직이는 것이고 인간으로는 장년기, 사업으로는 전성기를 나타낸다.

물론 뻗어 가는 운을 나타내는 괘지만 그만큼 책임은 무겁고 긴장이 끊이지 않는다.

그러나 사물은 성하면 쇠하는 법이다. 정점에 도달한 것은 쇠퇴하고 몰락하는 첫걸음이 되는 것이다.

운이 뻗쳤다고 해서 지나친 언동은 삼가고 항상 신중해야 한다.

◆ 02 ◆

덕성을 두텁게 하여 모든 이들을 포용하라

2괘. 중지곤(重地坤) ䷁

「象」曰: 地勢, 坤. 君子以厚德載物.

상 왈: 지세, 곤. 군자이후덕재물.

「대상전」: 땅의 형세가 곤이니, 군자는 이를 본받아 덕을 두텁게 하고 물物들을 실어주어 발 붙이고 살아가게 해준다.

왕부지는 이렇게 설명한다.

"땅의 형세는 높은 것과 낮은 것이 서로 쌓고 있으나, 반드시 점차 낮은 데로 이어져 내려간다. 처한 것이 낮기에 만물은 다 그 위에 의탁하고 있다. 이는 모두가 크게 순종하는 상이다. 곤괘가 중첩되어 있음은 순종하는 덕이 두터움을 나타낸다. 군자는 이러한 곤괘의 덕을 체득하여 순종하며 만물을 받아들인다. 그래서 천하의 지혜로운 이나 어리석은 이, 귀한 이나 천한 이들 모두를 그 본성에 순종하여 이루게 할 뿐, 결코 자기가 능력이 있다고 하여 자기에게 못 미치는 이들을 질책하지 않는다. 또 어짊과 예를 마음속에 보존하고 있으며, 횡역橫逆(횡포하고 억지스러움)한 사람과 맞닥뜨릴 수 있다는 것조차 전혀 괘념치 않고 그 어떤 것이든 모두 실어주지 않는 것이 없다."

중용 26장에서는 땅의 덕에 대하여 말한다.

"이제 저 땅을 보라! 한 줌의 흙이 모인 것 같으나, 그것이 드넓고 두터운데 이르러서는 보라! 화악을 등에 업고도 무거운 줄을 모르며, 황하와 황해를 가슴에 품었어도 그것이 샐 줄을 모르지 아니하냐! 만물을 싣는도다! (今夫地, 一撮土之多, 及其廣厚, 載華嶽而不重, 振河海而不洩, 萬物載焉/ 금부지, 일촬토지다, 급기광후, 재화악이불중, 진하해이불설, 만물재언) …"

〈곤괘 해설〉

곤은 크게 형통하는 괘상이다.

암말은 곧고 발라야 이롭다.

군자가 갈 곳이 있으면, 먼저 가면 잃고 나중에 가면 얻는다.

서남방은 친구를 얻고, 동북방은 친구를 잃는다.

마음을 안정하고, 바르고 곧게 해나가야 길하다.

곤의 괘는 대지의 상징이다.

대지는 고요하고 움직이지 아니하나 풍부한 힘을 갖추고 있으므로

모든 것을 낳고 육성한다.

전부 음효로 되어 있는 이 괘는 건이 굳셈, 적극, 남성적인 데 반하여

유순하고 소극적이며 여성적인 것을 의미한다.

물론 유순하다는 것은 굳세다는 것보다 뒤떨어지는 것은 아니다.

하늘의 힘도 땅이 받아들일 때에야 나타난다.

남성의 정기도 여자를 얻어야 비로소 새로운 생명을 만든다.

음양은 대립되어 있으면서 통일되어 있는 것이다.

이 괘는 소극을 지킴으로써 적극을 능가하고, 뒤떨어짐으로써 앞에 서고,

유하면서도 강을 누르는 도를 나타내고 있다.

◆ 03 ◆

간난을 극복하여 평안한 세상을 만들어라

3괘. 수뢰준(水雷屯) ䷂

「象」曰: 雲雷, 屯. 君子以經綸.

상 왈: 운뢰, 준. 군자이경륜.

「대상전」: 구름과 우레로 이루어진 괘가 준괘이니 군자는 이를 본받아 세상을 경륜한다.

屯(준)은 글자의 형태상 가냘픈 새싹이 대지를 갓 뚫고 나와 자기를 덮고 있는 판판한 흙덩어리 하나를 올리는 형상이다. 강剛과 유柔가 처음 만나 교합하여 생명을 잉태시키는 것의 간난艱難(몹시 힘들고 고생스러움)을 상징한다. 경륜經綸이란 세상의 틀을 새로 짜는 것을 의미한다.

왕부지는 이렇게 설명한다.

"위쪽의 감괘坎卦를 '물'이라 하지 않고 '구름'이라 한 까닭은 준괘의 세상을 만나 음, 양이 처음으로 교접하는 데 비가 아직은 곧장 내리지 않기 때문이다. 이른바 그 베풂을 어렵게 함이다. 경經이라는 것은 실마리를 다듬어서 실타래를 나누는 것이고, 륜綸이라는 것은 그 실마리를 딱 맞추어서 실타래를 합치는 것이다. 우레는 혼돈의 상태를 열고 인도하는 것이니 음양의 벼리(그물의 위쪽 코를 꿰어 놓은 줄. 잡아당겨 그물을 오므렸다 폈다 한다.)를 나누는 것이고, 구름은 음양이 사무쳐 합치게 하니 나뉜 정황을 연결하는 것이다. 그러나 경륜은 한마음에서 작동한다. 그래서 아무리 힘들고 어렵더라도 거리끼지 않고 험난함과 꽉 막혀 있음을 구제해 낸다. 군자는 준괘를 이루는 도道의 '평안하지 않음'을 써서 혼란한 세상을 극복하고 평안한 세상으로 돌린다. 그러나 만약에 시대가 평안하여 몸가짐을 바로잡고 예법에 맞게 하는 것만으로도 다스릴 수 있다면, 마음 편하게 세상 사람들과 함께하며 만남에서 이로움을 얻을 것이다. 그런데 이러한 상황에서 일 삼을 것이 없는데도 굳이 어려움을 획책하고 위험한 길로 내닫는다면, 이는 스스로를 어렵게 함으로써 세상을 어렵게 하는 짓이다."

〈준괘의 해설〉

준은 크게 형통하는 괘이다.

곧고 발라야 이롭다.

갈 곳이 있어도 가지 말 것이니, 제후를 세워야 이롭다.

준은 막혀서 나아가기가 괴로운 것이다.

초목의 싹이 굳은 땅을 뚫고 나오지 못하는 상태를 나타낸다.

안으로는 젊고 싱싱한 생명력을 가지면서도 충분히 뻗어 나갈 수 없는 것이다.

인간이라면 고민이 많은 청년기, 사업이라면 난관이 많은 초창기에 해당한다.

상괘(坎: 감)는 물이므로 빠지는 것을 나타내고 하괘(震: 진)는 천둥이므로 움직이는 것이다.

준은 움직이려고 하나 곤란에 빠지는 상태를 말한다.

이 괘는 네 가지 큰 어려운 괘의 하나이지만 나쁜 것만은 아니다.

인생 시초부터 순풍에 돛을 단 배처럼 나아갈 수 있겠는가?

젊고 싱싱한 생명력으로 고난을 견딤으로써 새로운 발전이 약속된다.

지금의 고민은 크게 성장하기 위하여 겪는 진통이다.

◆ 04 ◆

덕성을 배양하고, 과감하게 행동하라

4괘. 산수몽(山水蒙) ䷃

「象」曰: 山下出泉, 蒙. 君子以果行育德.

상 왈: 산하출천, 몽. 군자이과행육덕.

「대상전」: 산 아래에서 샘이 나옴이 몽괘이니, 군자는 이를 본받아 과단성 있게 행동하고 이를 뒷받침할 수 있는 덕을 육성한다.

왕부지는 이렇게 설명한다.

"'샘'이란 물이 막 나오기 시작한 가느다란 물줄기를 말한다. 그러므로 산 아래에 있는 물을 상징하는 이 몽괘에서는 '물'이라 하지 않고 '샘'이라 하고 있다. 샘이 산에서 갓 나와서부터 사해四海로 흘러가기까지 결코 쉼이 없는 것이 '과단성'의 의미다. 또 굽이굽이 빙빙 돌아가면서 그 세를 불리는 방식으로 작은 것을 합쳐 큰 것이 되게 함이 '육성'의 의미이다.

군자의 행동은 용기있게 결단함에서 이루어지고, 덕은 함양함에 힘입는다. 용기있게 결단하면 위태롭게 행하면서도 이해관계는 결코 염두에 두지 않으며, 함양하여 완성된 하나의 인품을 이루어 위로 하늘의 덕에까지 통한다."

옹달샘의 물이 바다로 흘러가기 위해서는 거저 되는대로 흘러가는 것이 아니라, 많은 모험을 해야 한다. 그러므로 군자는 과단성 있게 행동해야 하고, 그러한 행동을 뒷받침할 수 있는 덕을 길러야 한다. 그 육덕育德이 교육이다. "몽"의 일차적 뜻은 "어두움", "무지함"이고, "계몽"이란 어두운 시대를 열어 밝은 세상을 만든다는 뜻이다.

〈몽괘 해설〉

몽은 막힘이 트이는 괘상이다.

내가 몽매한 사람에게 구하는 것이 아니라, 몽매한 사람이 나에게 가르침을 구하는 것이다.

처음에는 좋고 나쁜 것을 쉽게 알 수 있으나, 나중에는 그것이 어려워진다.

그러므로 항상 곧고 바르게 나가야 한다.

몽이란 덩굴풀의 일종이다.

무성해서 나무를 덮고 그 밑은 어두워지므로 컴컴하다.

이 괘는 갓 때어난 상태를 나타낸다.

앞장의 뒤를 받아 무지몽매한 어린아이의 상태를 나타내고

그 지능이 어떻게 계발되어 가는가를 설명하는 괘이다.

그러므로 지적인 일에 종사하는 자에게는 밝은 미래를 알려주는 괘이다.

상괘는 산, 하괘는 물을 나타내며 산기슭을 흐르는 물의 형태이다.

샘에서 흐르는 물줄기는 가냘프고 의지할 것이 못 되나 나중에 강이 될 수도 있다.

다만 가능성을 가지고 있으므로 올바르게 배워나가는 것이 중요하다.

◆ 05 ◆

때를 기다림에는 여유로운 마음이 필요하다

5괘. 수천수(水天需) ䷄

「象」曰: 雲上於天, 需. 君子以飮食宴樂

상 왈: 운상어천, 수. 군자이음식연락

「대상전」: 구름이 하늘보다 위로 올라갔음이 수괘이니, 군자는 이를 본받아 잔치를 베풀어 먹고 마시며 즐거워한다(음식으로써 즐거운 연회를 벌인다).

여기서도 위의 감괘를 물이라 하지 않고 구름(운)이라 하였다. 구름은 아직 비로 현실화되지 않았다. 그러나 강건한 하늘이 밑에서 받치고 있으니, 비가 오는 것은 기정사실이다. 이럴 때 군자는 사태를 밀어붙이지 않고 기다린다. 적당한 때를 기다리는 동안 연회를 베풀고 즐기면서 긴장을 푸는 것이다. 군자의 기다림은 이처럼 여유가 있어야 한다.

왕부지는 이렇게 설명한다.

"물은 하늘보다 위로 올라갈 수가 없다. 그러므로 바꾸어서 '구름'이라 한 것이다. 구름이라는 것은 수기水氣의 맑고 미세한 것들이다. '上(상)'은 올라감을 의미한다. 땅 위로는 모두 하늘이니, 높이 올라갔다면 하늘보다 위가 된다. 구름이 올라가되 아직 비로 내리지 않았으니 '기다림'이라는 의미에서 '需(수)가 된다. 기다림이란 일의 적賊이다. 군자가 민첩해야 공을 세우는 것이니 굳이 기다림을 사용할 필요가 없는 것이나, 기다림이 마땅하고 알맞은 경우에는 온밤을 꼬박 세우면서 앉아서 새벽을 기다릴지라도 기다려서 신중히 처리함이 마땅하다."

〈수괘 해설〉

수는 성실함이 있고, 빛나게 형통하는 괘상이다.

마음을 바르게 가져야 길하다.

큰 냇물을 건너면 이로우니라.

수需는 기다리는 것, 대기하고 대망한다는 것이다.

인간 세계에는 때가 올 때까지 인내하고 자중해야 할 일이 많다.

때를 기다리되, 그 기다리는 방법은 사람마다 다를 것이다.

여하튼 움직이면 위험이 따르기 때문에 기다리는 것이다.

상괘는 위험한 강江, 하괘는 굳셈을 나타낸다.

몸과 마음이 굳세면서도 위험이 앞에 가로놓여 있기 때문에 자중해야 한다.

때를 기다리지 않고 강에 뛰어드는 것은 용기가 아니라 만용이다.

힘을 기르면서 기다리면 크게 성공할 수 있다.

06

다툼을 피하라

6괘. 천수송(天水訟) ䷅

「象」曰: 天與水違行. 訟. 君子以作事謀始.

상 왈: 천여수위행, 송. 군자이작사모시.

「대상전」: 하늘이 위에 있고 물이 그 아래에 있어, 하늘과 물이 어긋나게 운행하는 모습이 송괘이니, 군자는 이를 본받아 어떠한 사업을 일으키려고 할 때, 반드시 그 시작을 잘 헤아려 싸움이나 쟁송이 일어나지 않도록 신중하게 한다.

왕부지는 이렇게 설명한다.

"남이 자기에게 어긋나면 남에게 소송을 걸게 되고, 자신의 욕구가 도道와 어긋나면 자신과 내면적인 송사를 벌인다. 그런데 일이 끝난 뒤에는 '내가 왜 그렇게 했던가?'하며 거슬러서 후회를 하게 되고, 결과적으로 마음이 혼란하고 어지러워져 더욱 어그러진다. 오직 일을 벌이는 시초에 두 가지 상반된 생각이 마음속에서 싸움을 벌일 적에 반드시 그 올바름과 한결같음을 지키는 마음을 가려내어서 털끝만큼도 스스로를 용서하지 않아야 한다. 말하자면 마치 송사를 벌이는 이들이 서로 상대방의 단점을 들추어내어 득실을 속속들이 살피는 것과 같이 하여 선악을 분명히 하여 하나의 올바른 방향으로 확정해야 한다. 즉, 마치 하늘은 높이 있고 물은 아래로 흘러서 서로 교차하거나 뒤섞이지 않음과 같은 것이다. 이렇듯 군자가 송사를 하는 것은 처음부터 스스로와 송사를 벌이는 것이지 결국 남과 송사를 벌이는 것이 아니다."

〈송괘의 해설〉

송은 성실함이 있으나 막히는 괘상이다.

두려워하여 중용을 얻으면 길함이 있으나, 마침내 흉하다.

대인을 보는 것은 이롭고, 큰물을 건너는 것은 이롭지 못하다.

송이란 소송, 재판을 의미한다.

인간 세상에는 싸움이 따르게 마련이다.

개인 · 집단 · 국가 간의 대립, 그리고 각자의 내부에 일어나는 모순과 상극이 항상 따른다.

상괘는 위로, 하괘는 아래로 완전히 의견과 방향을 달리하는 모습이다.

이럴 때 끝까지 자기의 주장을 내세운다면 대립은 격렬해지고 결과가 나빠진다.

지금의 기운은 쇠하여 있다.

헛된 고집을 버리고 친애와 협조에 마음을 쓸 일이다.

한없는 추구는 그 반동도 역시 크다는 점이다.

07

사람들을 넓은 마음으로 포용하라

7괘. 지수사(地水師) ䷆

「象」曰: 地中有水, 師. 君子以容民畜衆.

상 왈: 지중유수, 사. 군자이용민휵중.

「대상전」: 땅속에 물이 있는 것이 사괘의 모습이니, 군자는 이를 본받아 백성들을 포용하고 그러한 포용심으로 민중을 길러낸다.

감괘를 구름이나 비로 표현하지 않고 물水이라고 했다. 그리고 '땅 아래'라고 하지도 않고 '땅속'이라 했다. 이것은 '땅속의 물'이니 냇물이나 샘물과는 달리 노출이 안되는 '지하수'를 의미한다. 옛날에는 '병兵'이 전문적인 군사 직업집단이 아니었다. '농農' 속에 병이 들어 있는 병농일치의 사회였다. 그러기 때문에 한 국가의 지도자는 백성을 포용하여 사랑하고 보호하여 그 속에 있는 군사력을 축적하여 나가야 한다는 것이다. "용민휵중容民畜衆"의 줄임말이 "민중民衆"이다.

왕부지는 이렇게 설명한다.

"땅속에 있는 물은 밖으로 드러나지는 않지만 스스로는 만물을 윤택하게 함에 편안해한다. 군자는 이러한 도를 써서 민중을 어루만지고 고요함으로써 움직임을 길러낸다. 그래서 사士는 교육기관에서 보이지 않는 속에 제 할 일을 다하고 있고, 농부는 논밭에서 보이지 않는 속에 제 할 일을 다하고 있으며, 상인들은 저자에서 보이지 않는 속에 제 할 일을 다하고 있다. 그리하여 지혜로운 이나 어리석은 이, 완고한 이나 방정한 이들을 모두 아울러 받아들이고 감싸 안으며 혼란함이 없이 배양해 낸다. 바로 이러함으로써 군대를 운용하니 좋은 소문은 있어도 나쁜 원성은 없다. 그리고 다중을 마치 몇 안 되는 사람들을 부리듯 원활하게 부린다. 이렇게 할 수 있는 까닭은 바로 이러한 도를 지니고서 하기 때문이다."

〈사괘 해설〉

사괘에는 마음이 곧아야 한다.

덕이 있는 어른이라야 길하고 허물이 없다.

사람이 태어나면 무리를 이루지 않을 수 없다.

인간은 본질적으로 사회적 존재이다.

사라는 것은 다수의 집단 또는 군대라는 말이다.

주나라 제도에서는 오백 사람을 여旅, 이천오백 사람을 사師, 만 이천여 명을 군軍이라고 한다.

집단, 군대에는 늘 지도자가 필요하다.

그 집단의 운명이 지도자의 현명함에 따라 달라질 수가 있다.

이 괘는 지도자의 도를 설명한다.

아무리 괴로워도 올바른 목적으로 행동하는 지도자라면 집단을 잘 이끌 수가 있다.

◆ 08 ◆

만인에게 다가가 서로 도와 일을 이룬다

8괘. 수지비(水地比) ䷇

「象」曰: 地上有水, 比. 先王以建萬國, 親諸侯.

상 왈: 지상유수, 비. 선왕이건만국, 친제후.

「대상전」: 땅 위에 물이 있음이 비괘이니, 선왕은 이를 본받아 만국을 세우고 제후와 친밀하게 한다.

왕부지는 다음과 같이 설명한다.

"이 세상에 가장 틈이 없는 것으로는 물이 땅에 의거함과 땅이 물을 받들고 있음만 한 것이 없다. 이들은 너무나도 친하고 밀접하다. 그러나 군자는 자신의 정체성 따위는 내팽개친 채 이러한 친밀함으로써 남을 좇지는 않는다. 오직 나라를 연 임금만이 피붙이와 현인들에게 땅을 나누어 주니, 은혜로이 베푸는 예우가 두루두루 스며 들어간다. 그래서 한 사람으로서 온 나라를 통할하니, 원리와 방법이 이렇게 함에 적합하다."

요점은 만민이 자기에게 친근하게 다가오기를 기다리는 것이 아니라 자기가 적극적으로 주변의 이해관계에 있는 사람에게 친근하게 다가가야 한다는 것이다.

〈비괘 해설〉

비는 길한 괘이다.

항상 곧고 바른 생각을 가지고 있으면 허물이 없어진다.

바야흐로 편안치 않음이 닥치고 있다.

뒤늦은 사람은 흉하리라.

오랜 전쟁이 끝나면 사람들은 화기애애해져서 친해지는 법이다.

비라는 글자는 두 사람이 나란히 선 형상으로 서로 친밀하게 돕는 것이다.

괘의 형상은 땅 위에 물이 있고 이 두 개가 친하고 화목함으로써

만물을 낳고 육성하는 것이다.

또 천자의 지위를 의미하는 양에 음이 사이좋게 붙어있는 형상으로

사람들이 지도자를 중심으로 모여드는 상이다.

너그러운 마음으로 사람들을 대한다면 처음에 우여곡절이 있겠으나

나중에는 많은 사람의 협력을 얻어 대사업을 완성시킨다.

◆ 09 ◆

내면의 문덕을 아름답게 쌓아간다

9괘. 풍천소축(風天小畜) ☴☰

「象」曰: 風行天上, 小畜. 君子以懿文德.
상 왈 풍행천상 소축 군자이의문덕

「대상전」: 바람이 하늘 위로 붊 (바람이 하늘 위를 가니 작게 쌓이는)의 모습이 소축괘이니, 군자는 이를 본받아 내면의 문덕을 아름답게 온축시킨다.

상괘는 손괘巽卦이고 바람을 상징하며 입入(들어간다)의 속성이 있다. 하늘 위를 지나치는 바람은 항상 움직이기 때문에 구름을 휘몰아도 잠시 동안만 축적시킬 수 있다. 무엇이든지 오랫동안 사회활동을 할 수 있는 상황이 아니다. 이럴 때는 군자는 외면의 상황에 대하여 행위하는 것보다는 내면의 문덕文德(아름답고 우아한 덕성)을 아름답게 온축시키는 데 전념하는 것이 좋다.

왕부지는 다음과 같이 설명한다.

"'문의 덕'이란 예와 악을 행하는 일을 의미한다. '의懿(아름다울 의)'는 꾸며서 아름다움이 다 드러나게 한다는 의미이다. 예, 악이 위에서 흥기하여 물物들에게 베풀어져 다스림이 없이 바람을 타고서 온 세상을 움직인다. 이에 군자는 '바람이 하늘 위에서 붊'의 이치로써 위에서 스스로 수양하여 됨됨이를 밝게 한다. 그리고는 무위無爲에 의한 교화와 말하지 않는 가르침으로 풍속을 바꾸어 나간다. 그러므로 굳이 정치와 교화의 힘을 빌지 않더라도 이루어진다."

〈소축괘 해설〉

소축은 형통하는 괘이다.

먹구름이 일지만 비는 오지 않는다.

소축이란 머물게 하다는 뜻을 가진다.

작은 것이 큰 것을 머물게 하려는 것이기 때문에 조금밖에 머물게 할 수 없는 것이다.

상도를 벗어난 남편, 군주를 아내나 신하가 머물게 하려는 것이다.

작은 것이 큰 것을 머물게 하는 데는 그 나름대로 방법이 있어야 할 것이다.

제멋대로 떠들어서는 파멸을 초래할 뿐이다.

음의 힘은 아직 약하다.

운기는 충만해 있으나 그것이 형상을 이루지 못할 때 우울하고 초조해지는 기분.

구름이 잔뜩 끼었으나 비는 내리지 않는 상태, 결코 조급하게 굴어서는 안 된다.

◆ 10 ◆

위, 아래를 분별하여 자신의 자리를 지켜야 어긋남이 없다

10괘. 천택리(天澤履) ䷉

「象」曰: 上天下澤, 履. 君子以辯上下, 定民志.
상 왈 상천하택 리 군자이변상하 정민지

「대상전」: 위에 하늘이 있고 아래에 연못이 있는 안정된 천지의 모습이 리괘이다. 군자는 이 모습을 본받아 위, 아래(상하의 위상)를 가려 분별하고, 그렇게 함으로써 백성들이 모두 자기의 뜻하는 바에 충실할 수 있도록 사회를 안정시킨다.

정이천은 이 괘가 예禮의 정신을 잘 표현하고 있다고 해설한다.

"대저 사물이 모이게 되면 대소의 구별, 고하의 차등, 미오美惡의 분별이 있게 된다. 이것이 바로 사물이 모인 연후에 예가 생겨난다는 말의 의미인 것이다. 그러기 때문에 리괘가 소축괘 다음에 오게 된 것이다. 리履는 예禮이고 예는 사람이 밟아 행하는 것이다. 괘의 형상을 보자면, 위에 하늘이 있고, 아래에 못이 있다. 하늘이 위에 있고, 연못이 아래에 겸손하게 처하는 모습은 바로 상하지분上下之分과 존비지의尊卑之義를 나타내는 것이다. 이것은 이치의 당연함이요, 예의 근본이요, 항상 우리가 밟고 살아가야 할 도이다.

'리履'는 '밟는다(踐: 천)'는 뜻과 '밟힌다(藉: 자)'는 뜻이 함께 있다. 밟는다는 것은 내 발이 사물을 주체적으로 밟는다는 것이며, 밟힌다는 것은 내가 사물에 의하여 밟힌다(깔린다)는 뜻이다. 약한 몸으로서 강한 것에 밟히는 것이 기본적으로 리괘의 형상이다. 그렇지만 강이 약을 밟는다라고 말하지 아니하고 약이 강에 밟힌다고 말한 것은, 강剛이 유柔를 올라탐은 항상스러운 현상이요 굳이 말할 필요가 없는 것이기 때문이다. 그러므로 '역易' 중에 '유승강柔乘剛(유가 강을 올라탄다)'이라는 말은 있어도 '강승유剛乘柔(강이 유를 올라탄다)'라는 말이 없는 것은, 강剛에 깔려도 자기를 낮추고 순응하면서 기쁘게 응한다는 지혜를 나타낸 것이다 (하괘인 태괘는 음괘이며 兌=悅의 속성이 있다)."

왕부지는 이렇게 설명한다.

"바람과 불은 모두 땅에 속하는 부류이다. 그런데 오직 연못만이 가장 낮게 처하여 하늘과 특히 떨어져 있기 때문에, 연못과 하늘은 각기 자신들의 위位를 차지하고서 서로 어지럽히지 않는다. 그러나 군자가 백성들에게 뜻을 달성하고 원하는 것을 통하게 하기 위해서는 위와 같은 간격이 있어서는 안 된다. 오로지 명분을 올바르게 하고 분수를 정하여서 예법이 나무숲처럼 빽빽이 들어차 있게 해야 할 뿐이다. 그래서 백성들로 하여금 연못은 절대로 하늘에 이를 수 없다는 것을 알게 하여, 윗사람은 굳세면서 준엄하고 아랫사람은 부드럽고 기뻐함으로써, 서로가 뜻함에서 어긋남이 없어야 한다. 이것이 국가 공동체가 오래도록 안정된 채 살맛 나는 세상을 유지할 수 있게 해주는 원리이다."

〈리괘 해설〉

호랑이 꼬리를 밟아도 사람을 물지 않는다.

모든 일이 형통하는 괘이다.

이란 밟는다, 실천한다는 뜻을 가지고 있다.

실천에는 위험이 따른다. 그러나 위험을 두려워해서는 아무것도 할 수 없다.

호랑이 꼬리를 밟는 것 같은 위험 속에서 어떻게 몸을 보전할 수 있겠는가?

이 괘는 강건하고 유익힘을 나타내는 상괘에, 유순함을 나타내고 받아들이는 하괘가 따르는 형이다.

윗사람이나 경험자의 말을 솔직히 받아들이고 선인의 경험으로부터 교훈을 찾아내는 마음가짐이 필요하다.

무턱대고 달리면 반드시 실패한다.

자기의 힘을 생각하고 착실하게 나아가면 처음에는 위험을 만나더라도 반드시 목적을 달성할 수가 있다.

◆ 11 ◆

하늘과 땅의 기가 합쳐서 서로 돕는 것처럼 사람들을 이롭게 하라

11괘. 지천태(地天泰) ䷊

「象」曰: 天地交, 泰. 后以財成天地之道, 輔相天地之宜, 以左右民.
상 왈 천지교 태 후이재성천지지도 보상천지지의 이좌우민

「대상전」: 하늘과 땅의 사귐(하늘과 땅이 서로 자리를 바꾸어 교섭하는 소통의 모습)이 태괘이다. 군주는 이 태괘의 모습을 본받아 천지의 도를 마름질하여 이루어 내고(백성들에게 경제적 도움이 되도록 자연을 활용하여 풍요롭게 만들고), 천지의 마땅함이 유지되도록 보조함으로써 백성들을 돕는다.

왕부지는 이렇게 설명한다.

"땅을 마름질하여 이루어 내는 것이 하늘이고, 하늘을 보조하는 것이 땅이다. 하늘의 도는 아래로 베풀며 만물을 길러내는 데서 땅의 실질을 사용하는 데, 이를 자신의 원리로써 이루어 낸다. 땅의 기氣는

위로 올라가서 하늘에서 쓰임새를 드러내는데, 그 적합한 바를 돕는다. 첫째, 하늘에도 마름질할 바가 있으니 그 음, 양의 조화가 인간의 세상에 좋은 쪽으로 영향을 미치도록 해야 한다. 둘째, 땅에도 보조해야 할 바가 있으니 그 부드러움, 굳셈의 쓰임이 인간 세상에 좋은 쪽으로 작용하도록 해야 한다. 셋째, 군주는 자신들의 백성을 교화하고 길러내서 그 덕성을 돕고 그들에게 이로움이 되도록 돕는다."

〈태괘 해설〉

태는 소가 물러나고 대가 오는 괘상이다.

모든 일이 형통하여 길한 것이다.

이 괘는 하늘을 나타내는 건이 밑에 있고 땅을 나타내는 곤이 위에 있다.

즉 천지가 거꾸로 된 것이지만, 이것이 도리어 잘 된 것이나.

말하자면 하늘의 기는 위로 자꾸 오르고 땅의 기는 아래로 내려가는 성질을 갖는다.

만일 하늘이 위에 있고 땅이 밑에 있다면 이 양자는 점점 더 멀어져 간다.

그처럼 반대로 되어 있기 때문에 하늘의 기가 상승하고, 땅의 기가 하강해서 양자가 합쳐지고 거기서 만물이 태어난다.

여기에는 대립물의 통일성을 동적으로 포착하려는 역리의 이상적인 형상이 있다.

인간관계에서 말하자면 상사와 부하, 남편과 아내, 어버이와 아들, 강자와 약자가 화합 일치해서 만사가 순조로이 이루어지게 하기 위함이 제시되어 있다.

태라는 것은 안정되고 편안한 것이다.

괘의 형을 보아도 튼튼한 기반 위에 세워진 건축물을 연상하게 한다.

그러나 대길은 흉으로 돌아오는 것이므로 방심하면 안 된다.

◆ 12 ◆

위기를 검소함의 덕으로 극복하라

12괘. 천지비(天地否) ䷋

「象」曰: 天地不交, 否. 君子以儉德避難, 不可榮以祿.
상 왈 천지불교 비 군자이검덕피난 불가영이록

「대상전」: 하늘과 땅이 사귀지 않음(서로 교섭하지 아니하고 결절되어 서로 멀어져만 가고 있는 모습)이 비괘이다. 군자는 검소함의 덕으로 어려움을 피하며, 녹봉을 받는 지위를 차지하여 영화를 누려서는 안 된다.

왕부지는 아래와 같이 설명한다.

"꽉 틀어 막혀서 통하지 않으니, 군자가 덕이 있어서 천하 사람들의 뜻함을 통하게 해주려 해도 소용이 없다. 오직 세상이 한창 어지러워져서 자신에게 어려움이 닥치려 할 경우에는 고을에서 싸움이 벌어진다 하더라도 문을 닫아걸고 모른 체해야 한다. 이러한 상황에서는 천하 사람들이 물에 빠진다 하더라도 구원하지 않는 것이다. 그래서 덕조차 풍성하게 하고 싶어 하지 않는데 하물며 녹봉이랴! 덕이 드러나면 녹봉도 덩달아 따라오는 것이다."

〈비괘 해설〉

비는 사람의 도가 행하지 못하는 괘이다.

군자의 바르고 곧은 도도 이롭지 않다.

대가 가고 소가 오는 것이다.

비는 태와는 정반대이다.

하늘은 위로 자꾸 오르고 땅은 계속 밑으로 내려간다.

무슨 일이나 엇갈리고 배반되어 잘 들어맞지가 않는다.

주위의 모든 사람이 차가운 시선을 보내고 팔방이 꽉 막힌 상태이다.

백성의 뜻이 나타나지 못하고 빈부의 차가 심해진다.

괘의 형태도 빈약한 기반에 강한 것이 올라타 있어 사상누각沙上樓閣과 같다.

지금 위기에 처해 있으므로 잠시도 머뭇거려서는 안 된다.

막힌 상태를 타개하기 위해서는 진지하게 현실과 대결하지 않으면 안 된다.

◆ 13 ◆

만물을 두루 포용하여 새로운 사회를 건설하라

13괘. 천화동인(天火同人) ䷌

「象」曰: 天與火, 同人. 君子以類族辨物
상 왈 천여화 동인 군자이유족변물

「대상전」: 하늘이 불과 함께 하는 모습이 동인괘이다. 군자는 이를 본받아 뜻을 같이하는 사람들을 무리지우고, 다른 물건들과 구별하여 새 세상을 건설한다.

왕부지는 아래와 같이 설명한다.

"불이 하늘 가운데 있음은 지극한 텅 빔 속에 거대한 밝음을 함유함이다. 그리고 그 밝음은 밖에서 빛을 발하는 것이 아니라 속에서 밝게 비춘다. 그리하여 사람의 존귀함과 비천함, 친밀함과 소원함, 현명함과 어리석음 및 물物들의 아름다움과 추악함, 순종함과 거역함, 취함과 버림 등에 대해 어느 것 하나 그 부류에 따라 나누지 않은 것이 없고, 그 상황과 이치를 구별하지 않음이 없다. 그래서 천하에 받아들일 수 없는 것이 없으니, 다름을 허용하지 않는다. 커다란 밝음이 안에 함유되어 있으면서 천하 만물을 두루 아울러 포용함으로써 그들로 하여금 각기 밝음을 얻어 밖에서 발하게 한다. 그리고 하늘을 본받아 다스리며 선에는 상을 내리고 악에는 벌을 내림으로써, 세상 모든 것들을 거느린다. 그런데 이 동인괘와 그 종괘綜卦로서 대유괘大有卦의 덕은 군자가 아울러 행하더라도 서로 어긋나지 않는다."

〈동인괘 해설〉

동인은 넓은 들과 같은 괘이다.

모든 일이 잘 형통하는 것이다.

큰 냇물을 건너면 이롭다.

군자는 바르고 곧으면 이로운 것이다.

동인이란 남과 뜻을 같이하는 사람, 동지를 구해서 같이 가는 것이다.

상괘는 강건하여 쉴 줄 모르는 활동력, 하괘는 빛나는 지성을 의미한다.

풍부한 지성과 실행력을 겸비한 조직자, 공직자이며 유연한 마음을 가진 사람이다.

사람들을 조직해 가는 데는 결코 오래된 연고나 사연을 의지해서는 안 된다.

어디까지나 공적인 인간관계를 창조하는 것이 중요하다.

그래서 처음에는 고독감에 괴로워하지만 그렇다고 안이한 길을 택해서는 안 된다.

초지初志를 관철하면 즐거움이 따른다.

◆ 14 ◆

악을 근절시키고 선을 드러내어 하늘의 명령을 따른다

14괘. 화천대유(火天大有) ䷍

「象」曰: 火在天上, 大有. 君子以遏惡揚善, 順天休命.
상 왈 화재천상 대유 군자이알악양선 순천휴명

「대상전」: 불이 하늘 위에서 빛나는 형상이 대유괘의 모습이다. 군자는 이러한 태양의 모습을 본받아 (매사를 공공의 덕성이 있도록 만들고, 공개되어야 하고, 모든 사람과 사물에게 골고루 혜택이 돌아가도록 해야 하는 것이니), 악을 근절시키고 선을 드러내어, 하늘의 아름다운 명령에 순응한다. 〈'대유大有'는 크게 소유한다는 뜻으로 보기도 하나, 크게 아름다운 천명을 따른다는 뜻이다.〉

왕부지는 아래와 같이 설명한다.

"틀어막고(遏: 알), 드날리고(揚: 양)하는 것은 건괘의 도가 지닌 씩씩함이다. 이에 비해 하늘이 어떤 경우에 주는가를 본보기로 삼아 그에 맞추어 드날려야 할 것은 드날리고, 하늘이 어떤 경우에 빼앗는가를 본보기로 삼아 그에 맞추어 틀어막아야 할 것은 틀어막으니, 이는 이괘離卦의 밝음이 드러나는 빛남이다. 하늘의 이치일 따름이다. 이 이치에 순종하여서는 선과 악이 저절로 구별된다. 불은 위로 타오르는데 하늘에 붙어서 밝게 빛난다. 하늘은 왼쪽으로 돌고, 해는 오른쪽으로 돌며, 하늘을 따라가며 오르내린다. 그리고 해가 하늘을 따라서 운행하면 밝음이 아래로 환히 비추니 여기서 이치에 따라서 틀어막거나 드날림의 상이 드러나는 것이다.

상을 주거나 벌을 줌, 승진을 시키거나 강등시킴은 제왕의 일이다. 그런데 여기서 '군자'라고 한 것은 공자와 같은 경우를 상정한 것이다. 공자가 『춘추』를 지어 하늘의 명과 하늘의 토벌에 관련된 일을 행한 것은 꼭 자신에게 그러한 지위가 있어서 한 것은 아니다. 군자가 사람의 아름다움을 이루기는 하지만 사람의 악을 이루지는 않음은 또한 이러한 이치일 따름이다."

〈대유괘 해설〉

대유는 크게 형통하는 괘이다.

대유란 크게 가진다는 뜻이다.

모든 것을 포용하고 왕성한 운을 보존해 가는 괘이다.

대유는 또 풍년을 의미한다.

곡식이 창고에 가득 차서 유복하고 만족함을 나타내는 괘이다.

상괘는 태양, 하괘는 하늘을 가리킨다.

태양이 중천에 높이 떠서 강한 빛과 열을 골고루 비춰주는 형상이다.

귀중한 지위에 있는 음효가 유화한 포용력을 가지고 주위의 양효를 이끌고 있는 형상이다.

무엇을 해도 순풍에 돛단배, 모든 것이 자기편이다.

왕성한 운 속에 스며드는 불행의 원인을 항상 잊지 않도록 명심해야 한다.

◆ 15 ◆

공평한 정치로 세상을 고르게 하라

15괘. 지산겸(地山謙) ䷎

「象」曰: 地中有山, 謙. 君子以裒多益寡, 稱物平施.
상 왈 지중유산 겸 군자이부다익과 칭물평시

「대상전」: 땅속에 높은 산이 들어있는 모습(낮은 자세 속에 높은 덕이 가려져 있는 모습)이 겸괘이다. 군자는 이를 본받아 많이 가진 이들에게는 끌어모아 주고(모을 부裒자는 '모으다, 모이다'라는 뜻과 '줄다, 덜다'라는 뜻이 함께 있어, 많은 것을 덜어내어 라고 해석하는 견해도 있다), 적게 가진 이들에게는 보태주어서, 물物들에게 알맞도록 균평하게 베푼다.

공평한 정치를 행하여 세상을 고르게 한다. 힘 있는 사람은 없는 사람의 입장을 돌보고, 실력 있는 사람은 겸손을 행할 것이며, 지위가 높은 사람은 아랫사람을 굽어살펴야 한다.

왕부지는 '높은 것들에게서 무조건 덜어내어 낮은 것들을 보조하여 주는 것과 같은 물物의 본질을 살피지 못한 방법은 오히려 혼란을 조장할 수도 있다'고 경계하며, '裒(부)'자를 '모으다'로 해석한다. 그는 아래와 같이 설명하였다.

"'땅속에 산이 있다'고 함은 땅 가운데에 산이 있음을 의미한다. 산이란 땅이 높은 것이지 땅의 밖에 따로 산이 있는 것이 아니다. 땅은 높게도 낮게도 광대하게 보편으로 벋어 있는 것이니, 산도 그 속에 있는 것일 따름이다. 그런데 사람은 산이 땅보다 더 넉넉하다는 것만을 본다. 그러나 산 밖은 바로 땅의 부족함이기 때문에 산에 대해서도 보탤 수는 있어도 덜어낼 수는 없다는 것을 알지 못한다 (아무리 산이 높다 하더라도 그것 역시 땅의 일부인바 땅이 부족하기 때문에 그 높이밖에 안 된다는 의미이다. 만약에 땅이 부족하지 않았다면 그 산은 그만큼 높아졌을 것이다. 따라서 산이 일반 땅보다 높다고 하여도 거기에서 덜어내서는 안 된다는 것이다. 그것 역시 부족해서 그 높이의 산을 이룬 것이기 때문이다. 무조건 부자의 것을 빼앗거나 덜어내어 빈민을 도와주는 환심 정책의 문제점을 그 옛날 고대에서 이미 지적하였다는 것이 놀랍다!).

'부裒'자의 뜻은 끌어모으다는 뜻이다. '베풂(施: 시)'은 백성들에게 시혜를 주는 일이다. 땅의 도는 하늘 아래에서 두루 운행하고 있으며 때에 맞추어 지어냄을 베푼다. 그래서 많이 가진 이들은 끌어모아서 더욱 많아지고, 적게 가진 이들은 보태어서 결핍되지 않게 한다. 그러니 진실로 높은 것들만을 두텁게 해주면서 낮은 것들은 박하게 해주는 짓을 하지 않고, 그렇다고 하여 높은 것들에게서 덜어내어 낮은 것들을 보조해 주지도 않는다. 각기 그 본래 그러함에 들어맞도록 하지 절대로 여기에 사사로움을 들이지 않는다. 그러므로 높은 것은 저절로 높아지고 낮은 것은 저절로 낮아지며 균평함에로 나아간다.

군자가 백성들에게 혜택을 베푸는 데서는 큰 덕에 힘써야지 쩨쩨하게 작은 은혜를 주고받기로 베풀어서는 안 된다. 도道대로 다스릴 줄 모르는 이들은 병들거나 게으른 빈민들만을 일방적으로 역성들며, 부유한 사람들을 착취함으로써 그 빈민들의 질투와 시기심에 영합하려 하는 데, 이는 혼란을 길러내는 길일뿐이다. 그러므로 흉년을 구제하는 데서 세금을 면제해 주어 기근을 면하게 함은 있어도, 곡식의 값어치를 똑같게 할 수는 없으며, 부역을 결정하는 데서도 관대하게 용서하여 사면함은 있어도 어떤 사람이 하는 요역이든 모두 똑같은 것으로 간주할 수는 없다. 비록 천하 만물들 사이에 들쭉날쭉 형편이 고르지 않음이 있다하더라도 이는 역시 물物들의 실정에서 드러나는 본디 그러함이므로 이를 존중하지 않을 수 없는 것이다."

〈겸괘 해설〉

겸은 군자의 도가 트이는 괘상이다.

군자는 마침의 미가 있다.

대유의 괘가 풍성한 부를 가졌다는 뜻임에 비해, 겸은 공평하게 분배된다는 것이다.

국민소득이 증대하더라도 소득의 격차가 크면 사회는 안정되지 못한다.

겸이란 겸손, 겸허를 뜻한다. 자신을 남 앞에서 낮추는 것이다.

사욕과 자만심을 버리고 사람을 따른다.

만월이 반드시 기울어지고 높은 산이 물에 깎이어 낮은 곳에 쌓이는 것과 같은 것이다.

고귀하면 고귀할수록 비천함에 봉사하는 마음을 잊지 않도록 해야 한다.

뛰어난 재능, 아름다운 용모는 겸허함으로써 더욱 빛나는 것이다.

◆ 16 ◆

하늘과 조상에 제사 지내며 앞날을 예비하라

16괘. 뇌지예(雷地豫) ䷏

「象」曰: 雷出地奮, 豫. 先王以作樂崇德, 殷薦之上帝, 以配祖考
상 왈 뇌출지분 예 선왕이작락숭덕 은천지상제 이배조고

「대상전」: 우레가 땅에 갇혀 있다가 땅을 뚫고(지축을 박차고) 떨쳐 나오는 모습이 예괘이다. 선왕들은 이를 본받아 악을 제작하고 덕을 높였는데, 풍성하게('은殷'을 '풍성함, 성대함'으로 해석) 제사상을 바쳤고(왕부지는 '은殷'자를 '중中'으로 보아 사계절 순환의 중간 전환점인 '동지'로 해석하고 있다), 조상들에게도 그렇게 하였다.

왕부지는 아래와 같이 설명하였다.

"예괘를 두고 '악을 제작함'이라 풀이한 것은, 우레가 땅을 뚫고 나와 허공을 흔들어 대며 소리를 냄에서 취한 것이다. 노자가 '악(樂)이 텅 빔에서 나온다'라고 하였던 말이 이 말이다.(노자 제5장: '하늘과 땅 사이는 풀무와 비슷하도다! 텅 비었으나 굴함이 없고, 움직일수록 더욱더 나온다. /天地之間, 其猶橐籥乎! 虛而不屈, 動而愈出; 천지지간, 기유탁약호! 허이불굴, 동이유출). '은殷'은 '중中'을 의미한다. 동지에 환구단에서 악을 합주한 것은 동지가 시時의 중, 즉 사계절 순환의 중간 전환점이기 때문이다. '배配'는 합한다는 의미이다. 돌아가신 조상들의 덕을 악으로 구체화하여 막막함에 합함을 의미한다."

〈예괘 해설〉

예는 임금이 제후를 세우고 군사를 일으킴이 이로운 괘이다.

예에는 세 가지 뜻이 있다. 즐거움, 게으름, 예상(豫)이라는 뜻이 있다.

환락에 빠지게 되면 부주의해서 생각지도 않은 실패를 저지른다.

미리 경계하지 않으면 안 된다.

괘의 형상으로 보면 지상에 양기가 뇌동하는 봄이다.

겨울 동안 쌓아 둔 기를 모두 발산해야 할 때이다.

지금까지의 불우는 모두가 오늘을 위한 예비 단계였던 것이다.

준비는 다 되었으되 방심하지 말고 환희의 길을 열고 나서야 한다.

◆ 17 ◆

때에 따라 쉴 때는 쉬어야 한다

17괘. 택뢰수(澤雷隨) ䷐

「象」曰: 澤中有雷, 隨. 君子以嚮晦入宴息

상 왈 택중유뢰 수 군자이향회입연식

「대상전」: 연못 속에 우레가 들어있는 모습이 수괘이다. 군자는 이를 본받아 날이 어두워지려 하면 집에 들어가 편안하게 휴식을 취한다.

못 속의 우레는 그 힘을 감추고 있는 모습이다. 우레도 일년내내 우르릉거리는 것이 아니라, 춘하의 시기는 지상으로 나와 우르렁거리지만, 추동의 시기는 못 속으로 자취를 감추고 침묵 속에 지낸다. '수隨(따름)'는 '때를 따름'이니, 때에 맞추어, 때에 따라 움직이는 것이다.

왕부지는 아래와 같이 설명한다.

"우레가 연못 속에 있음은 움직여서 깊고 은밀한 곳으로 들어감이다. 이때는 장년이 소년을 좇고, 남자가 여자를 좇으며, 양이 음을 좇으니, 군자는 쓸모가 없다. 오직 밤과 낮, 움직임과 고요함의 항상됨만을 따라 밤이 되었으면 들어가 편안한 곳에서 활동을 쉬어야 할 따름이다. 수괘는 늦춤의 도를 담고 있다. 그래서 군자는 그때에 맞추어 늦춘다. 그렇지만, 시의時義가 그렇지 않은데도 쉬고 있다면, 이는 '썩은 나무(후목朽木)'이거나 '썩은 흙으로 쌓은 담(분토지장糞土之牆)'일 뿐이다."

〈수괘 해설〉

수는 크게 트이는 괘이다.

마음을 곧게 가지면 이롭다. 허물이 없는 것이다.

수란 따른다는 뜻이다. 수행, 부수, 수필의 수를 말한다.

따른다는 것은 주체성을 잃고 물결의 흐름에 몸을 맡겨 버리는 것이 아니다.

무엇을 따를까, 이것은 주체성의 결단에 달려 있는 것이다.

따라갈 대상을 확실히 정해야 한다. 상괘는 젊은 여자, 하괘는 중년 남자이다.

중년 남자가 소녀에게 반해서 따르는 형상이다.

또한 실력 있는 자가 한 걸음 물러서서 아랫사람을 따르는 형상이라고 볼 수도 있다.

어떤 경우든 간에 진지하게 행동을 한다면 반드시 좋은 결과가 올 것이다.

이 괘를 사계절에 적용한다면 가을이 된다.

왕성하던 기운이 쇠할 때 사람을 따르는 기본을 잊지 않도록 해야 한다.

◆ 18 ◆

백성들을 일깨워서 덕성을 고취하라

18괘. 산풍고(山風蠱) ䷑

「象」曰: 山下有風, 蠱. 君子以振民育德.
상 왈 산하유풍 고 군자이진민육덕

「대상전」: 산 아래로 바람이 부는 모습이 고괘이다. 군자는 이를 본받아 백성들을 떨쳐 일으키고 덕을 길러낸다 (백성을 진작시켜 일하게 하되, 의욕을 고취시키고 인격을 기른다).

왕부지는 이렇게 설명한다.

"바람이 산 아래로 붊은 낮추어 아래로 들어가 대상들을 떨쳐 움직이게 함이다. 산은 위에 우뚝 솟아있으면서 바람이 그 휘날림을 멈추어 뛰어넘지 못하게 한다. 군자가 백성을 다스리는 원리를 보면, 완고하고 나약한 이들을 일어나도록 하고 그 선함을 함양함으로써 그릇됨을 멈추게 한다. 이렇게 하여 천하가 안정을 이루게 된다. 바람은 떨쳐 일어나게 하고 산은 육성하니, 시작하여서 흥기하고 그것을 계속 이어서 양성함인데, 이는 백성을 교화하는 순서이다."

〈고괘 해설〉

고는 모든 일이 크게 형통하는 괘이다. 큰 내를 건너면 이롭다.

고란 기물을 벌레들이 파먹거나 접시에 가득 담은 음식에 벌레들이 우글거린다는 뜻이다.

태평함이 계속되면 내부에 부패와 혼란이 일어난다.

괘의 형상도 산기슭에 바람이 불어닥쳐 재해를 일으키는 열풍 현상이다.

또는 중년 부인이 젊은 남자를 유혹하는 형상을 나타낸다.

천재지변, 풍기문란, 참으로 다사다난하다. 절망할 것은 없다.

궁하면 통하고 모순이 깊으면 깊을수록 반대로 근본적인 해결이 가능하다.

이것을 기회로 삼아 내부를 파먹는 병균을 철저하게 헤쳐내야 할 일이다.

부패와 혼란의 시기는 동시에 혁신, 신생의 시대인 것이다.

◆ 19 ◆

부족한 사람까지 포용해서 선함으로 나아간다

19괘. 지택림(地澤臨) ䷒

「象」曰: 澤上有地, 臨. 君子以教思无窮, 容保民无疆.
상 왈 택상유지 림 군자이교사무궁 용보민무강

「대상전」: 연못 위에 땅(대지)이 펼쳐져 있어 대지 위에서 연못을 내려다보는 다스림의 모습이 림괘이다. 군자는 이를 본받아 무궁하게 백성들을 교화하고 생각해 주며 무한하게 백성들을 포용하고 보호한다.

왕부지는 이렇게 설명한다.

"'연못 위에 땅이 있음'은 강이나 연못의 양 언덕이 평지라는 의미이다. 태괘兌卦는 언설言說을 의미하는 괘인데, 이는 '교화함'을 의미한다. 곤괘坤卦는 만물을 두텁게 실어주니, 이는 불초한 이들을 포용하고 현자들을 보호함을 의미한다. 교화하고 포용하며 보호하는 것은,

선한 이를 아름답게 여겨서 드러내어 칭찬하고 능력을 발휘할 수 없는 이들은 긍휼히 여기는 것이니, 교화가 무궁하다. 그리고 교화하고 생각해 주면서 포용하고 보호하고 난 뒤에는 교화해서 될 것 같은 이는 선함으로 더 나아가게 되고, 설혹 교화해서 안 될 것 같은 이라도 끝내 버리지는 않는다. 그래서 보호함이 무궁한 것이다. 태괘兌卦에는 또한 기쁘다는 뜻도 있다. 백성들에게 임하는 이가 아름다운 말로 교화를 수립하고, 구차하게 백성들에게 기쁨을 취하려고 힘쓰지 않는 것이 태괘의 원리를 잘 사용하는 사람이다."

〈림괘 해설〉

임은 만사가 크게 형통하는 괘이다.

마음을 곧게 가지면 이롭다. 8월에는 흉함이 있다.

임이라 함은 위로부터 지배와 보호를 아래에 미치게 하는 것이다.

지배의 방법은 여러 가지이지만 이 괘는 상하가 가까이 지내는 상태를 나타낸다.

또 아래에 두 가지 양이 있어 운기가 점점 융성해질 때이다.

그러나 단기 작전, 급속히 성하고 곧 쇠할 경향이 있어서 시기를 보는 바가 민감해야 한다.

열중한다고 생각하면 곧 잃어버리고 마는 인간의 유형을 나타내고 있기 때문에 어지간히 정신 차려 대하지 않으면 일생 후회를 남기기가 쉬운 것이다.

20

성실함으로써 백성들을 두루 교화한다

20괘. 풍지관(風地觀) ䷓

「象」曰: 風行地上, 觀. 先王以省方, 觀民, 設教.
상 왈 풍행지상 관 선왕이성방 관민 설교

「대상전」: 바람이 땅(대지) 위를 두루두루 불어가는 모습이 관괘이다. 선왕은 이를 본받아 각 지방을 돌아보고 백성들의 형편을 살피며 가르침(교화)을 펼친다.

왕부지는 이렇게 설명한다.

"관觀이란 하늘의 신묘한 도이니, 말하지도 않고 움직이지도 않으면서 저절로 신묘하게 변화를 만들어 낸다. 이 괘는 위의 두 양효陽爻가 하늘의 위(天位)에 있고, 그 아래는 모두 4개의 음효이다. 그래서 하늘이 굳셈과 씩씩함을 원리로 하여 위에서 본받을 만한 상을 드리우고 있는데 신묘함이 여기에 있다. 그리고 사계절의 운행이라든지 추위와 더위, 바람, 우레, 서리, 눈 등은 모두 음기가 감응하여 일어난 자연의 변화로서 저절로 순종하며 운행하여 어긋남이 없다. 성인은 이를 본받아 몸소 교화를 펼친다. 그래서 어리석음, 천함, 완고함, 어두움에서 오는 기욕嗜慾과 풍기風氣 등이 뒤섞인 채 번잡하게 일어나지만, 공경스럽고 온화하여 남들이 우러러볼 만한 성실함을 보인다. 그래서 단지 세숫대야에 물만 받아 손을 씻은 채 아직 가벼이 음식을 올리지 않음과 같은데도, 말 잘하는 재주를 가진 이로 하여금 스스로 그 재변을 펼치지 않게 하고, 제힘만 믿고 날뛰는 이로 하여금 스스로 그 싸움을 벌이지 않게 한다. 그래서 온 천하가 다 감복한다."

〈관괘 해설〉

관괘는 손만 씻고 아직 제사를 지내지 않았음을 뜻하는 것이다.

성실함이 있으니 그 모습이 극히 공손한 듯하다.

관은 응시하는 것, 그저 막연히 보는 것이 아니라 자세히 관찰하는 것이다.

깊은 곳까지 꿰뚫어 보는 것이다.

이 괘의 형상은 음의 세력이 위의 양을 밀어 버릴듯한 세력을 보이고 있다.

또 땅 위가 쇠하고 이욕利慾이 서로 싸워서 질서가 붕괴되는 시기이다.

그러나 이러한 때일수록 심사숙고해서 현상의 깊은 곳까지 투철하게 봐야 한다.

이러한 태도가 진실로 몸에 붙는다면 덕이 되어 사람들을 감화시킬 수가 있다.

행동보다도 심사숙고하는 단계이기 때문에 지도적인 지위에 있는 사람, 즉 교육자, 학자, 연구가 등에게는 좋은 괘이다.

◆ 21 ◆

필요한 법을 미리 정비하여 질서를 유지한다

21괘. 화뢰서합(火雷噬嗑) ䷔

「象」曰: 雷電, 噬嗑. 先王以明罰勅法.
상 왈 뇌전 서합 선왕이명벌칙법

「대상전」: 우레가 요동하는 바탕 위에서 번개가 내려치는 형상이 서합괘의 모습이다. (번개는 밝은 것이요, 우레는 권위가 있는 것이다). 선왕은 이를 본받아서 형벌을 명확하게 하고 법을 정비하여 엄격하게 적용한다.

왕부지는 이렇게 설명한다.

"서합괘의 상괘인 이괘離卦는 밝음을 상징하니 그 밝음으로써 벌을 내리고, 하괘인 진괘震卦는 우레를 상징하니 그 움직임으로써 법을 정비한다. 그래서 의심을 품고 이반해 가는 민심을 제지하고 자신에게 합하게 한다. 그러므로 '서합噬嗑(서는 이빨로 문다는 의미이고, 합은 윗

턱과 아래턱의 이빨이 정확하게 합하여진다는 뜻이다)'이 된다. 금령을 누구나 볼 수 있게 위에 높이 걸어놓고 따르지 않는 사람들을 이를 가지고 결정을 한다. 이는 백성들이 아직 잘못을 범하기 전에 법률을 정함이다. 그러므로 이미 죄를 범함이 명백하면 반드시 처단하지만, 55번째 괘인 풍괘豐卦와는 쓰임새를 달리한다. 풍괘는 이미 죄를 범한 뒤에 그 범죄를 조사하고 처단하는 것이다. 풍괘와 서합괘는 상, 하괘가 뒤바뀌어 있다. 서합괘는 화뢰火雷이나 풍괘는 뢰화雷火로 되어 있다. 풍괘의 '대상전'은 "우레와 번개가 함께 이름이 풍괘이니, 군자는 이를 본받아 송사를 판결하고 중범죄인을 형벌로써 다스린다(雷電皆至, 豐. 君子以折獄致刑./ 뇌전개지 풍 군자이절옥치형)"이다. 그러나 비록 법이 정해져 있다고는 하여도 반드시 상세하게 살핌으로써 아래로 그 실정이 어떠했는지를 찾아내야 한다. 그러므로 이미 범행이 명백하다면 반드시 처단해야 한다. 이렇게 보면, 서합괘는 선왕들의 도를 반영하고 있고, 풍괘는 사구司寇(형조판서 혹은 현 법무부장관의 직책)의 도를 담고 있음을 알 수 있다. 법은 한 왕에 의해 정해지고, 범법자를 조사하고 처단함은 훌륭한 집행자에 의해 이루어진다."

〈서합괘 해설〉

서합은 만사가 형통하는 괘이다.

옥獄을 사용하면 이롭다.

서합이란 씹는 것을 말한다.

괘의 형태를 보면 상과 하의 양효는 턱, 그 사이의 음효는 이빨이다.

이 사이에 물질(九四 양효)이 있어서 씹는 것을 방해하는 상태이다.

방해물을 씹어서 깨뜨리면 상하가 합친다.

또 상괘는 태양, 전광, 하괘는 활동, 뇌동, 뇌성으로 어느 것이나 왕성한 활동력을 상징한다.

왕성한 생활력과 적극성으로 장애물을 물리치고 나아가면 큰 성과가 있음을 나타낸다.

그러나 장애물은 강의 양으로서 가볍게 생각하다가는 뜻하지 않은 저항을 만나게 된다.

중도에서 머무는 타협이나 고식적인 수단을 쓰지 말고, 전력을 기울여 정면으로 부딪쳐 가는 것이 중요하다.

◆ 22 ◆

법집행을 밝게 하고 함부로 옥사를 일으키지 않는다

22괘. 산화비(山火賁) ䷕

「象」曰: 山下有火, 賁. 君子以明庶政, 无敢折獄.
상 왈 산하유화 비 군자이명서정 무감절옥

「대상전」: 산 아래 불이 타고 있어 불빛이 산 전체의 모습을 찬란하게 비추고 있는 형상이 비괘이다. 군자는 이를 본받아 모든 정사를 명료하게 하고 (이를 통하여 산이 찬란하게 빛나듯이 인간 세상을 찬란하게 만든다), (형벌이라는 것은 어디까지나 진실에 부합되어야 하는 것인데 그 진실을 밝히는 것이 어려우니) 함부로 옥사를 일으키지 않는다.

왕부지는 이렇게 설명한다.

"산 아래 불이 있음이란 밝음이 제지되고 있어서 높고 먼 데까지는 이르지 못하지만 가까운 데는 비추어서 자잘한 것들까지 모두 보이게 함을 의미한다. 서정庶政은 사事와 물物의 작은 것을 의미한다. 그 이치를 분명하게 살펴 법으로 만들어서 각 분야별 전문관리인을 둠으로써 상세한 것까지 시시콜콜 다 맡아서 하게 하되 감히 속이지 못하도록 한다. 함부로 옥사를 일으키지 않음은 작은 잘못들은 용서하여 주고, 이들의 실정을 제대로 파악하여 이들에 대해 마음 아파하고 위로를 해주어야지 기뻐해서는 절대로 안 되며, 이렇게 함으로써 백성들의 목숨을 긍휼히 여기고 보전해 주어야 한다는 것이다. 법을 올바르게 갖추어서 예禮에 따라 해나가며 문채나는 세상을 이루면 사람들이 자신들의 잘못에 대해 스스로 용납하지 않게 된다. 비괘에서 경계하는 말을 두고 있는 이유는 지인용智仁勇이 모두 하늘의 덕이기는 하지만, 인仁을 근본으로 삼지 않으면 지智가 지나친 살핌으로 인해 오히려 잘못되고, 용勇은 오만함으로 인해 잘못됨에도 불구하고 제 스스로는 자신만만하며 이들을 덕으로 여기어 오히려 세상을 해치게 되기 때문이다. 그러므로 군자는 덕을 신중히 하며 특히 이들에게서는 더욱 경계하고 경계하는 것이다."

〈비괘 해설〉

비는 형통하는 괘이다.

갈 곳이 있으면 다소 이로움이 있다.

비는 장식의 뜻이다. 아름다운 장식은 사람의 마음을 기쁘게 한다.

예의범절을 지키는 것이란 몸을 아름답게 장식하는 것으로, 사회 질서의 기틀이다.

괘의 형상은 저녁놀이 산천초목을 아름답게 장식하는 것이다.

그러나 그것은 동시에 몰락 직전의 찬란한 빛을 암시한다.

문명이 과도하게 진보하면 퇴폐의 미를 좋아하게 되어 마침내 소박한 생명력을 잃고 만다.

개인에게 있어서는 외면만을 치장하고 내면적인 깊이를 잃고 만다.

무슨 일에 있어서나 외견상의 화려하고 성대한 것에 사로잡히지 말고 신중해야 한다.

◆ 23 ◆

어려운 사람들을 잘 보살펴야 편안함을 얻을 수 있다

23괘. 산지박(山地剝) ䷖

「象」曰: 山附於地, 剝. 上以厚下, 安宅.
상 왈 산부어지 박 상이후하 안택

「대상전」: 산이 땅에 간신히 납작하게 붙어 있는 것이 박괘의 모습이다. 윗사람은 이를 본받아 아랫사람들을 두텁게 보살펴 주어야 현재의 살아가는 것이 편안해 질수 있다.

땅 위에 당당히 우뚝 솟아야 할 산이 비실비실 짜부라져 있는 것은 산의 속을 다 갉아먹어 실속이 없기 때문이다. 여기서는 대상전에서 써오던 주어인 '군자, 선왕, 대인, 후'를 쓰지 않고 그냥 '상上'이라 한 것도 특이하다. 사회의 상층을 형성하는 사람들은 반드시 하층을 형성하는 인민을 평소에 후하게 살찌워 내용이 실하게 만들어야, 전체적인 삶의 세계가 안정적 기반을 획득할 수 있을 것이다.

왕부지는 이렇게 설명한다.

"이 박괘 '대상전'은 전적으로 이 괘를 이루고 있는 산과 땅의 상을 취한 것이지, 박剝이라는 괘이름에 의거하여 의미를 부여한 것이 아니다. 여기서 말하는 '윗사람(上)'이란 융성하게 세상을 다스리던 선왕도 아니고, 자신의 뜻함을 높이 받들며 굽히지 않는 의로움을 지닌 군자도 아니다. 상육효에 하나의 양陽만이 외로이 서서 겨우 높은 지위만 차지한 채 굳건함을 지키며 존재함을 도모하고 있으니, 이러한 상을 얻게 되는 것이다.

'아랫사람들을 두텁게 보살펴 주고'라는 것은 이 괘의 정괘貞卦(하괘)인 곤괘가 만물을 실어줌의 의미를 취한 것이다. 그래서 아랫사람들이 하고자 하는 것이나 구하는 것들을 충당해 줌으로써 사람들의 마음을 자신에게 굳게 붙들어 매는 것이다.

'거처하는 것에 편안해한다'는 것은 이 박괘의 회괘悔卦(상괘)인 간괘의 '편안히 멈추고 있음'의 의미를 취한 것인데, 스스로 그 위치를 정한다는 의미이다. 이렇게 함으로써 백성들이 임금에게 의존하고 임금도 그 백성들에게 의존하게 된다면, 비록 지금의 상황이 위태롭기는 하지만 존속할 수가 있는 것이다."

〈박괘 해설〉

박괘에는 갈 곳이 있으면 불리하다.

박은 벗겨서 떨어뜨린다, 깎아내린다라는 뜻이다.

양의 힘이 점차로 줄어들어 붕괴 직전의 위기를 나타내고 있다.

문화상의 성숙이 극도에 달한 후에 오는 사회 쇠퇴를 의미한다.

괘의 형상도 아래로부터 상승하는 음효가 한 개 남아 있는 양효를 압도하고 또 높이 솟은 산이 침식 작용에 의해 평지로 화해 버리고 마는 양상을 나타내고 있다.

자각증상이 없는 중병, 실각을 노리는 부하, 방탕에 의한 파산 등 쇠운의 극을 나타낸다.

함부로 안간힘을 쓰지 말고 조용히 겨울철이 끝날 때를 기다려야 한다.

겨울이 오면 봄이 멀지 않고 일양래복一陽來復의 괘가 다음에 기다리고 있는 것이다.

◆ 24 ◆

때에 맞추어 움직이지 않고 칩거하여 수양하며 근본을 정비함이 필요하다

24괘. 지뢰복(地雷復) ䷗

「象」曰: 雷在地中, 復. 先王以至日閉關, 商旅不行, 后不省方.
상 왈 뇌재지중 복 선왕이지일폐관 상려불행 후불성방

「대상전」: 우레가 땅속에 있고, 양의 기운이 피어나기 시작하는 미묘한 때를 나타내는 것이 복괘이다. 선왕들은 이를 본받아 동지의 날(해가 가장 짧은 날)에는 사방의 관문을 닫아 걸었고, 장사꾼과 나그네도 돌아다니지 않았으며 제후들도 지방을 순시하지 않았다.

"복復"은 "다시", "돌아간다"는 뜻이다. 복괘의 단전彖傳에서 "복괘에서 그 천지의 마음을 보는도다!(復其見天地之心乎!/ 복기견천지지심호!)"라고 하였다. 이에 대하여 왕필이 유명한 주석을 달았다.

"'복'이라는 것은 근본으로 돌아간다는 것을 의미한다. 천지는 근본을 그 마음으로 삼는다. 대저 움직임이 멈추게 되면 고요함이 온다. 그렇다고 고요함이 움직임을 대적하는 것이 아니다. 말言이 멈추게 되면 침묵이 온다. 그렇다고 침묵이 말과 대적하는 것이 아니다. 그런즉, 천지가 비록 크다고는 하나, 만물을 풍부하게 포섭하고 있고, 끊임없이 우레가 치고 바람이 분다. 그래서 움직임과 변화가 만변하지만 그것이 조용하게 되면 무無에 이른다고 말할 수 있다. 이 무야말로 천지의 근본이다. 그래서 우레의 움직임이 땅속에서 쉼의 상태에 있는 것, 바로 이 상태에서 천지의 마음이 드러나는 것이다. 만약 천지가 유有를 가지고 마음을 삼는다면 다양하게 다른 여러 종류의 사태를 포섭하지 못할 것이다."

왕부지는 이렇게 설명한다.

"복괘는 우레가 땅속에 있는 상이다. 그래서 움직임이 속에서 스스로를 다스릴 뿐, 아직 물들에서 진동하지 않음을 나타낸다. 이러한 때는 백성들로서는 각기 그 가정을 다스리고 임금으로서는 그 조정을 다스리며 그 밖에 다른 일들은 하지 않는다. 따라서 자기 자신을 돌아보고 수양하며 근본을 세움을 의미한다.

여기서 동짓날이라 한 것은 동짓날로부터 시작하여 한 겨울이 다하도록 이라는 말이다. 만약에 꼭 이날 하루만을 말한 것이라고 한다면, 장사꾼과 나그네들이 잠시 여행자 숙소에 머물렀다가 타고 갈 말의 굴레와 고삐를 더욱 조일 터이니 평안하지 않을 것이다. 그리고 제후들이 지방을 순행하는 것이 어찌 아침에 나갔다가 저녁에 돌아오는 것이어서 단지 이날 하루만 행하지 않는 것이겠는가? 백성들의 경우에는 동짓날 이후로는 추위가 극에 달해 쉬면서 집안의 노친네를 봉양하고, 어린애들을 자애롭게 돌보며 가정의 일들에 부지런히 힘쓰는 것이다. 제후의 경우에는 멀리 떨어진 지방의 백성들을 쉬게 하고 정사를 닦고 밝혀서 비로소 화목하기를 기다려 널리 행하는 것이다. 이는 모두 땅속에서 움직이는 상이다."

〈복괘 해설〉

복은 막혔던 것이 트이는 괘이다.

출입을 하여도 병이 없다. 친구가 찾아오더라도 허물이 없다.

그 도를 다시 반복하니, 7일 만에 되돌아온다. 갈 곳이 있으면 이롭다.

파괴 후에는 건설이 시작된다. 부흥인 것이다. 복은 동지冬至를 나타낸다.

음의 기가 내리덮고 있는 속에 양의 기가 싹트기 시작하여 서서히 봄이 돌아오는 것이다.

괘의 형상도 땅속 깊은 곳에 봄기운이 발동하고 있음을 나타낸다.

오랫동안의 괴로움도 이제 한순간뿐이다. 그러나 조급하게 서둘러 뛰어나가서는 안 된다.

덤벼대면서 싹을 내려고 하면 늦은 서리를 맞아 죽고 만다.

침착하게 장래의 대계를 세워야 할 때이다. 역점에서는 회복, 화해, 실물에 좋다는 괘이다.

25

생동의 때를 맞추어 만물을 양육하고, 생명의 가치를 북돋운다

25괘. 천뢰무망(天雷无妄) ䷘

「象」曰: 天下雷行, 物與无妄. 先王以茂對時, 育萬物.
상 왈 천하뢰행 물여무망 선왕이무대시 육만물

「대상전」: 하늘 아래 우레(번개)가 치니, 우레는 모든 사물에게 무망(망령됨이 없음)한 생명의 진실한 계기를 부여하는 모습이 무망괘이다. 선왕들은 이를 본받아 무성하게 각 사물에게 주어지는 때(시기)에 유연하게 대처하고, 모든 사물의 개성에 맞게 만물을 생육시킨다.

주희의 해설은 다음과 같다.

"하늘 아래 번개가 치고 우레가 진동하여 생명력을 발출하는 것이 만물에게 각각의 성性과 명命을 바르게 할 수 있는 기회를 부여한다. 이것이 물물마다 허망하지 않은 생명의 진실을 부여하는 것이다.

우리 문명의 지도자인 선왕들은 이러한 이치를 본받아, 때에 맞게 만물을 양육하고, 그 각기 그 본성에 따라 스스로 발전하게 하지, 그것을 문명의 논리에 복속시켜 사유私有화하지 않는다."

왕부지는 아래와 같이 설명한다.

"우레가 하늘을 받들어 만물을 피어나게 하고 생겨나게 하는 명령을 행하는데, 어느 곳이라고 꼭 정해진 곳이 없고, 어느 때라고 꼭 정해진 때가 없이 반드시 물들이 생겨나는 때에 맞추려 하는 것이다. 물들이 무망함에 함께 한다는 것은, 물들을 물 되게 하며 그들과 함께 함이다. 그래서 칩거하고 있는 것들을 열어주고 그 싹틈을 이루어주는데, 영민한 것들이나 미욱한 것들, 정교하고 우수한 것들이나 거칠고 나쁜 것들을 가리지 않고 각기 그 재질대로 이루어지게 한다. 그래서 모두 망령되지 않다는 의미이다. 즉 전혀 가림이 없이 무성하고, 결코 가늠할 수 없이 때를 타고 드러난다. 그 망령됨이 없음이 이러하니, 비록 망령됨이 있는 것처럼 보일지라도, 본디 망령됨이 없는 것이다.

그런데 선왕들이 벌을 주거나 상을 주는 데서 이러한 방식을 사용하지 않은 까닭은, 이렇게 하면 형벌이 넘치고 상은 과도해질까 두려워하였기 때문이다. 비록 그들 스스로는 이렇게 하는 데에 망령됨이 없음을 믿지만, 백성들의 입장에서는 정확하게 가린 것도 아니고 가늠할 수도 없는 것이어서, 반드시 망령됨이 있는 것으로 보이는 것이다.

오로지 만물의 때와 하늘이 피어나게 하고 생겨나게 하는 절후에 맞추어 키우고 자라게 하는 명령을 행한다. 오행(금목수화토)과 곡穀이 오로지 제구실을 다하고, 풀과 나무, 날짐승과 들짐승 등이 다 제 본성대로 제때에 맞게 피어나게 함으로써 그들 스스로 생명의 가치를 완수하게 한다. 그래서 도道는 비록 무성하다고 할지라도 전혀 잘못됨이 없다. 때에 응함이라고 한 것은 그때그때의 하늘의 변화와 물들을 근거로 그 변함을 살피는 것이다. 인위적인 일체의 법으로써 국한하는 것과는 다르다."

〈무망괘 해설〉

무망괘는 크게 형통하는 형상이다.

마음이 바르고 곧으면 이롭다. 정도正道가 아니면 재앙이 있다. 갈 곳이 있어도 이롭지 않다.

무无는 무無이고, 망妄은 망望, 이렇게 하고 싶다는 기대나 예정, 속셈이나 속임수를 버리고 되어 가는 대로 몸을 맡기는 것이다.

노자의 무위자연의 도와 가깝다. 무망이란 생각지두 않은 일, 예기치 않았던 일을 말한다.

하늘의 섭리에 몸을 맡겨, 생각지도 않던 일에 부딪쳐도 동요하거나 의식적인 행동을 취하지 말고 조용하고, 솔직하게 그것을 받아들여야 할 것이다.

물론 그것은 단순한 소극적인 행위와는 다르다.

가뭄이나 홍수를 만나더라도 묵묵히 대지를 밟고 떠나지 않는 농부의 마음, 괴로움을 참고 아들을 기르는 어머니의 태도이다.

망은 거짓, 엉터리로 해석하고 무망이란 지성, 진실한 것이다.

◆ 26 ◆

선현들의 말과 행실을 본받아 덕성을 길러간다

26괘. 산천대축(山天大畜) ☶☰

「象」曰: 天在山中, 大畜. 君子以多識前言往行, 以畜其德.
상 왈 천재산중 대축 군자이다식전언왕행 이축기덕

「대상전」: 하늘이 산속에 온축되어 있는 모습이 대축괘이다. 군자는 이를 본받아 선현들의 지혜의 말들과 그들의 행실을 잘 살피어 이해함으로써 자신의 덕성을 길러나간다.

왕부지는 이렇게 설명한다.

"하늘이란 만물의 바탕이 되어 주고 비롯함이 되어 주는 이理와 기氣다. 그리고 산은 비록 땅의 형질이기는 하지만 구름을 일으키고 자욱이 비를 내려 초목을 생하게 하며 보배로운 것들을 흥하게 하는데, 모두 하늘의 기가 그 속으로 사무쳐 들어가 만들어 낸 것이다. 그러므로 하늘은 일찍이 산속에 있지 아니한 적이 없었으니, 어찌 한갓 허공 저 위에서 덮고 있는 것이 하늘이겠는가! 산이 넓고 크면, 하늘의 기를 함축하여 산속의 온갖 생명체들을 번성하게 함도 두텁다.

군자는 편안한 바에는 편하게 지내면서도 의로운 일에 잘 나서고 많은 재물을 모으면서도 사회에 잘 환원한다. 그리고 많은 재물을 모아 쌓아 두려고도 하지 않는다. 오직 학문하는 일만이 많을수록 더욱 싫증을 내지 않으니, 그렇게 하여 충분하게 덕을 함양하는 것이다. 그러므로 여기서 상象을 취한 것이다. '선현들의 말과 행실'도 사람의 아름다움일 따름인데, 사람이 하늘의 신령스러움을 받아서 생겨나니, 말과 행실의 선함도 궁극적으로는 모두 하늘의 이치가 밝게 드러난 것으로서 단지 이분들을 통해 발현한 것이다. 그래서 사람의 선함은 모두 하늘의 선함이라는 것을 알아야 할 것이다."

〈대축괘 해설〉

대축괘는 마음을 곧고 바르게 가져야 이롭다.

농사를 지어먹지 않아도 길하다. 큰 냇물을 건너는 것이 이롭다.

대축은 소축과 비교되고 대가 소를 기른다는 것, 즉 위대한 왕자가 인재를 보호하고 기른다는 뜻이다. 또는 실력을 쌓아 두는 것을 뜻한다.

축은 밭이 무성하다. 즉 풍작을 뜻한다.

대축은 대풍작으로 창고에 곡물이 산과 같이 쌓여 있는 상태이다.

대망을 품은 자는 먼저 힘을 쌓아 두지 않으면 안 된다.

인덕, 지식, 인재, 자금을 충분히 저축한 데다 기력이 충실하고 정기가 넘쳐흐름으로써 대사업이 성취될 수 있다. 위험이나 장애도 당당히 극복해 나갈 수 있다.

괘의 형상은 하늘의 기운을 크게 모아 초목을 양육하는 산을 나타내고 있다.

◆ 27 ◆

말과 행동을 신중히 하여 덕을 기른다

27괘. 산뢰이(山雷頤) ䷚

「象」曰: 山下有雷, 頤. 君子以愼言語, 節飮食.
상 왈 산하유뢰 이 군자이신언어 절음식

「대상전」: 산아래에 우레가 요동치면서 만물을 기르는 모습이 이 괘이다. 군자는 이를 본받아 말을 삼가고 (언어를 신중히 하여 덕을 기르고), 음식을 조절한다 (입으로 들어가는 음식을 절제하여 몸을 기른다).

왕부지는 아래와 같이 설명한다.

"산 아래에서 우레가 치는 것을 산 위에서 듣고 있노라면 그 소리가 진동하지는 않는다. 예로부터 말하기를 '형산衡山의 봉우리 정상에서 아래로 우레가 치는 소리를 들으면 마치 아이들 소리처럼 들린다'라고 하였는데, 내가 실제로 체험하여 보니, 큰 소리가 나는 듯하다가

은은하고 막 진동하는가 하면 곧 멈추었다하여 진실로 그 말과 같았다. 음식과 말은 모두 입을 통해 이루어진다. 말은 나오려 하지만 삼가고 음식은 들어가려 하지만 조절함으로써, 마음 내키는 대로 욕심에 따라서는 안 된다. 마땅히 산 아래에서 치는 우레처럼 해야 하니, 급박하지도 않고 넘치게 함부로 하지도 않아야 한다. 이처럼 말과 행동을 삼가서 마음이 보존되고, 기욕嗜慾은 통제하여 이치대로 해야 한다. 이는 모두 덕을 함양하는 방법이다."

〈이괘 해설〉

턱을 놀림에 있어서는 바르게 놀려야 길하다.

턱을 놀리는 것을 관찰하니, 스스로 구실을 붙이기를 바라고 있다.

이頤는 턱을 말한다.

서합에서 설명한 것처럼 괘의 형상은 위턱, 아래턱을 나타내고 있다.

상괘는 멎는다, 하괘는 움직인다를 나타내어 턱의 움직임과 일치한다.

사람은 턱을 움직이면서 음식물을 씹어 먹고 육신을 기른다.

이런 사실에서 이는 기르다는 의미가 된다.

신체를 기르고 정신을 기르고 타인을 기르고 사물을 기르는 등 기르는 도는 다양해서 그만큼 신중을 기하는 것이 제일이다.

병은 입을 통해 들어오고 화는 입에서 나간다.

언어와 음식에는 특히 주의하지 않으면 안 된다.

◆ 28 ◆

세상이 알아주지 않더라도 결코 두려워하거나 번민하지 않는다

28괘. 택풍대과(澤風大過) ䷛

「象」曰: 澤滅木, 大過. 君子以獨立不懼, 遯世无悶.
상 왈 택멸목 대과 군자이독립불구 둔세무민

「대상전」: 연못이 나무를 잠기게(빠뜨려 버리려고) 하고 있는 모습이 대과괘이다. 군자는 이를 본받아 홀로 정의를 행하면서도 두려워하지 않고, 세상과 가치관이 맞지 않아 세상을 등지고 은둔하여 살더라도 자신의 처지에 대한 번민함이 없다 (후회나 답답함이 없다).

연못이 적당히 나무에게 수분을 제공하면 나무가 윤택하게 자랄 것인데, 아예 나무를 침몰시키려는 과한 행동을 하고 있다. 이러한 과도한 모습을 본받아 군자도 보통 사람들이 할 수 없는 어려운 행동을 두려움이나 후회 없이 할 수 있다.

왕부지는 다음과 같이 설명한다.

"연못이 나무를 빠뜨려 버리려고 하지만 나무의 본성은 위로 뜨는 것이니 마침내는 억누를 수가 없다. 군자의 행위는 부대끼면서 살아가는 속인들의 밖에 홀로 서 있고, 세상 사람들이 알아주지 않는다 하더라도 두려워하지도 않고 번민하지도 않는다. 그리고 누르면 누를수록 더욱 빛이 나고, 덮으려 하면 덮을수록 더욱 널리 드러나며, 자신이 지나치게 굳세다는 것에 대해서도 싫어함이 없다. 그리고 만약에 무엇인가를 할 수 있는 때를 만나 다른 사람들과 사귀면서 함께 할 수 있다면 지나치지 않을 수 있다."

〈대과괘 해설〉

대과괘는 십의 대들보가 휘어지는 형상이다.

갈 곳이 있으면 이롭다.

대과는 양陽이 지나치게 많아서 그것을 받들고 지탱하고 있는 자가 약하다.

즉 조화가 되지 않는 것을 뜻한다. 벅찬 일로 고역을 치른다.

괘의 형상도 홍수에 빠진 나무를 나타내고 있다. 그렇다고 일을 포기할 수는 없다.

격류를 견디어 내면서 굳센 용맹심을 가지고 나가야 한다.

남녀 관계에 있어서도 부조화가 눈에 띄고, 특히 유부녀가 젊은 사내와 불의의 애욕에 빠져 버리는 경향이 있다.

회사에서는 상하를 연결하는 유대가 막혀 중간에 있는 존재가 강해지고 있는 상태이다.

대과는 대들보가 지붕의 무게를 견디지 못하고 휘어지는 것을 비유로 들고 있다.

◆ 29 ◆

끊임없이 실천하는 자세로 덕성과 품행을 유지한다

29괘. 중수감(重水坎) ䷜

「象」曰: 水洊至, 習坎. 君子以常德行, 習敎事.
상 왈 수천지 습감 군자이상덕행 습교사

「대상전」: 물이 연이어서 흘러오는 모습(물이 넘쳐흐르는 모습이 중첩됨)이 습감괘이다. 군자는 이를 본받아 자신의 덕성과 품행을 항상 유지하고, 배우고 가르치는 일을 끊임없이 실천한다.

왕부지는 이렇게 설명한다.

"여기서는 중첩된 험난함을 물이 연이어서 이르는 모습의 상으로 표현하고 거기에서 의미를 취하고 있다. 무릇 서로 이어가며 이른 것들에는 반드시 끊어짐도 있고 이어짐도 있다. 그러나 물은 서로 연이어서 이르면서 구덩이가 있으면 채우고 나아가고, 밤낮으로 쉼 없이 흘러간다. 군자가 이러한 자세로 배우고 가르친다면 싫증을 내지도 않을 것이고 게으름을 피우지 않을 것이다. '자신의 덕성과 품행을 항상 유지함'이란 이미 배워서 할 수 있게 된 것을 달마다 다시 검토하여 잊어버리지 않도록 함이다. '가르치는 일을 거듭하여 익힌다'는 것은 과거의 것들을 익숙하도록 들여다보고 거기에서 새로운 의미를 알아낸다는 의미이다."

〈감괘 해설〉

습감괘는 두 양기(구이와 구오)가 서로 기운을 통하고 있는 것이다.

행하면 가상스러움이 있다.

네 개의 큰 난괘 중 하나이다. 감은 험난에 빠지는 것을 의미한다.

이 괘는 감이 겹쳐 계속 험난에 빠지는 것을 나타내고 있다.

이러한 때 어떻게 처신하는가에 따라 인간의 진가가 결정된다.

곤란에 쓰러지고 마는가, 아니면 견디고 이겨냄으로써 용기와 힘을 기르는가이다.

지금 당장 곤란을 해결하기는 힘들다. 무엇이든 두려워하지 않는 신념과 기상을 가지고 격류와 맞서는 도리밖에 없다. 몸을 던져야만 나아갈 기회도 생긴다.

◆ 30 ◆

자신의 밝음을 끊임없이 유지한다

30괘. 중화리(重火離) ䷝

「象」曰: 明兩作, 離. 大人以繼明, 照于四方.
상 왈 명량작 이 대인이계명 조우사방

「대상전」: 밝음이 둘이 겹쳐 일어난 것 (태양이 매일 끊임없이 떠오르는 모습)이 이괘이다. 대인은 이를 본받아 자신의 밝음을 계속 이어 나가고, 그 덕의 빛을 세상 천하사방에 밝게 비춘다.

왕부지는 이렇게 설명한다.

"여기에서 밝음이란 해를 가리킨다. 이처럼 이괘가 상을 불에서 취하지 않고 해에서 취한 까닭은, 불은 서로 너무 가까이 접근하면 위에 있는 것이 꺼져버리고 만약에 이미 꺼져버린 것을 다시 붙인다면 이는 다른 불이 되어버리기 때문이다. 이에 비하여 해는 오늘의 해가 이미 땅속으로 져 버렸다 하더라도 내일이면 다시 떠오르며, 이전의 것을 바꾸지도 않는다.

'둘이 일어난 것(양작兩作)'이란 괘체를 가지고 말한 것일 따름인데, 실제로는 무궁토록 서로 잇는다. '대인'이란 갖추고 있는 덕과 지위가 모두 존귀한 사람을 일컫는 말이다. 그 덕을 지니지도 않고 그 지위도 없는 채 밝음을 끊임없이 베푼다고 한다면, 겉으로 드러나는 문채는 남을지 몰라도 실질은 부족하다. 오직 대인만이 덕이 융성하고 도가 존재한다. '온 누리를 밝게 비추며 보살핀다'는 것은, 할 일은 날마다 변하고 도는 날마다 새로워지는데 밝음이 계승되지 않는다면, 스스로는 모든 밝음에 대해 모르는 것이 없고 처신하는 것도 마땅하지 않음이 없다고 여기지만, 진실로 그에게는 밝지 않음과 마땅하지 않음이 있는 것이다. 그러나 사람을 구하려는 마음과 물物들에 두루 통하는 이치에 어찌 다하여 끝나버림이 있겠는가!"

〈이괘 해설〉

이괘에는 마음을 곧고 바르게 가져야 이롭다.

암소를 치면 길하리라.

이괘는 불, 태양을 상징한다. 또한 밝음이고 지성이다.

불이 탄다는 사실에서 부착된다는 뜻이기도 하다.

이괘는 상하가 같이 이이離離며, 밝은 태양, 불같은 정열, 그리고 명철한 지성을 나타낸다.

자기의 입장에 튼튼하게 뿌리를 내려 최대한의 능력을 발휘할 때이다.

그러나 정열에 몸을 맡겨 경솔한 행동을 하는 경향이 있다.

암소를 기르면 길하다는 말은 암소와 같은 유순함을 아울러 가지는 것을 말한다.

◆ 31 ◆

자신을 비워 남을 포용한다

31괘. 택산함(澤山咸) ䷞

「象」曰: 山上有澤, 咸. 君子以虛受人
상 왈 산상유택 함 군자이허수인

「대상전」: 산 위에 연못이 있는 모습이 함괘이다. 군자는 이를 본받아 자신(마음)을 비우고 타인들을 받아들인다 (포용한다).

산 위에 있는 못은 백두산 꼭대기의 천지와 같이 천지의 물이 흘러내려 산을 윤택하게 하듯이 연못과 산이 서로를 도와주며 상생한다. 그런데 산은 흘러 내려온 물을 가두어 배에 넣어두지 않고 항상 계곡으로 흘려보냄으로써 자신을 비운다. 산은 연못으로부터 받은 물을 내보냄으로써 속을 비워 그 형태를 유지할 수 있고 또다시 비가 내리더라도 끊임없이 빗물을 저장할 수 있다. 미리 비워두지 않으면 장대비를 이기지 못하여 산 자신이 무너지는 산사태가 일어나는 것이다. 항상 허심무아虛心無我의 상태를 유지하여야 한다.

왕부지는 이렇게 설명한다.

"산은 지극히 높은 것이기는 하지만 그 위에 연못이 있다는 것은, 산이 자신의 높음을 가지고서 으스대지 않는다는 것을 의미한다. 군자는 덕이 자기보다 두터우면 자신을 비우고서 남을 받아들이니, 세상 사람들이 모두 그에게 감동을 느껴서 통하지 않음이 없다. 그러나 산 위의 연못이기 때문에 비굴하지도 않고, 속 빈 강정처럼 속이 비어 있지도 않다. 이렇듯 군자의 텅 빔은 노자의 허虛와는 그 다름이 오래되었다."

〈함괘 해설〉

함은 음과 양의 기운이 서로 통하는 괘이다.

마음을 바르고 곧게 가지면 이롭다. 여자를 얻으면 길하다.

함이란 느낌, 감응한다는 말이다. 마음의 교류가 없이는 사회생활이 성립되지 않는다.

그 사회의 최소 단위는 마음이 서로 일치하는 부부가 전형이다.

이 괘의 상괘는 젊은 여자, 하괘는 젊은 남자를 뜻하며, 여자의 발밑에 남자가 무릎을 꿇고 사랑을 구하는 형상이다.

젊은 남녀는 마음이 통하게 되면 곧 사랑의 불꽃을 일으킨다.

가장 감응되기 쉬운 점에서 이 괘에 의해 감응의 원리를 나타내는 것이다.

함의 원리는 부부로부터 사회 전반, 나아가서는 천지 우주에까지 적용할 수 있다.

◆ 32 ◆

세운 뜻을 견지하여 흔들리지 않는다

32괘. 뇌풍항(雷風恒) ䷟

「象」曰: 雷風, 恒. 君子以立, 不易方
상 왈 뇌풍 항 군자이립 불역방

「대상전」: 우레와 바람은 항상 같이 간다. 군자는 이 모습을 본받아, (비바람 속에서도) 제자리를 잡고 서 있고(굳건히 서 있고), 인생의 방향을 함부로 바꾸지 아니한다.

왕부지는 이렇게 설명한다.

"우레가 움직이는데 막을 수가 없고, 바람이 부는데 돌이킬 수가 없으니, 오직 자신 속에 수립한 것을 흔들리지 않게 딱 정해야 한다. 군자가 세상에 나아가 행세하는 데서는 때에 맞게 순응하고 집착하지 않는데, 오직 그 스스로를 주체로 세우게 하는 것에 대해서만은 그 뜻함을 견지하며 옮기지 않는다. 그러므로 설사 한 가지라도 불의한 것을 행하거나 한 사람이라도 무고한 이를 죽여 천하를 얻을 수 있다 하더라도 결코 그런 짓을 하지 않는다. 그런데 어찌 외물 따위가 그 마음을 움직이게 할 수 있으리오!"

〈항괘 해설〉

항괘에는 모든 일이 잘 형통한다는 의미가 있다.

허물이 없다. 마음을 바르게 가지면 이롭다. 갈 곳이 있으면 이롭다.

연애 뒤에는 결혼이다. 항이란 항상 불변하고 안정된 결혼생활을 의미한다.

상괘는 성인이 된 남자, 하괘는 성인이 된 여자를 나타낸다.

항의 괘에서는 젊었던 두 사람도 지금은 중년이 되고, 위치도 남자가 위에 서고 여자는 아래에서 순종하는 것이다.

이전의 불타는 듯한 사랑도 평온한 생활로 변해 있다.

그렇게 되면 또 파란을 구하는 마음이 생긴다.

이른바 마음이 들뜨는 상태가 일어난다.

위험한 유혹을 물리치지 않으면 항구한 길을 얻을 수가 없다.

지금은 부부간에 한하지 않고 무슨 일에나 처음 가졌던 뜻을 잊지 않고 신기한 것에 현혹되는 일 없이 계속해서 일관된 방침을 밀고 나가는 것이 중요한 때이다.

◆ 33 ◆

소인들을 멀리하고 은둔하여 고결함을 유지한다

33괘. 천산둔(天山遯) ䷠

「象」曰: 天下有山, 遯. 君子以遠小人, 不惡而嚴.
상 왈 천하유산 둔 군자이원소인 불오이엄

「대상전」: 하늘 아래 산이 있는 모습이 둔괘이다. 군자는 이를 본받아 소인들을 멀리하되, 미워할 필요는 없으나 엄정하게 다스린다.

소인들을 엄정하게 다스리기 위하여는 군자가 자신에게 엄정한 잣대를 들이대어 생활하며 소인들이 근접하지 못하게 해야 한다. 몸은 산중에 결절되어 살고 있지만, 그 산은 하늘을 떠받들고 있다. 대의가 없는 결절은 은둔이 아니다.

왕부지는 이렇게 설명한다.

"산은 스스로 높다고 여기며 더욱 하늘 가까이 다가가려 한다. 그러나 하늘은 이를 덮고 가려버리니 끝내 뛰어넘을 수가 없다. 하늘은 오직 산과 단절한 채 멀리하여 서로 친압하게 지내지 않는다. '미워하지 않음'이란 우습게 여겨 다투는 것조차 마음에 두지 않는다는 의미다. '엄정하게 다스림(위엄을 지킴)'이란 비록 누군가가 합치하려 하더라도 절대로 그것을 받아들이지 않으며 오직 그 밖에서 초연하게 은둔하고 있으매 소인들이 저절로 그 밑에 엎드리게 된다는 의미이다. 군자는 은둔함에서 스스로 고결함을 유지한다."

〈둔괘 해설〉

은둔 생활을 해야 형통하는 괘이다.

소인은 마음을 곧게 가져야 이롭다.

둔이란 피해서 물러난다는 것이다. 또 돼지와도 통한다. 돼지는 도망을 살 지는 동물이다.

나의 운기가 쇠해서 시류에 맞지 않을 때에는 재빨리 물러나는 것이 최상의 방도이다.

괘의 형상은 음의 세력이 일어나고 위에 있는 양이 물러나는 것을 나타낸다.

무리하게 뚫고 나가려 하지 말고 쇠운이 지나가기를 기다려야 한다.

◆ 34 ◆

예가 아니면 움직이지도 말라

34괘. 뇌천대장(雷天大壯) ䷡

「象」曰: 雷在天上, 大壯. 君子以非禮弗履
상 왈 뇌재천상 대장 군자이비례불리

「대상전」: 우레(번개)가 하늘 위에 있는 형상이 대장괘이다. 군자는 이를 본받아 예가 아니면 행동하지 아니한다 (밟지 않는다).

예의를 지키는 것은 위대한 일이다. 뢰雷가 천상에서 번쩍이고 있다는 것은 극성한 힘의 상징이다. 그러나 진정한 강자는 남을 이기는 것이 아니라 자기를 이겨야 한다. 노자 33장에서 "남을 이기는 자는 힘 세다는 소리를 들을 뿐이고, 자기를 이기는 자야말로 진정한 강자이다 (勝人者有力, 自勝者强/ 승인자유력, 자승자강)."라고 하였다.

예의라는 것은 아름다움, 위엄, 사랑, 질서의 표상이다. 우리가 살아가는 삶의 기본적 질서이고, 지극히 상식적인 것이므로, 자기를 이긴다고 하는 것은 상식, 즉 가장 보편적인 항상된 가치관에 복종하는 것이다. 공자는 논어에서 "자기를 이기어 예로 돌아가는 것이 인仁이다. 예가 아니면 보지 말고, 예가 아니면 듣지 말고, 예가 아니면 말하지 말고, 예가 아니면 움직이지도 말라."고 하셨다.

왕부지는 이렇게 설명한다.

"땅 위로는 모두 하늘이다. 그러므로 대장괘는 우레가 하늘 위에 있는 상이다. 우레는 본래 양기의 움직임이고 하늘과 친한데, 단지 물들을 진동하는 것만은 아니다. 그리고 군자의 건장함은 자기에 대해 건장함이지 남에 대해 건장함이 아니다. 스스로 힘써 자신을 다잡는 도를 누적하여 쪼그라지지 않게 하는 것은 오직 예일 따름이다. 맹자는 이를 '의로움을 집적함(集義)'라고 하였다. 예는 의로움이 사事와 물物에서 드러난 것이다. 누구에게든 도와 의가 충만하고 절도에 맞는 아름다움이 갖추어지면 그의 호연지기는 저절로 하늘과 땅을 가득 채우게 된다. 이는 우레가 하늘에서 진동하는데 음陰으로서는 결코 막을 수 없는 것과 같다. 그러나 만약에 이것이 남을 능멸함을 조장하게 된다면 그 건장함도 반드시 시들어 버리고 만다."

〈대장괘 해설〉

대장이란 대가 장성하다는 뜻이다.

양기가 아래에서 위로 왕성하게 올라가고 위의 음기를 쇠하게 하는 형상이다.

음침한 것을 모두 잊고 떠들썩하며 기운차게 나아가는 상태이다.

따라서 겉으로 보기보다는 실속이 따르지 못하는 결함이 있다.

하늘에서는 뇌성이 치는데도 비가 올 기미가 전혀 보이지 않는 괘상이다.

이러한 때에는 자기 자신을 한 번 더 되돌아볼 필요가 있다.

사업을 확장하는 것도 좋고, 힘을 믿고 돌진해 나아갈 때이다.

그러나 방심하면 큰 실패를 초래할 것이다.

◆ 35 ◆

자신의 밝은 덕으로 세상 사람들을 비춘다

35괘. 화지진(火地晉) ䷢

「象」曰: 明出地上, 晉. 君子以自昭明德
상 왈 명출지상 진 군자이자소명덕

「대상전」: 밝음이 땅 위로 솟아 나온 형상이 진괘이다. 군자는 이를 본받아 스스로 자신에게 구유되어 있는 밝은 덕을 빛나게 한다

태양의 밝음은 그 자체로 가지고 있는 밝음이지 달처럼 타에 의지하여 밝은 것이 아니다. 인간의 덕성은 존재 그 자체에 고유한 덕성으로 마치 이 우주의 태양처럼 그 밝음을 고유하게 지니고 있는 것이다.

왕부지는 이렇게 설명한다.

"'밝은 덕'이란 사사로움과 탐욕이 없는 것으로서 온 세상을 크게 밝힐 수 있는 덕이다. 해가 땅 위로 솟아오르면 만물은 모두 밝게 드러나니, 굳이 사람들에게 그것들을 보게 하려 하지 않는다 할지라도

밝음이 융성하여 저절로 가릴 수가 없을 따름이다. 이와 마찬가지로 군자의 밝은 덕은 환하여 온 세상 사람들로 하여금 다 같이 알게 하며 숨길 수가 없다. 진괘의 상은 바로 이러함에서 취한 것이다. 여기서 '스스로를 밝힘'이라 한 것은 다음의 36번째 괘인 지화명이괘地火明夷卦의 '다중에게 임함涖衆'에 대하여 한 말이다. 이 진괘와 명이괘는 서로 종綜의 관계(상하괘가 서로 도치된 모양의 괘)에 있다. 스스로 지닌 덕을 무겁게 여겨 온 세상 사람들에게 보편으로 두루 대하고, 남들의 문제점은 가볍게 여겨 그들을 품에 안아야 하니, 밝음과 어둠이 각기 다르게 작용하는 원리가 이와 같다."

〈진괘 해설〉

진괘는 강후가 말을 여러 번 바치게 하여, 낮에도 세 번씩 천자를 알현하는 상이다. 진이란 나아가는 것이다. 그러나 대장(雷天大壯卦)처럼 무턱대고 나아가는 것이 아니다.

시기를 얻어 전 능력을 발휘하는 것이다. 상괘는 불, 다시 말하면 태양, 하괘는 대지이다.

땅 위에 태양이 비치기 시작한 것이다. 희망의 아침이다.

지금은 얼마든지 일을 맡아도 순조롭게 해나갈 수 있는 때이다.

일하면 할수록 주위로부터 인정받고 큰 보상을 받을 것이다.

고통을 받던 사람도 이제부터는 상승일로에 있다.

따라서 황급하게 나아갈 필요는 전혀 없다. 자신을 가지고 자기 계획대로 나아가면 된다.

◆ 36 ◆

덕을 감추는 방법으로 사람들을 교화한다

36괘. 지화명이(地火明夷) ䷣

「象」曰: 明入地中, 明夷. 君子以涖衆, 用晦而明.
상 왈 명입지중 명이 군자이리중 용회이명

「대상전」: 밝음(태양, 지혜)이 땅속으로 들어가 그 밝음이 가려져 버린 모습이 명이괘의 모습이다. 군자는 이를 본받아 다중(민중)에게 임할 때 어둠을 가지고서 밝힌다 (자신의 지혜를 밝게 빛내기보다는 흐리게 만들어 오히려 그들과의 관계를 여유롭고 명료하게 만든다/ 어둠을 이용하여 밝게 한다).

명이괘의 본질은 "도광양회韜光養晦(자신의 재능이나 명성을 겉으로 드러내지 않는다)"이다. 노자 58장에 "정치가 답답한 듯이 보이면 그 백성은 순후해지고, 정치가 너무 세밀한 데까지 다 살펴내면 그 백성은 얼빠진 듯 멍청해진다(오히려 못되게 된다). (其政悶悶, 其民淳淳; 其政

察察, 其民缺缺/ 기정민민, 기민순순; 기정찰찰, 기민결결)"라고 했다.

왕부지는 이렇게 설명한다.

"보통 사람들은 밤의 어둠을 통해 쉬기 때문에 새벽이 밝으면 자리에서 일어난다. 그런데 군자는 스스로 밝힌 덕을 가지고서 어떤 것이든 통철하게 밝히며 어느 때라고 쉬는 법이 없다. 그 '다중에게 임함'을 보면 어느 경우에는 어둡고 애매한 것에 대해 자세하게 살피지 못하기도 하지만, 소인들의 진실됨과 거짓됨은 저절로 군자의 마음에 밝고 환하게 드러나지 않음이 없다. '어둠을 가지고서(용회用晦)'란 그렇게 해서 밝힌다는 의미이다. 이 명이괘의 회괘悔卦(상괘)인 곤괘를 '다중'으로 본 것은, 고귀한 이들이나 비천한 이들, 현명한 이들이나 못난이들이 다 함께 뒤섞여 있는 것을 통틀어서 말한 것으로 보인다."

〈명이괘 해설〉

명이괘에는 몹시 괴로움이 있으나 마음을 곧게 가지고 있으면 이로움이 있다.

명이란 명明이 깨진다, 현명한 것이 상해를 입는다는 뜻이다.

진火地晉卦의 경우와는 반대로 태양이 땅 밑에 떨어져 암흑이 지배하고 있는 형상이다.

어리석은 자가 위에 자리 잡고 있어서 재능 있는 부하를 억압하고 있다고 볼 수 있다.

이러한 때 무리하게 재능을 발휘해서 국면을 타개해 보려고 한다면

곧장 주위로부터 두들겨 맞을지도 모른다.

괘상에 나타난 대로 명지明智를 어리석은 표정으로 숨겨놓고 내면의 충실을 기해야 한다.

고난 속에서 연마된 실력은 마침내 옥으로 빛나게 될 것이다.

◆ 37 ◆

사리에 맞는 언행으로 가정을 다스린다

37괘. 풍화가인(風火家人) ䷤

「象」曰: 風自火出, 家人. 君子以言有物, 而行有恒.
상 왈 풍자화출 가인 군자이언유물 이행유항

「대상전」: 바람이 불로부터 나오고 있는 모습이 가인괘이다. 군자는 이를 본받아, 평소의 언행을 정의롭게 하는데, 그 말은 사리에 딱딱 들어맞게 하고 행동에는 항상됨(꾸준함)이 있어야 한다.

가인이란 가정생활을 의미한다. 정이천은 "아버지와 아들의 친함, 부부지간의 의로움, 존비, 장유의 서열, 윤리를 바르게 함, 은의를 돈독하게 함, 이런 것들이 모두 가인의 도이다"라고 하였다.

왕부지는 이렇게 설명한다.

"'바람이 불에서 나옴'이란 따뜻하여 군이 멀리까지 미치는 것을 힘쓰지 않음을 의미한다. 군자는 풍화에서 본보기를 취하니, 말과 행동이 평이하고 실정에 가깝다. 그리고 속히 멀리까지 이르고자 하는 마음이 없고 스스로 만족하며 멀리까지 이른다. 가정이 다스려지는 원리가 이러하다."

〈가인괘 해설〉

가인괘에는 여자의 마음이 바르고 곧아야 이롭다.

가인은 글자 그대로 가정의 사람, 가족을 말한다.

가족의 중심은 부부, 특히 주부의 역할이 크다.

가정이 항상 화목하기 위해서는 주부의 따뜻한 마음씨가 필요하다.

이 괘는 남편을 위로하고 아들을 귀히 여기는 현모양처를 나타내고 있다.

괘의 형상은 제일 위의 양을 제외하고는 모두 바른 위치에 있다.

가정 안에서 자기의 입장을 지키면 가정이 화목하다.

상괘는 장녀, 하괘는 중녀로 가정의 평화는 흔히 여자의 언쟁으로 깨진다.

며느리와 시어머니, 시누이 등 이 괘는 위에 있는 장녀를 중녀가 따르고 있으며 이래야만 비로소 만사가 원만히 다스려지는 것이다.

◆ 38 ◆

화합하면서도 개성을 유지한다

38괘. 화택규(火澤睽) ䷥

「象」曰: 上火下澤, 睽. 君子以同而異.
상 왈 상화하택 규 군자이동이이

「대상전」: 위에 불이 있고 아래에 못이 있어 서로를 용납 못하는 이질성이 있는 모습이 규괘이다. 군자는 이를 본받아, 같으면서도 독자적인 다름을 유지한다 (근원적인 대세의 흐름이나 비견의 궁극적 목표에 관해서는 동질성을 인정한다 할지라도, 자기가 걸어가는 구체적인 삶의 자세에 관해서는 유니크한 이질성을 고수한다).

왕부지는 이렇게 설명한다.

"불은 위로 타오르고, 연못은 아래로 흐른다. 그래서 불은 연못을 말려버리지 않고 연못도 불을 꺼뜨리지 않으니, 서로 해를 입히지 않으며 각기 그 작용을 이룬다. 군자는 남들과 어울리면서, 자신과 같은 군자일 경우 서로 간에 그 다름으로써 절차탁마하지 뇌동하여 무비판적으로 상대방을 받아들이지 않는다. 그러므로 다르더라도 서로 화목하여 어울림에 상처를 주지 않는다. 그러나 자신과 같은 부류가 아닌 경우에 자신이 그와 다름을 내세우면서 자신의 높음을 환히 드러낸다면, 물과 불이 다투듯 하리니, 자신과 함께하는 사람이 없이 고립되어 위태로워진다. 그러므로 규괘의 원리를 잘 활용하는 이는 지신과 같은 부류에게 활용하여 당파를 짓지 아니하고, 자신과 다른 부류에게는 이 규괘의 원리를 활용하지 않는다. 그래서 다투지 않게 된다."

〈규괘 해설〉

규괘는 작은 일에 길하다.

규란 배반한다, 반복한다는 뜻이다.

가정의 불화, 의견의 상위, 모순, 상극을 나타낸다.

상괘는 불, 중녀, 하괘는 언못, 소녀이다.

불은 위로, 물은 아래로, 향하는 곳이 정반대이다. 또한 여자들 간의 음성적인 적대 감정이다.

며느리와 시어머니의 알력, 그런 느낌을 주는 괘이다.

작은 일을 차근차근 처리해 나가는 마음 자세가 중요하다.

◆ 39 ◆

어려움을 만나면 자신을 돌아보며 덕을 닦는다

39괘. 수산건(水山蹇) ䷦

「象」曰: 山上有水, 蹇. 君子以反身修德.
상 왈 산상유수 건 군자이반신수덕

「대상전」: 산 위에 물이 있는 모습이 건괘이다. 군자는 이를 본받아, 제자신에게로 돌이켜 덕을 닦는다.

산 앞에 물이 있다라고 해석할 수도 있다. 뒤에는 높은 산이 있고 앞에는 건너지 못하는 큰물이 있으므로 앞으로 나아가기 어려운 상황이다. 앞길에 어려움이 있어 전진하기 어려울 때는 뒤로 일보 물러나 자기 자신을 반성하고 덕을 쌓는다. 자신을 반성하여 행동을 고치고 인격을 닦으며, 무슨 일이 잘 안된다면 그 방법을 바꾸어 보아야 한다.

왕부지는 이렇게 설명한다.

"산 위의 물은 사람들의 눈에 잘 띄지 않게 세류로 흐르고 한곳으로 모이기도 하며, 산을 에둘러 흘러 윤택하게 하는데, 흘러가는 데서 전혀 급박해하지 않는다. 군자가 덕을 닦음도 바로 이러함에서 본보기를 취한다. 행하기 어렵고 차마 말하기 어려운 것들에 대해, 의심스러운 것을 만나면 함부로 논단하지 말고 미루어 두고 그 나머지만 신중하게 말하며, 또 위태로운 것을 만나면 함부로 행하지 말고 그 나머지 것들만 신중하게 행해야 한다. 그래서 자만하지 않고 무엇인가 부족한 듯 여기면 뜻이 정성스러워지며 저절로 자신을 윤택하게 할 것이다."

〈건괘 해설〉

건괘는 서남쪽이 이롭고, 동북쪽은 불리하다.

대인을 보면 이롭다. 마음을 바르고 곧게 가지면 길하다.

건이란 나리를 못 쓰는 앉은뱅이를 말하는데, 앞으로 나아가지 못하는 괴로움을 뜻한다.

사방이 위험으로 막혔기 때문에 나아가지도 못하고 물러서지도 못하는 상태이다. 괘의 형상도 험난한 산과 위험한 큰 강을 나타낸다. 이럴 때는 되도록 무리를 하지 말고 쉬운 길을 골라서 식견 있는 사람의 의견에 귀를 기울이는 것이 중요하다.

그래도 고난이 계속되는 것은 어쩔 수 없는 운명이다.

함부로 나아가지 말고 자기 몸을 돌아보고 인덕을 연마하여 위험한 때가 지나가기를 기다려야 한다.

40

만물이 싹트는 봄을 맞이하여 잘못을 범한 자들에게 관용을 베푼다

40괘. 뇌수해(雷水解) ䷧

「象」曰: 雷雨作, 解. 君子以赦過宥罪.
상 왈 뇌우작 해 군자이사과유죄

「대상전」: 우레와 비가 일어나는 모습 (때에 맞추어 우레가 치고 비가 내림)이 해괘이다. 군자는 이를 본받아 과오를 범한 자들을 사면하고 형기를 단축시켜 준다.

때를 맞추어 우레가 치고 비가 온은 봄이 왔음을 암시한다. 중국에서는 고대에 봄이 되면 죄수의 사형을 멈추고 늦가을이 되어야 다시 형을 집행하였다.

왕부지는 이렇게 설명한다.

"사는 놓아준다는 의미이다. 유는 관용을 베풀어서 그 형벌을 경감시켜 준다는 의미이다. 과는 착오로 잘못을 범한 것이고, 죄는 고의로 잘못을 범한 것이다. 때에 맞게 우레가 치고 비가 내림으로써 딱 맺혀서 응체해 있던 기를 풀어주고 만물을 소생시킨다. 그러나 매서운 우레가 사이사이 쳐서 항상스럽지 않으니, 이는 군자가 일정하지 않은 은혜를 사이사이 한 번씩 베품일 따름이다.

육오효는 위에서 구사효 양을 올라탄 채 가운데 자리를 차지하고 있다. 이는 아직 사악함에는 이르지 않고 그저 착오로 과오를 범한 상이다. 이에 비하여 육삼효는 구이효(양: 굳셈)를 올라탄 채 양을 험난함 속에 빠뜨리고 있으니, 이는 죄를 의미한다."

〈해괘 해설〉

해괘는 서남쪽이 이롭다.

갈 곳이 없으면 그곳으로 되돌아오는 것이 길하다. 갈 곳이 있으면 빨리 가야 길하다.

해는 문자 그대로 풀린다, 해결한다는 뜻이다.

계절적으로는 춘분에 해당하며, 굳은 얼음이 풀리고 만물이 일제히 싹틀 때이다. 그리고 지금까지 괴롭고 어려웠던 문제도 해결되고 새로운 출발의 시기가 온 것이다.

이 기회를 놓쳐서는 안 된다. 재빨리 호기를 붙잡아야 한다.

괘의 형상은 봄의 천둥소리와 봄비를 나타낸다. 바로 밭을 갈고 씨 뿌릴 때이다.

태만해서 허송세월을 한다면 1년의 수확이 허사가 된다.

엄동을 벗어난 해방감에 젖는 것도 좋지만, 여기서 마음을 놓아서는 안 된다.

◆ 41 ◆

사욕을 억제하고 공익을 위해 헌신한다

41괘. 산택손(山澤損) ䷨

「象」曰: 山下有澤, 損. 君子以懲忿窒欲.
상 왈 산하유택 손 군자이징분질욕

「대상전」: 산 아래에 연못이 있는 모습이 손괘이다. 군자는 이를 본받아 성냄을 억제하고 사욕을 제압한다.

못의 흙을 파내어 산을 더 높게 만드는 모습으로 자기 몸을 깎아 내어 이상의 실현을 위하여 공적인 영역에 노력을 보탠다는 것으로 해석한다.

왕부지는 이렇게 설명한다.

"양이 이미 지나치게 되면 뻣뻣해지며 '성냄'을 이루게 되고, 음이 이미 극에 이르면 쇠잔해지며 '욕구'를 이루게 된다. 그런데 이 손괘損

卦에서는 양이 밖에서 발현하고 있는 것을 덜어내어 비게 하니, 이렇게 하여 기뻐지면 성냄이 가라앉는다. 그리고 음이 장차 쇠잔해지려 함에 보태주어 굳세게 하니, 이렇게 하여 쇠잔해짐이 그치면 욕구도 막힌다. 그래서 욕구가 막히면 뜻함과 행실이 고결해져서 마치 산처럼 우뚝 서 있게 된다. 또 성냄이 징치되면 혜택이 행해져서 마치 연못처럼 윤택해진다. 산과 연못(산택손괘山澤損卦)이란 저 스스로 닦아낸 덕을 상징하고, 다음 42번째 괘인 바람과 우레(풍뢰익괘風雷益卦)란 학문을 하는 공력을 상징한다. 노자에서 '학문을 하면 날마다 보태게 되고, 도道를 행하게 되면 날마다 덜어낸다(爲學日益, 爲道日損/ 위학일익, 위도일손, 노자 48장)'고 하였다.

〈손괘 해설〉

손괘에는 성실함이 있어야 크게 길하다.

허물이 없고 마음을 바르고 곧게 가져야 한다.

손이란 손상, 손실을 뜻하지만 단순한 손해가 아니라 오히려 봉사라는 말에 가깝다.

자기 힘을 나눠서 남에게 주는 것이 사회에 대한 봉사이다.

아무 이득도 없는 일을, 주위의 비웃음을 받으면서 관철해 나가는 것이 손의 도이다. 그것을 단순한 손실로 볼 것인가, 기쁨을 찾아낼 것인가는 그 사람의 정신의 문제이다.

큰 목적을 위해 작은 욕심을 버리고, 손해 보고 얻으며, 사랑하는 사람을 위해 자기를 희생하여, 눈앞의 작은 이익을 버리고 먼 미래를 차지하는 것이 중요하다.

괘의 형상은 산기슭에 연못이 있고, 그 연못을 낮춤으로써 산은 보다 높아지는 것이다.

◆ 42 ◆

선을 좇고 잘못을 고침을 바람과 우레처럼 재빠르게 한다

42괘. 풍뢰익(風雷益) ䷩

「象」曰: 風雷, 益. 君子以見善則遷, 有過則改.
상 왈 풍뢰 익 군자이견선즉천 유과즉개

「대상전」: 바람과 우레가 함께 있는 모습이 익괘의 상이다. 군자는 이를 본받아 착함을 보면 곧바로 자신도 그리고 옮겨가고 (즉각 실천에 옮기고), 과오가 있으면 곧바로 고친다.

상괘가 바람, 하괘가 우레이다. 바람이 격렬하게 불면 우레의 소리도 빠르게 되고, 우레의 소리가 격렬해지면 바람도 격노하여 양자가 서로 도와가면서 그 세력을 확장하는 모습이다. 군자는 이러한 익괘의 모습을 본받아 자기를 발전시키는 방편으로써, 타인의 선함을 보면 이를 본받아 바람처럼 즉각 실천에 옮기고, 자신의 과실을 자각하면 번개가 치듯이 즉시 자기의 잘못을 고친다. 개과천선改過遷善이야말로 내 몸을 유익하게 하는 최선의 길이다.

왕부지는 이렇게 설명한다.

"비괘(12번째 괘인 천지비天地否)일 적에는 음들이 아래에서 엉겨있는 채 위와 교접하지 않던 것이, 이제 익괘로 변하면서 양陽이 초효로 와서 움직여대니 그 과오를 고친다. 이는 우레가 나약함을 진동하는 상이다. 또 비괘일 적에는 양들도 위에서 안주하며 아래와 교접하지 않았는데 익괘로 변하면서는 음陰이 4효의 자리로 가서 순종하며 그 아름다움을 이루고 있다. 이는 바람이 화목함을 이끌어내는 상이다. '즉則'이란 신속하다는 말이다. 바람과 우레는 지극히 신속한 것이다. 과오를 고침과 선으로 옮겨 감은 신속히 함으로써 더욱 보탬이 된다. 4효의 덜림, 초효의 보태짐 등이 모두 괘의 아래에 있으니 신속하다. 보태줌이란 학문을 통해 성性의 올바름을 보탠다는 것이고, 덜어냄이란 수양을 통해 정情의 치우침을 덜어낸다는 것이다. 이는 곧 군자가 손괘와 익괘에 드러난 의미를 잘 이용함이다."

〈익괘 해설〉

익괘는 갈 곳이 있어야 이롭다.

큰 냇물을 건너야 이롭다.

윗사람이 널리 사람들을 돌봐 준다는 뜻이다.

그것이 궁극에 가서 내 자신을 위하게 된다는 것은 손의 경우와 같다.

상괘는 바람, 따른다는 뜻이고, 하괘는 우레, 움직임을 나타낸다.

아래가 움직이면 위가 그것에 따르고 돕게 된다. 하늘이 자기편에 서는 것이다.

질풍과 우레, 좋은 기회라고 판단되면 돌진하는 것이 좋다.

적극적으로 곤란을 극복하고 널리 사회적 이익을 도모하는 자에게는 대길한 괘이다.

◆ 43 ◆

사람들에게 두루 은택을 베풀되 교만하지 말라

43괘. 택천쾌(澤天夬) ䷪

「象」曰: 澤上於天, 夬. 君子以施祿及下, 居德則忌.
상 왈 택상어천 쾌 군자이시록급하 거덕즉기

「대상전」: 연못이 하늘 위로 올라가 있는 모습이 쾌괘이다. 군자는 이를 본받아 아랫사람들에게 은택을 골고루 베풀어 주려고 노력한다. 그러나 그 덕을 베푸는 것을 자기의 공로로 여기는 것은 금기로 여긴다.

연못이 증발하여 하늘에 올라가 구름이 되고 또 비가 되어 내리면 천하를 윤택하게 만든다는 의미이다. 노자에 "공을 이루고도 차지하지 않는다 (공을 이룬 자는 그 자리에 머물지 말고 떠나라. 功成而不居/ 공성이불거)"라고 하였다.

왕부지는 이렇게 설명한다.

"연못이 하늘 위에 있으면 형세상 반드시 아래로 내려오게 되어 있다. 이것이 쾌괘의 상이다. 군자가 위에 있으면 녹봉으로써 천하의 현명한 이들을 대우하되 인색하거나 아낌이 없다. 여기서 본보기를 취하기 때문에 항우項羽가 도장만 새겨 놓고 정작 주지는 않았던 것(항우가 인색하여 부하들의 공을 포상하는 벼슬과 봉지를 나누어 주지 않았던 것을 비유)과는 근본적으로 다르다. 그러나 여기서 말하는 연못은 하늘의 연못이고 봉록도 하늘의 봉록이다. 군자로서 남들로부터 훌륭하다는 말을 듣기 위해 사사로이 혜택을 베풀며 자신의 덕으로 차지할 수 있다고 여기는 것이 아니다. 자신의 덕으로 차지하려는 마음이 있으면 교만해진다. 그래서 선비는 이를 덕으로 여기지 않기 때문에 이를 금기로 여기며 경계한다."

〈쾌괘 해설〉

쾌는 무력을 따르면 불리하다.

쾌란 결궤, 결렬의 결에 해당하는 말로서 타개한다, 중대사를 결정한다는 뜻이다.

제일 위에 음효가 있어서 다섯 개의 양효를 억압하고 있다.

독재자가 세론을 무시하고 학정을 펴고 있는 형상이다.

위험은 따르겠으나 비상수단에 호소해서라도 독재자를 단죄하지 않으면 안 된다.

강건한 정신으로 그것을 행함으로써만이 사람들은 즐거워하고 화평해지는 것이다. 거기에는 불순한 동기가 있어서는 안 된다.

사리사욕을 떠나 정의를 관철해 갈 것, 또한 자기 기반을 굳게 닦고 실행할 것, 폭력은 가급적 피하는 것이 중요하다.

◆ 44 ◆

올바른 법률을 널리 시행하여 만민을 가르친다

44괘. 천풍구(天風姤) ䷫

「象」曰: 天下有風, 姤. 后以施命誥四方.
상 왈 천하유풍 구 후이시명고사방

「대상전」: 하늘 아래에 바람이 있는 모습이 구괘이다. 제후들은 이를 본받아 조칙과 명령을 시행하여 사방(온 세상)에 고하여 만민을 가르친다.

구姤는 '약속 없이 문득 만나는 것'을 의미한다. 하늘 아래 있는 것은 만물이니, 바람은 만물을 두루두루 만난다.

왕부지는 이렇게 설명한다.

"하늘이 만물의 바탕이 되어 주고 비롯함이 되어 주는 것에 꼭 바람만이 해당하는 것은 아니다. 그러나 바람이 아래로 물物들에게 베풀어 줌을 보면, 봄에 따스한 바람이 불어서는 만물이 모두 소생하고, 가을에 차가운 바람이 불어서는 만물의 결실이 모두 이루어진다. 물들은 이렇게 하여 하늘의 베품을 만날 수 있다.

그런데 인간세상의 우두머리인 임금이 훌륭한 덕을 쌓아서 세상 사람들의 부모가 된다 할지라도 백성들 가운데는 어쩌다 그 뜻함을 알아차리지 못하는 경우가 있다. 이러한 경우에는 조칙과 명령을 통해 알림으로써 세상 사람들이 알아차리게 된다. 구괘가 상을 취한 것은 바로 이러한 측면에서이다. 임금의 말이라는 것을 살펴보면, 반드시 지극한 정성스러움에서 준엄하게 나와서는 사람들의 은미한 마음속으로 공손하게 이해되어야 한다. 이때 말을 듣기 좋게 꾸민다고 하여 사람들의 움직임을 이끌어 내는 것은 결코 아니다. 이렇듯 임금이 펼치는 도가 하늘과 짝을 이룬 뒤에라야 감화시킴은 마치 바람이 하는 것과도 같다.

그러나 오직 임금의 방식만이 마땅히 이와 같아야 한다. 그 까닭은 미치는 범위가 원대하기 때문이다. 그래서 반드시 조칙을 통해 알린 뒤에라야 모든 백성들이 모두 알아차리게 되는 것이다. 이 이하의 사람들로서는 오로지 몸소 실천함에 힘쓰며 말로써 남을 감화시키게 되는데, 이는 역시 하수에 속하는 것이다.

구괘는 본래 부정不貞함을 드러내고 있는 괘다. 그러나 '대상전'에서는 전적으로 하늘과 바람의 뜻만을 취함으로써 괘사의 의미와 완전히 별개의 것이 되게 하고 있다. 이는 성인들께서 상투적인 틀에 얽매이지 않고 그때그때 음양의 변함을 살피어 그 변이에서 정확한 의미를 취한다는 것을 보여주는 예다(부정은 나쁜 결과를 초래하는 것이 일반적인 데, 이 구괘의 '대상전'에서는 오히려 좋은 결과를 낳는 것으로 보고 있다는 것이다). 주역을 읽는 이들은 '대상전'의 의미만을 가지고 괘사의 의미를 일반화할 수 없다는 것을 이 구괘의 예에서 알 수 있을 것이다."

〈구괘 해설〉

구괘에는 여자의 기운이 억세다.

여자에게 장가를 들지 말아라.

구라는 것은 해후의 후와 같은 뜻으로 우연히 만난다는 것이다.

괘에서 소인의 세력을 구축해 버리고 평화스러운 시대가 찾아왔다고 생각했을 때 뜻하지 않던 곳에서 재화(災禍)를 만나게 됨을 의미한다.

괘의 형상을 살펴보면 한 개의 음효가 다섯 개의 양효를 싣고 있는데 마치 한 여자가 다섯 남자를 상대하고 있는 형상이다.

물장사를 하는 여자라도 상당한 솜씨를 가진 여자이다.

그런 방면에서는 좋은 괘이지만 결혼 상대로서는 마땅치 않다.

아내로 맞이하려면 상대하지 말라는 것이다.

물론 이 괘를 나쁜 면에서만 생각해서는 안 된다.

우연의 만남은 아름다운 인간의 모습을 만들기도 한다.

◆ 45 ◆

평시에 축적하여 재난에 대비한다

45괘. 택지췌(澤地萃) ䷬

「象」曰: 澤上於地, 萃. 君子以除戎器, 戒不虞.
상 왈 택상어지 췌 군자이제융기 계불우

「대상전」: 땅 위에 연못(저수지)을 만들어 놓은 모습이 췌괘이다. 군자는 이를 본받아 병장기를 정비하여 예기치 못한 사태를 대비하며 경계한다.

사물이나 사람들이 이렇게 적극적으로 모여들게 되면 항상 분쟁이나 쟁송이 일어나게 마련이다. 군자(통치자)는 이러한 모습을 참고하여 통치질서를 유지하기 위하여 미리 대비한다.

왕부지는 이렇게 설명한다.

"물은 본래 땅 가운데를 흘러가는 것인데, 땅을 파서 연못을 만들어 물을 담아 놓음으로써 수재水災와 한재旱災를 방지한다. 그래서 물이 다른 데로 그냥 흘러가 버리지 않도록 하고, 지금은 비록 필요한 때가 아니라고 하더라고 소용되지 않을 때 모아 두었다가 나중에 필요한 경우에 충당하는 것이다. 이는 평시에 축적하였다가 부족한 때를 대비함이다. 군자는 쓸모없는 재화를 자기 것으로 차지하지 않는데, 오직 병장기만은 한가한 날들에 잘 정비하여 두어 예기치 않은 병란이 발생하였을 때를 대비한다. 이는 곧 모아 두고서 흩어지지 않도록 함에 대해 꺼리지 않음이다."

〈췌괘 해설〉

췌괘는 나라에서 제향을 올려야 할 괘이다.

마음을 바르고 곧게 가지면 이롭다. 큰 희생이 있어야 길하다.

췌의 원뜻은 풀이 밀집해 있는 것으로, 사람이나 물건이 집중해 있다는 뜻으로 쓰인다.

땅 위에 연못의 물이 모여서 초록이 무성하고 사람이 모여들어 교역이 시작된다. 마치 사막이 오아시스와 같다. 여행하는 자는 오아시스를 만나서 하늘의 은총에 감사한다.

이 괘는 현재의 번영이 하늘이나 조상의 덕으로 되었기 때문에 그것을 감사하는 마음을 잊거나 자기의 힘을 과시해서는 안 된다는 것을 경계하고 있는 것이다.

또한 연못의 물이 땅 위에 모이는 형상이기 때문에 홍수가 나도 풍작을 이룬다거나 호수, 온천을 나타낸다고 생각할 수도 있다.

예로부터 잉어가 하늘을 오르는 상이며 입시, 취직, 인사이동 같은 일에 대길한 괘이다.

◆ 46 ◆

때에 맞춰 덕을 쌓아나감으로써 높고 장대함을 이룩한다

46괘. 지풍승(地風升) ䷭

「象」曰: 地中生木, 升. 君子以順德, 積小以高大.
상 왈 지중생목 승 군자이순덕 적소이고대

「대상전」: 땅속에서 나무가 생겨나서 높게 자라나는 모습이 승괘이다. 군자는 이를 본받아 덕을 순조롭게 쌓아가고, 작은 것들을 쌓아 모아서 높고 장대함을 이룩한다.

나무는 땅속에서 하루라도 생장을 정지하면 고사해 버리고 만다. 마찬가지로 정치적 지도자(군자)도 하루라도 덕을 닦는 것을 멈추면 고사해 버리고 말 것이다. 군자는 미소微少한 일상생활에서부터 덕을 쌓는 것을 게을리하면 안 된다. 작은 것들을 쌓아나감으로써 높고 장대하여질 수 있는 것이다. 곧 "이소성대以小成大요, 적토성산積土成山"이다.

왕부지는 이렇게 설명한다.

"바람을 풀이하여 나무라 한 까닭은, 바람은 공중에서 생기는 것으로 땅속에 있는 것은 이치에 맞지 않기 때문이다. 성인들께서 상을 취하신 것은 반드시 자연계 만물의 이치에 맞는 것을 근거로 하였다. 순종함의 덕은 그 자연계의 순환 질서에 순종한다는 의미이다. 모든 나무가 땅속에서부터 생겨 나와 날로 자라남이 쌓여가서 거대한 나무숲을 이르는 상이다.

… 군자라면 누구나 덕에 대하여 고명, 광대한 경지에 이르기를 기약한다는 점에서는 똑같다. 그러나, 막상 그들의 학문 과정을 보면 좇아 나아가는 과정이 두 길로 나누기도 한다. 이 두 길이 모두 덕을 이루는 공력임에는 틀림없지만 어느 한쪽에 치우치고 그에 기대다 보면 삭기 잃어버리는 측면이 있게 된다.

… 도道는 본래 높고 크다고 여겨 자질구레한 일들은 제쳐두고 큰 것만을 추구하기도 하고, … 높고 큰 경지에 이르는 데만 애를 쓰면서 작은 것들에 대해 소홀한 것은, 차례대로 구덩이를 채워 나아가지 않으면서 수로에 물이 가득 차기를 추구하는 것과 같다.

… 도는 우리들 가까이의 일상생활에 있다고 여기면서도 문득 높고 큰 경지에 이르기를 희구하는 것을 뒤로 미루어 두기도 한다. … 그런데 일상생활과 관련된 하찮은 것들만 묵묵히 수행하여 나가면서 더 나은 경지를 추구함은 마치 활시위를 당기는 정확한 정도彀率(구율)만 변경시키고서 명중하기를 바라는 것과 같다(맹자는 '위대한 장인은 솜씨 없는 목수를 위해 먹줄을 고치지 않고, 전설적인 궁수 후예는 서툰 궁수를 위해 활시위를 당기는 정확한 정도를 바꾸지 않는다 〈맹자 진심상〉'라고

했다).

… 군자가 주역에서 준칙을 취함에는 각기 알맞은 때가 있는데, 이때란 결코 어길 수가 없다. (夫君子於易也, 取法各有其時. 時者, 莫能違者也/ 부군자어역야, 취법각유기시. 시자, 막능위자야)."

〈승괘 해설〉

승괘는 크게 트이는 괘이다.

대인을 만나게 된다. 근심하지 말라. 남쪽을 정벌하면 길하다.

승이란 솟아오른다는 것이다.

땅 밑에 싹이 돋아 어린 나무가 하늘을 향해 쭉쭉 뻗어 가는 형상을 나타내는 괘이다.

위로 뻗음을 나타내는 괘에는 세 가지가 있다. 진, 승, 점晉, 升, 漸으로 그중 순조로운 성장이라는 점에서는 승괘가 최고이다.

세력으로 본다면 욱일승천하는 진이 가장 왕성하지만 위험과 왜곡됨이 따르게 마련이다.

승괘는 견실하게, 또한 자신을 가지고 향상하는 것을 나타내고 있다.

어린 싹이 자라기 위해서는 봄이란 계절과 강렬한 생명력과 풍부한 영양분을 필요로 하는 것이다.

◆ 47 ◆

어려움에 처하여도 그 뜻을 굳게 지켜나간다

47괘. 택수곤(澤水困) ䷮

「象」曰: 澤无水, 困. 君子以致命遂志.
상 왈 택무수 곤 군자이치명수지

「대상전」: 연못에 물이 다 빠져 내려가 물이 없는 모습이 곤괘이다. 군자는 이를 본받아 목숨을 바쳐서라도 자신의 뜻하는 바를 완수한다 (곤란한 상황에 닥쳐서도 본래의 의지를 지켜 나간다).

논어 자장편에 "선비는 나라가 위태로울 시기에는 목숨을 바치며, 이득을 볼 때에는 의로움을 생각한다 (士見危致命, 見得思義/ 사견위치명, 견득사의)"라고 하였다.

왕부지는 이렇게 설명한다.

"연못에 물이 없음은 연못이 물을 정체시키지 못하여 스스로 궁하여진 것이다. 이는 군자에게 섬길만한 임금이 없다거나 부릴 수 있는 백성이 없다는 것이 아니다. 단지 음의 세력들에게 가리어지고 싶지 않아서 틀어 막힌 곤고함 속에서 마음 편안하게 있는 것이다. 그래서 몸은 곤고하게 하면서도 기필코 욕을 당하지 않으며, 그 뜻함을 곤고하게 하면서도 기필코 항복하지 않는다. 기름지고 윤택하게 사는 생활을 버리고 마치 초목이 물기가 없이 말라비틀어진 것처럼 파리하게 야위어 가는 삶에 편안해하며, 제 운명의 극히 어려운 상황으로까지 내몰리면서도 이를 모두 받아들이면서 그 뜻함을 이루어 낸다. 그리고 현재의 곤고함을 통하게 할 길을 찾는 마음이 필연코 없다. 그 곤고함을 자신의 갈 길로 삼고 있는 것이다."

〈곤괘 해설〉

곤괘는 약간 곤궁하나 모든 것이 트이는 괘이다.

마음을 바르고 곧게 가져야 한다. 대인이라면 길하고 허물이 없어야 한다.

곤이라고 하는 글자는, 한자풀이를 하면 울타리 안에 있는 나무로서 뻗으려고 하지만, 막혀 있어서 괴로워하는 상태를 나타낸다.

괘의 형상도 가득 차 있어야 할 연못의 물이 말라 버린 상태를 나타낸다.

또 세 개의 강효가 전부 음효에 가로막혀 있어서 괴로워하는 형상이다.

즉, 시시한 괘들에게 훼방을 받아 뜻대로 되지 않는다. 자금난에 봉착한다.

무엇을 말하든 믿어 주지 않듯 사방이 막혀 있는 때를 가리킨다.

그러나 시련의 때에야말로 인간의 참된 가치가 나타난다.

월나라 왕 구천이 오나라 왕의 신하가 되고 그 처는 오왕의 여비가 된 역경에 있으면서, 와신상담하여 뜻을 성취한 고사를 생각해 보아야 한다.

◆ 48 ◆

상부상조를 권면하며 우물의 고마움을 생각한다

48괘. 수풍정(水風井) ䷯

「象」曰: 木上有水, 井. 君子以勞民, 勸相.
상 왈 목상유수 정 군자이로민 권상

「대상전」: 나무 위에 물이 있는 모습이 정괘이다. 군자는 이를 본받아, 백성들을 위하여 노력하며, 또 백성들로 하여금 서로 도울 것을 권면한다 (세상은 함께 이루어 가는 것이니 남과 나누며 살아가야 한다).

여기서도 바람風은 나무木를 의미하는 것으로 풀이한다. '목상유수'를 나무 두레박 위에 물이 담겨진 형상으로 보기도 한다. 우물의 일반적 의미는 그것이 문명의 핵심으로써 모든 사람에게 골고루 생명의 근원인 물을 나누어 준다는 심원한 의미가 있다. 그러기에 도덕의 근원으로 비유될 수도 있다. 사람들은 시원한 물로 목을 축이면서 그러한 물을 공급하는 우물의 근원을 생각하며 또한 사람은 근본을 잊지 않고 감사하여야 함을 깨우치는 것이다 (飮水思源/ 음수사원). 또한 끊임없이 퍼내어도 물이 마르지 않는 샘물은 새로움의 이미지를 대변한다. 정이천은 "로민勞民은 우물의 쓰임새用를 본받는 것이요, 권상勸相은 우물의 베풂을 본받는 것이다"라고 하였다. 우물은 생명의 젖줄이며 상부상조하는 공동체 정신의 상징이며, 끊임없이 자기의 발전과 갱신을 도모하는 인간의 창조적 노력의 상징이다.

왕부지는 이렇게 설명한다.

"상相 자는 돕는다는 뜻이다. 이 정괘井卦의 상괘인 감괘坎卦(水)는 수고롭다는 의미를, 하괘인 손괘巽卦(風)는 명령하다는 의미를 담고 있다. 그래서 이 정괘 전체로는 백성들을 권면하여 그들이 부지런히 일하도록 도우라는 의미를 드러내고 있다. 이는 농사일에 관련된 것이다. 나무로써 물을 위로 퍼 올리는 데서는 피곤할 만큼 힘이 드나 얻는 물은 적다. 그러나 마실 물을 제공하고 농작물에게 필요한 수분을 공급하여 생명을 유지하는 것으로서는 결코 궁하지 않다. 농사일은 사냥이나 어로보다는 훨씬 힘이 들며, 부지런히 몸을 움직이지 않으면 수확이 없다. 그리고 몇 달 동안의 긴 시간을 들여서 애를 써야만 겨우 배를 채우며 한 해를 버틸 수 있다. 군자는 이러한 농민들에게 절기에 맞게 준비해야 할 일을 일깨워 주고, 권농관으로서 근면한 정신을 고취하여 권면함으로써 서로 돕도록 해야 한다. 그들로 하여금 게으름에 빠지거나 상스럽지 않도록 보살피고 순박한 풍속을 가지도록 해야 한다."

〈정괘 해설〉

정괘는 고을은 고치되 우물은 고치지 않는다는 괘이다.

잃는 것도 없고 얻는 것도 없다.

거의 바닥에 이르러도 아직 우물을 길어내지 못한다. 두레박이 깨어지면 흉하다.

정이란 우물을 의미한다. 괘상은 물아래 나무가 있고, 우물에 두레박을 드리운 형상이다.

우물은 겉모양이 잠잠해 있는 것 같지만 길어내도 마르지 않는 생명력을 가지고 있다.

인간 생활에 없어서는 안 되는 것인데도 평소에는 그 고마움을 모른다.

모든 사람에게 개방되어 있고, 지나가는 나그네도 그 은혜를 입는다.

우물은 때때로 퍼내어 새 물이 괴게 해야 한다. 신진대사가 필요한 것이다.

우물에는 두레박이 없어서는 안 된다. 맑은 물도 길어내지 않으면 헛되이 썩고 만다.

우물은 이동하지 않는다. 고요히 자기 자리를 지키고 있다.

이러한 성질을 인간 사이에 적응시켜 생각해 보게 하는 것이 이 괘이다.

◆ 49 ◆

변화의 압력이 축적되면 바로잡기 위한 변혁이 일어날 수도 있다

49괘. 택화혁(澤火革) ䷰

「象」曰: 澤中有火, 革. 君子以治歷明時.
상 왈 택중유화 혁 군자이치력명시

「대상전」: 연못 가운데 불이 있는 모습이 혁괘이다. 군자는 이를 본받아, 역법을 새롭게 제정하고, 시간(삶의 기준이 되는 때)을 밝힌다.

연못 가운데 불이 갇혀 있는 형상이니 변화의 압력이 형성되어 혁명이 일어난다. 밝음이 어떤 그릇에 갇혀 있는 형상으로 새로운 것을 만들어 내는 창조적인 기미가 있다. '역歷'은 '역曆'으로, 역을 새롭게 정한다는 것은 혁명의 상징이다. 새로운 국가의 탄생을 알리는 것이다. 중국에서는 천하를 통일하면 정삭正朔(정월 초하루, 나라를 세운 뒤 새로 반포하는 역법)을 새로 정하였다. 주희朱熹가 주역본의周易本義에서 말하기를 "사시의 변화는 변혁 중에서도 아주 큰 것이다(四時之變, 革之大者/ 사시지변, 혁지대자)"라고 하였다.

왕부지는 이렇게 설명한다.

"연못은 저절로 이루어진 지형의 높낮이대로 그 물길을 내든지 물의 이용에 편리하도록 손을 보든지 한 뒤에라야 정체하지 않고 소통한다. 불은 그윽하고 어두운 곳을 밝히는 것이다. 그래서 연못의 물이 소통하고 불이 환히 비추듯이 그 잘못된 것을 알아차려서 고치는 것이지, 꼭 한번 이루어진 법에만 의존하는 것이 아니다.

역법을 제정하는 이들은 마치 개울물이 아래로 내려가듯이 기산점이 되는 역원曆元으로부터 미루어 내려가 사계절의 궤도를 계산해 낸다. 그래서 은미하게 쉽게 관측할 수 없는 것들을 현저하게 드러내 절후를 정한다. 하늘에는 세차歲差(춘분점이 황도 위를 동쪽에서 서쪽으로 해마다 50초가량씩 이동하는 현상)가 있고, 칠정七政(해와 달, 금, 목, 수, 화, 토의 5성)에는 빠름과 더딤, 참과 이지러짐의 차이가 있기 때문에 100년이 못 가서 반드시 고쳐야 한다. 그러나 이는 어쩔 수 없이 개혁해야 하는 것이지, 불필요한데도 망령되이 옛 제도를 어지럽혀서 하늘로 하여금 억지로 자신을 따르게 하는 것이 아니다. 군자가 맑은 통치로 안정된 시대를 살고 있다면 이는 창제해야 할 시기가 아니니, 혁괘의 원리를 사용할 수 있는 것은 오직 이러한 경우뿐이다."

〈혁괘 해설〉

마음을 바르고 곧게 가져야 뉘우침이 없다.

혁이란 바로 잡는다는 뜻이다. 낡은 것을 바꾸고 새로운 것을 창조해 내는 과정을 말한다.

괘의 형상을 보면 화와 수가 대항하고 있는 형상이다.

혁은 이런 모순과 상극을 해결하는 방도이다.

그렇게 하려면 잔꾀를 부리거나 사욕으로 움직여서는 안 된다.

다소의 혼란은 피할 수 없지만 어디까지나 정도를 지켜야 한다.

혁신은 단순한 변화만은 아니다. 거기에는 적극적인 가치가 포함되어 있는 것이다.

추악한 수단으로 목적을 더럽히지 말고, 이理가 나타내는 명지, 용기로써 보다 높은 단계로 비약할 때인 것이다.

◆ 50 ◆

자리를 바르게 지키고 올바른 명령으로 세상을 안정시킨다

50괘, 화풍정(火風鼎) ䷱

「象」曰: 木上有火, 鼎. 君子以正位凝命
상 왈 목상유화 정 군자이정위응명

「대상전」: 나무 위에 불이 모습이 정괘이다. 군자는 이를 본받아, 자리位를 올바르게 하고 천지의 모든 기운을 나에게 응집시켜 천명을 완성한다.

왕부지는 이렇게 설명한다.

"불이란 하늘과 땅 사이에 본디 있는 지어냄인데 나무를 만나게 되면 모인다. 그런데 정괘鼎卦는 나무는 밑에 있고, 불은 위에서 타는 상이니, 불이 모여서 위로 타 올라가는 지위를 얻고 있다. 하괘인 손괘巽卦(風)는 명령을 의미하는 것으로서, 그 자리가 올바르면 명령도 엄정해진다. 그래서 이 정괘鼎卦는 자리를 올바르게 하고 명령을 엄정하게 하는 가운데 부드러움의 도를 세상에 드리워서 고요하게 안정시킴을 나타내고 있다."

〈정괘 해설〉

정괘는 불과 바람이 합작하여 크게 길하게 될 괘이다.

정이란 세 발 달린 무쇠솥을 말한다. 삶고 익히는 그릇으로 세 개의 발이 달려 있다.

신령에게 바치는 공물을 담아 끓이는 제사 그릇으로, 과거에는 국가 권위의 상징이었다.

세 개의 발은 가장 안전성이 있는 것으로 세 사람이 힘을 모아 무거운 짐을 드는 형상이다.

개인으로서는 무슨 일에나 순조로운 진전을 나타내는 괘이다.

그러나 끝까지 협력관계를 잃지 않아야 한다.

◆ 51 ◆

항상 천명을 생각하고 두려워하며 자신을 돌이켜보아 반성하고 수양한다

51괘. 중뢰진(重雷震) ䷲

「象」曰: 洊雷, 震. 君子以恐懼脩省.
상 왈 천뢰 진 군자이공구수성

「대상전」: 연거푸 자주 우레가 치는 형상이 진괘이다. 군자는 이를 본받아, 내 몸에 잘못이 없는지 두려워하고 두려워하며, 자기 자신을 안으로 돌이켜보아 반성하며 수양한다.

논어 향당편에 "공자께서는 번개와 우레, 맹렬한 바람이 일면, 반드시 표정과 몸매를 가다듬으시었다(迅雷風烈必變/ 신뢰풍열필변)."라고 하였다.

왕부지는 이렇게 설명한다.

"천洊은 연거푸 계속된다는 의미이다. 군자가 우레처럼 진동한다고 함은 권위를 내세워 나 밖의 것들에게 가하자는 것이 아니다. 또

번거롭고 지루하게 부산을 떨어서 편안하지 않도록 하는 것이 아니다. 그보다는 마치 깊은 물에 임하고 엷은 얼음을 밟는 듯이 하는 것이니, 이를 마음에서 잊어버리지 않고 때때로 되풀이하여 수기修己, 치인治人의 공력을 더하면서 혹시라도 잘못이 없나 안으로 살펴보는 것이다. 그래서 안으로 나 자신을 진동하는 것이지 밖으로 남을 진동하는 것이 아니다. 이 진괘震卦의 내괘는 생각이 막 일어나는 시초에 근심하고 두려워함을 표상하고 있으니 '공구恐懼'에 해당하고, 외괘는 그 생각 이후에 혹시라도 잘못됨이 없을까 더욱 경계함을 표상하고 있으니 '수성修省'에 해당한다."

〈진괘 해설〉

진괘는 위와 아래에서 우렛소리가 진동하여 막힌 일이 트일 괘이다.

진이란 천둥소리, 움직이는 것을 나타낸다. 진괘가 두 개로 겹쳐져 있어서 하늘과 땅 사이를 진동시켜 하늘이 무너지고 땅이 꺼질 것 같은 천둥소리를 상징한다.

천둥소리는 소리는 크지만 사람에게 그렇게 해가 없다.

이처럼 침착하고 냉정한 태도를 지닌다면 예상외로 무사히 지나칠 수 있다.

이 괘는 또한 큰소리만 치면서 속이 빈 것을 말한다.

태산처럼 신중하게 처신해야 할 것이다.

◆ 52 ◆

항상 합당한 자신의 위치를 지킨다

52괘. 중산간(重山艮) ䷳

「象」曰: 兼山, 艮. 君子以思不出其位.
상 왈 겸산 간 군자이사불출기위

「대상전」: 산 위에 산, 즉 산이 중첩되어 (각기 제자리에 안주하고) 있는 형상이 간괘이다. 군자는 이를 본받아, 자신의 위치를 벗어나지 않는다 (자기의 지위나 직분을 넘어서는 것을 생각하지 않는다/주제넘은 욕망에 끌려가지 않는다).

왕부지는 이렇게 설명한다.

"높은 산들이 서로 중첩된 채 아득한 옛날부터 딱 정해진 곳에 자리 잡고 있다는 것이 여기서 말하는 '자신의 위치其位'의 의미이다. 산은 신령한 기운을 모으고 빚어내며 굳게 누적시켜서 무궁토록 피어나게 한다. 이것이 사람에게서는 마음의 생각함에 해당한다. 그러나 어떤 이치를 생각한다면 곧 그 이치에 입각하여 끝까지 궁구해야 하니, 이렇게 해야 의로움이 정심精深해진다. 그리고 이 일을 생각하였으면 곧 이 일에 입각하여 연구하여야만, 원리와 방법이 비로소 정해진다. 결코 다른 사단事端으로 치달리며 서로 왔다 갔다 하지 않는다. 군자가 간괘艮卦에서 체득하여 온 마음을 다하는 것이 바로 이와 같다. 그렇지만 절대로 외물을 완전히 끊어버리고 일을 내팽개쳐 두어 마치 버려진 흙더미처럼 황량하게 가만히 있으라는 것은 아니다."

〈간괘 해설〉

간괘는 모든 사물이 등지고 있는 괘로서, 그 몸이 물건을 획득하지 못하고 행하여 뜰에 나아가더라도 그 사람이 사물을 보지 못한다. 그러나 허물이 없다.
간은 태연하게 움직이지 않는 산이다. 심사숙고해서 경거망동을 삼가야 할 시기이다.
경솔히 나아가면 산에 산이 중첩하는 난관에 부딪힌다. 정지해야 할 때는 정지해야 한다.
괘의 형상은 각 효가 바로 응해 있는 것이 하나도 없다.
협력해 주는 사람을 기대할 수 없고, 홀로 자기 길을 가야 할 각오가 필요하다.
태연하고 여유 있는 마음으로 차분히 노력해서 현재의 지위를 지켜나가는 것이 중요하다.
기회가 올 때까지 스스로 힘을 길러야 한다.

◆ 53 ◆

점진적인 노력에 의하여서만 성과가 이루어진다

53괘. 풍산점(風山漸) ䷴

「象」曰: 山上有木, 漸. 君子以居賢德, 善俗.
상 왈 산상유목 점 군자이거현덕 선속

「대상전」: 산 위에 나무가 있어 점점 성장하여 고대高大하게 되는 과정의 모습이 점괘이다. 군자는 이를 본받아, 훌륭한 덕을 발휘하며, 자기가 살고 있는 세상의 풍속을 점점 좋게 만들어 나간다.

현명한 덕에 근거하여 생활하며 좋은 풍속을 이루도록 노력함은 군자의 당연한 의무이지만, 그것은 반드시 점진적인 노력에 의하여 눈에 보이지 않게 조금씩 이루어지는 것이다. 홍만선洪萬選(1643~1715)의 '산림경제山林經濟'에 "손이익난損易益難(덜어내는 것은 쉬우나 보태어 유익하게 하기는 어렵다)"의 이치가 잘 설명되어 있다.

"덜어냄은 알기 쉽고 빠르다. 보탬은 알기 어렵고 더디다(損易知而速焉, 益難知而遲焉/ 손이지이속언, 익난지이지언). 덜어냄은 등잔에 기름이 줄어듦과 같아 보이지 않는 사이에 없어진다. 보탬은 벼의 싹이 자라는 것과 한가지라 깨닫지 못하는 틈에 홀연 무성해진다. 그래서 몸을 닦고 성품을 기름은 세세한 것을 부지런히 하기에 힘써야 한다. 작은 이익이라 별 보탬이 안 된다고 닦지 않아서는 안 되고, 작은 손해라 상관없다며 막지 않아서도 안 된다."

왕부지는 이렇게 설명한다.

"점괘漸卦의 상괘인 손괘巽卦(風)를 따로 '나무'라 한 까닭은 산 위에 부는 바람이 물物들을 움직이게 하고 잘 길러내는 데, 이러한 사실을 나무에서 징험할 수 있기 때문이다. 하괘인 간괘艮卦(山)는 머물러 덕을 발휘하여 살아감을, 위의 손괘는 바람이 불어 풍속을 좋게 함을 상징한다. 머물며 옮기지 않고 들어가서 핍박하지 않으니, 군자는 제 몸에 덕을 체득하여 편안하게 살아가며 풍속을 좋게 한다. 세속에 널리 교화를 베풀어 그들을 선함으로써 길러내며 스스로도 그렇게 되어 간다. 이 모두가 점점 물들어 가며 깊어지는 것이다.

'점漸'이란 학문함과 가르침에서의 좋은 기술이다. 세상에 어찌 단 한마디 말로써 깨우쳐 족히 성인이 될 수 있는 무리가 있으며, 잠깐 물物들을 교화하여 모두 선하게 할 수 있겠는가! 그런데도 이단들은 '돈오頓悟'라는 가르침으로써 혹세무민하고 있는 것이다."

〈점괘 해설〉

점괘는 여자가 시집을 가면 길한 괘이다.

마음을 바르고 곧게 가지면 이롭다. 점이란 서서히 나아가는 것이다.

급격한 성장은 바랄 수 없으나 착실하게 순리를 따라 나아가는 것을 의미한다.

괘의 형상은 산 위의 나무가 눈에 띄지 않는 속도로 착실하게 자라나고 있음을 나타낸다.

여자가 차분하게 구혼을 기다리고 있는 것이다.

각 효가 일정한 틀을 가지고 순행하는 것을 나타냄으로 모든 일을 정연하게 해야 한다.

◆ 54 ◆

결혼을 통한 자손의 출산은 영속된 생명의 실현이다

54괘 뇌택귀매(雷澤歸妹) ䷵

「象」曰: 澤上有雷, 歸妹. 君子以永終知敝.
상 왈 택상유뢰 귀매 군자이영종지폐

「대상전」: 연못 위에 우레가 있는 모습이 귀매괘이다. 군자는 이를 본받아, 영원하게 하고 (끝남을 영속으로 만들고), 자신의 존재는 결국 낡아져 버린다 (낡아져서 죽음을 향한다)는 것을 안다.

연못 위에 우레가 있다는 것은 연못으로부터 수증기가 증발하여 하늘에 구름이 끼고 그것이 하늘의 기운과 방전하여 우레를 일으키는 데, 이러한 번개, 천둥의 현상은 음양 기운의 교합이다. 인간도 남녀 간의 사랑의 기쁨과 환희는 번개, 천둥과 같다고 할 수 있다. 영종永終이라는 것은 끝終을 영속하는 시간의 한 고리로서 생각하여, 끝이 끝이 아니라 끊임없이 이어지는 생성의 연속으로 만드는 것이다. '지폐知敝'의 '敝'는 '해질 폐'로서 낡아져 죽는다는 의미인데, 새로움을 창출하는 것은 동시에 자신의 존재가 낡아져 죽음을 향한다는 것을 깨달아 안다는 말이다.

왕부지는 이렇게 설명한다.

"연못의 물이 아래로 흐르는데 우레가 마침내 솟구쳐 나오더라도 쇠퇴하며 그쳐 버리지를 않는다. … 세상에 끝나지 않을 사귐이란 없고, 이룰 수 없는 일이란 없다. 군자는 만남이란 다함이 있다는 사실을 분명히 알면서도 반드시 그 끝남을 보전하고 정(情)을 변치 않으며 지조를 바꾸지 않는다."

〈귀매괘 해설〉

귀매괘에는 남을 정벌하면 흉하다.

귀매란 젊은 여자가 시집을 가는 것을 뜻한다.

그런데 이 괘가 나타내는 것은 정상적인 결혼이 아니다.

젊은 여자 쪽에서 적극적으로 나이 먹은 남자에게 접근해 와서

여자는 기다려야 한다는 상도에 어긋나고 있는 것이다.

또한 음효가 양효를 누르고 있는 형상이며 남자가 움직이므로 여자가 기뻐한다.

즉 육체적 관계만으로 결합될 뿐으로 애정이 결핍되어 있다.

정신적인 면에 충실을 기하고, 결합이 오래 지속되도록 드높여야 한다.

◆ 55 ◆

신속한 재판은 권위와 밝음의 표상이다

55괘 뇌화풍(雷火豊) ䷶

「象」曰: 雷電皆至, 豊. 君子以折獄致刑.
상 왈 뇌전개지 풍 군자이절옥치형

「대상전」: 우레와 번개가 함께 이른 모습이 풍괘의 모습이다. 군자는 이를 본받아, 송사를 판결하고, 중범죄인을 형벌로 다스린다.

번개와 같은 밝음으로 공평하고 빠르게 판결을 내리면 시비곡직이 바른 내용을 얻게 되고, 우레와 같은 위엄으로 형벌을 집행하면, 형의 경중 대소가 반드시 그 죄의 실상에 들어맞는다. 권위威와 밝음明이 함께 행하여지는 것이다.

왕부지는 이렇게 설명한다.

"번개가 치자마자 우레는 곧 발동하는데, 그 우레는 반드시 신속하다. 이것이 '우레와 번개가 함께 이름'이라고 하는 말이다. 이 풍괘豐卦는 중첩된 음이 위에서 덮어서 가리고 있기 때문에 양이 뚫고 나오면서 반드시 노하게 되어 있다. … 송사의 판결 자체가 이미 분명하기 때문에 형벌도 곧장 결행하는 것이니, 이는 간사한 사람이 법규를 피해 갈 수 없도록 우레와 번개처럼 신속하게 처치하는 상이다. 21번째 괘인 서합괘噬嗑卦의 '형벌을 밝게 하고 법을 정비함'이란 한번 판단하여 만든 법을 다시 살펴봄이다. 이는 법을 세움의 신중함으로 선왕들께서 형벌을 세심히 살피시던 본보기에 해당하며, 바로 임금의 도를 드러낸 것이다. 이에 비해 이 풍괘의 '송사를 판결하고 중범죄인을 형벌로써 다스림'이란 이미 밝게 판결한 것이어서 이를 처단하는 것으로, 군자가 법을 사용하는 엄격함에 해당한다."

〈풍괘 해설〉

풍괘는 만사가 형통하는 괘이다.

왕이 여기에 이를 것이다. 근심하지 말아라. 마땅히 해가 중천에 뜨리라.

풍이란 성대하고 풍만한 것을 말한다. 이 괘는 모든 점에서 풍족한 상태를 말한다.

그러나 궁하면 통하게 마련이고 성하면 반드시 쇠하는 것이 역의 원리이다.

역경 속에 빠진 자에게는 구원의 길을 나타내고, 운이 성한 자에게 경고를 주고 있다.

현재의 상태를 유지하는 데에도 상당한 노력이 필요하다.

새로운 사업을 확장할 수 없는 노릇이다.

원숙한 부분이긴 하지만 머지않아 쇠퇴한다는 것을 암시하고 있다.

56

형벌의 사용은 적시에 신속하게 처리함이 귀하다

56괘 화산여(火山旅) ䷷

「象」曰: 山上有火, 旅. 君子以明愼用刑, 而不留獄.
상 왈 산상유화 여 군자이명신용형 이불유옥

「대상전」: 산 위에 불이 있는 형상이 여괘이다. 군자는 이를 본받아 밝고 신중하게 형벌을 사용하며, 옥사(재판)를 머뭇거리지 아니한다.

왕부지는 이렇게 설명한다.

"여괘의 상괘인 이괘離卦(火)는 불로서 밝음을 상징하고, 그 하괘인 간괘艮卦(山)는 멈춤으로서 신중함을 상징한다. 이렇게 밝을 뿐만 아니라 신중하기까지 하니, 신속하게 결단함으로써 머뭇머뭇 지체함에서 오는 소란스러움이 확대되도록 하지 않는다. 마치 산 위에 불이 난 것처럼 지나갈 뿐 머무르지 않는 것이다. 군자가 백성을 대하는 데서 가르치고 다스리는 것은 모두 더디고 오래도록 하며 급박해 하지 않는다. 그런데 오직 형벌을 사용하는 것만은 군자의 본마음이 아니라 어쩔 수 없이 그것에 의탁하는 것일 따름이다. 그런데 머뭇거릴 경우 증거들이 심리를 줄지어 기다리게 되어 오래도록 씨름해야 할 것이니, 이렇게 되면 지엽적인 것들이 숱하게 생겨 나와 칡넝쿨처럼 번어나갈 것이다. 그리고 관계된 구실아치들이 간사함을 팔아가며 번갈아 어지럽게 춤을 추어댈 것이니, 그만큼 백성들에게는 재앙이 커지고 간사한 인간들은 법망을 피해 가게 된다. 그러므로 형벌을 사용함에서는 '머뭇거리지 않음'을 귀하게 여기는 것이다."

〈려괘 해설〉

어괘는 모든 일이 조금씩 트이는 괘이다.

여괘는 고독한 나그네를 상징하며 그것은 불안정한 생활을 말한다.

이런 때에는 무리해서 난관을 타개하려 들지 말고 덤비는 일 없이 온건하게 대처해야 한다.

그러나 나그네가 목적지를 잃지 않듯 자신의 이상을 잃어서는 안 된다.

인생 또한 하나의 긴 여행이다.

◆ 57 ◆

끈기있고 유연하게
사람의 마음을 얻어 통치한다

57괘 중풍손(重風巽) ䷸

「象」曰: 隨風, 巽. 君子以申命行事.
상 왈 수풍 손 군자이신명행사

「대상전」: 바람을 따름 (혹은 바람이 바람을 따름, 바람이 불고 또 분다)의 모습이 손괘이다. 군자는 이를 본받아, 거듭 명령을 내리고, 이어서 그 명령을 시행하는 사업을 행하여야 한다.

논어에서, 춘추시대 노나라의 실권자 계강자가 정치를 논하는 자리에서 공자에게 "만일 무도한 자를 죽임으로써 백성들을 올바른 길로 인도한다면 어떻겠습니까?"라고 묻자, 공자는 "그대가 정치를 하고 있으면서 어떻게 죽인다는 말을 그렇게 할 수 있는가. 그대가 착한 일을 하고자 하면 백성들은 저절로 착해지게 마련이다. 군자의 덕은 바람이오, 소인의 덕은 풀이다. 풀 위로 바람이 불면 풀은 바람 부는 방향으로 반드시 눕게 마련이다(子爲政 焉用殺. 子欲善而民善矣/ 자위정 언용살. 자욕선이민선의, 君子之德風, 小人之德草. 草上之風, 必偃/ 군자지덕풍, 소인지덕초. 초상지풍, 필언)."라고 대답하였다.

왕부지는 아래와 같이 설명한다.

"손괘가 바람이 되는 까닭은 기氣를 움직이는 것이 양기이기 때문이다. 양기가 밖에서 모였는데 엷은 음이 안에 있어서 양이 들어갈 수가 없는 상황에서 음이 약하여 자극하지 않으니, 양이 은미한 움직임을 타고서 왔다갔다 하며 회오리바람으로 모인다. 그리하여 움직이게 하고 격탕시키며 바람으로 분다. 그래서 모여서 여기서 바람이 불면 저기에서는 빈다(허虛)." 장자는 "매서운 바람이 찾아들면 텅 빈다."라고 하였다. 텅 비어서 음이 들어온 것이다. 들어와서 잘 어울리게 되면, 날이 갰다 비가 왔다 하는 것이 고르며 온갖 것들이 번창하게 된다.

'바람을 따름'이란 앞선 바람이 지나가면 뒤에 오는 바람이 다시 일어난다는 말이다. 그런데 회오리바람일 경우에는 서로 이어지지 않는다. 그러므로 아침을 넘길 수 없는 것이다. (노자 23장, 飄風不終朝, 聚雨不終日/ 표풍부종조, 취우부종일; 회오리바람은 아침 내내 불지는 않고, 소나기 또한 종일 내리지 않는다.) 서로 따르며 그치지 않음은 바람이 부드럽고 온화하기 때문이다. …

군자가 장차 백성들을 흥하게 하려고 일을 벌이면 명령을 내리고 또 거듭해서 명령을 내린다. 그런데 그 처음의 명령이 급박하지도 않고 이어지는 명령도 싫은 것이 아니어서 백성들 속에 파고 들어가서는 일을 하러 모여듦을 기대할 수 있다. 마치 바람이 서로 이어지며 불면 풀들이 모두 순종하며 눕는데, 찬바람이 불었다 더운 바람이 불었다 하며 점차 이루어지는 것과 같다. 바로 이러함에서 본보기를 취하니, 가르치지 않음, 경계하도록 하지 않음, 명령을 태만히 함과 같은 3가지 악이 없는 것이다.

그런데 이 '대상전'에서 단지 '일을 행한다'라고만 말한 것은 정치적 행위와 관련시켜서 한 말이다. 그리고 이것이 가르침을 말하지 않는다는 것을 분명히 하고 있다. 만약에 가르침이라면, 마음이 통하지 않아 애달아하지 않는 데도 가르쳐주고, 입으로 표현이 안 되어 답답해하지 않는데도 가르쳐 준다는 것이 된다. 이러한 태도의 대상에게는 한번 말하고 또 말하여 지껄여 보았자 한갓 쓸데없는 짓일 뿐 전혀 도움이 안 되는 것이다. (공자의 교육철학은 아무에게나 아무 때나 가르쳐주어서는 안 된다는 것으로 배우고자 하는 이가 '마음이 통하지 않아 애달아하지 않으면 가르쳐주지 말고, 입으로 표현이 안 되어 답답해하지 않으면 가르쳐주지 마라!'고 하였다. 不憤不啓, 不悱不發/ 불분불계, 불비불발)."

〈손괘 해설〉

손괘는 위와 아래가 바람이니, 크게 통하지 못하고 조금씩 통하는 괘이다.

갈 길이 있으면 이롭고, 대인을 만나면 이롭다.

손은 바람을 상징한다. 이 괘는 손이 두 개 겹친 형상으로, 산들산들 불어오는 바람이다. 바람이 물체를 만나면 부드럽게 몸을 피해 간다.

손이란 겸손하고 사양하는 것을 말한다. 바람은 또 어떤 구석이라도 파고든다.

어떤 관계에서도 유연성 있게 적응성을 가지고 들어갈 수가 있다.

그러나 지나친 유연성이 무원칙이 될 수 있으므로 조심해야 한다.

◆ 58 ◆

공부함에는 서로 토론하고 권면할 동지가 필요하다

58괘 중택태(重澤兌) ䷹

「象」曰: 麗澤, 兌. 君子以朋友講習.
상 왈 여택 태 군자이붕우강습

「대상전」: 연못이 두 개 나란히 연결되어 있는 모습이 태괘이다. 군자는 이를 본받아, 친구(붕우)들과 더불어 서로 강론, 학습하여 배움을 증진시킨다.

『예기』 '학기學記'에 "홀로 공부하기만 하며 같이 연마하는 친구가 없으면, 그 배움이 고루해지고 과문하게 될 뿐이다(獨學而無友, 則孤陋而寡聞/ 독학이무우, 즉고루이과문)."라고 하였다. 태괘의 두 연못은 서로 통하여 서로의 수량과 생기를 돋우어 주는 형상이다.

왕부지는 이렇게 설명한다.

"여기에서 말하는 연못은 하천이 흘러가는 땅의 형체, 즉 하천의 몸을 가리킨다. 이 태괘를 이루고 있는 괘들의 획들을 보면 위는 비어 있고 아래는 꽉 차 있다. 이는 감괘坎卦(水)가 상징하는 물이 아래로 흘러가는 것을 틀어막은 것인데, 제방을 쌓아서 물을 가두어 놓고 농작물에 필요할 때 물을 대서 그것들을 윤택하게 하는 상이다. 그러므로 위에서 쌓아놓은 것을 수송하여 아래에 내려주니 '은택恩澤'이라 하는 것이다. 연못은 비록 물이 구불구불 흘러간다 하더라도 고정되어 하나의 연못을 이룬다. 그러므로 소성小成 태괘를 중첩한 것에 대하여 위, 아래로 구분하여 말할 수가 없기 때문에 두 개의 연못이 좌우로 나란히 흘러감에서 상을 취한 것이다. 이렇게 하여 두 개의 연못이 서로 연결되어 있음이 된 것이다.

이 태괘는 두 개의 연못물이 나란히 흘러가는 것인데, 마치 서로 상대에게 못 미치는 듯이 경쟁하며 행동하기를 권면하는 모양이다. 그러나 이들도 결국 똑같이 큰 하천으로 흘러 들어가고 바다에 이르는 것으로 귀결된다. 군자의 도리로서 학문을 하는 이들은 한결같이 성인을 귀결점으로 삼는다. 그리고 인류공동체를 유지하게 해주는 것들을 널리 섭렵함과 예를 위주로 간추림(博文約禮/ 박문약례), 문文과 질質, 근본에 해당하는 것과 지엽적인 것들, 먼저 해야 할 것과 나중에 해야 할 것 등의 각기 다른 취향에 대해서 각자 그 자질에 가까운 바를 가지고서 통한다.

그러나 오직 자기 자신만을 위한 나머지 사사로운 뜻을 이루게 될까 봐 두려워하는 것이니, 동문과 동지들에게 보탬이 되는 배움을 택하여 서로 함께 절차탁마切磋琢磨하는 데, 각기 자신들의 할 말을 다하여 치열하게 서로 토론하고 논증한다. 이렇게 논란을 벌일 적에는 마치 서로 앞을 다투며 이기려고만 들고 서로 양보하지 않는 듯하지만, 논란이 끝나 이미 통하게 되면 모두 성인의 길에 이르게 된다. 이는 마치 나란히 가는 연못이 뒤처지려 하지 않으면서 서로 합하려 애쓰는 것과도 같다."

〈태괘 해설〉

태괘는 물과 물이 서로 만나므로 만사가 형통한다.

태란 즐거워하는 것이다. 태는 연못, 소녀, 입을 나타낸다.

이 괘는 두 개가 나란히 겹쳐 있어서 처녀 둘이 즐겁게 말하며 웃는 모습을 보여주고 있다.

그곳에 보는 사람을 저절로 미소짓게 하는 화목한 분위기가 있는 것이다.

이 괘는 즐겁고 화목하게 사는 것이 중요함을 말하고 있다.

입은 마음을 통하게 하지만, 잘못되면 더러워지고 오고 가는 말이 불화를 가져온다.

◆ 59 ◆

흩어진 천지의 기운을 모으기 위해 하늘에 제사를 지내고 새로운 출발을 준비한다

59괘 풍수환(風水渙) ䷺

「象」曰: 風行水上, 渙. 先王以享于帝立廟.
상 왈 풍행수상 환 선왕이향우제입묘

「대상전」: 바람이 물 위로 다님의 형상이 환괘이다. 선왕(문명의 창조자)은 이를 본받아, 천지신명에게 제사를 지내고 종묘를 세운다.

"환渙"은 "흩어진다"는 뜻이다. 바람이 물 위를 가며 모든 것을 흩날려 버리는 것이 환괘의 모습이다. 모든 것이 흩어지게 되면 조상들의 영령들도 다 흩어지게 마련이다. 정기가 흩어지면 천하에 간난이 생겨나게 되니 이러한 환난의 시대에는 상제(하느님)에게 제사를 지내고, 종묘를 세워 이산된 민심을 다시 규합하여야 한다.

왕부지는 이렇게 설명한다.

"이 환괘와 다음의 60번째 괘인 수택절괘水澤節卦는 서로 '종綜(상하를 180도 뒤집어 놓은 모양)'의 관계를 이루고 있다. 절괘는 검소하고 모으는 것임에 비하여, 환괘는 흩뜨리고 풍성하다. 바람이 물 위로 불면서 아까워하거나 멈추는 바가 없음은 지극히 아름답고 훤하게 드러나는 볼거리이다. 선왕께서 천지신명에게 제사를 지내고 종묘를 세운 것은 하느님과 조상들을 섬기고자 함이니, 재물에서 아까운 바가 없고 힘에서도 인색해함이 없다. 그런데 성인들께서는 이렇게 하다 보면 자기에게 남아나는 것이 없다는 것을 근심하지 않고, 백성들에게는 아무리 주기 어려운 경우까지도 괘념하지 않고 다 주었다. 심지어는 땔감이나 짐승 먹일 풀까지도 모두 널리 취하여 가볍게 썼다. 이는 절괘가 백성들을 수고롭게 하지 않고 재물을 손상하지 않음을 원리로 삼는 것과 다르다. 이른바, '자기가 마시고 먹는 것은 박하게 하면서도 귀신에게는 효성을 다한다'고 함이다. 여기서 '선왕'이라고 한 것은, 천지에 제사 지내는 것과 조상신에게 제사 지내는 예는 나라를 창건한 이가 정하였기 때문이다."

〈환괘 해설〉

환괘는 일이 형통하는 괘이다. 환은 분산하다, 분산시키다는 의미를 갖고 있다. 돛을 달고 배가 물 위를 가는 상이라고 알려져 밖을 향해 큰 기운을 발산하고 대사업을 이룩해 가는 시기이다.

괘의 형상은 수면 위를 불어 가는 바람이 물결에 떠도는 나뭇잎이나 검불을 흩트려 놓는 상태를 나타내고 있다.

정체된 상태를 불어 젖히고 새로운 출발을 기하는 데는 좋은 괘이다. 그러나 흩트린다는 것은 어두운 전도를 암시함으로 위험과 난관을 대비하는 것이 필요하다.

◆ 60 ◆

사물을 다스리는 데는 수효와 정도를 다스리는 규범이 필요하다

60괘 수택절(水澤節) ䷻

「象」曰: 澤上有水, 節. 君子以制數度, 議德行.
상 왈 택상유수 절 군자이제수도 의덕행

「대상전」: 연못 위에 물이 있는 형상이 절괘이다. 군자는 이를 본받아, 수數와 도度를 제정하고, 덕행을 의논한다.

수도數度라는 것은 그 수數에 맞는 도度를 의미하며, 궁전, 가옥 규모, 의복, 기물 등 국가사회의 다양한 질서규제에 있어서의 신분, 등급을 의미하는 데, 수가 많은 것을 귀하게 여기는 것도 있고 수가 적은 것을 귀하게 여기는 것이 있으며, 그 정도가 높은 것을 귀하게 여기는 것이 있는 한편 낮은 것을 귀하게 여기는 것도 있다.

왕부지는 이렇게 설명한다.

"많고 적은 것을 수數라하고, 길고 짧은 것을 도度라 한다. 『예기禮記』의 '예기禮器'편에서 '많은 것을', '적은 것을', '높은 것을', '낮은 것을'이라 한 것들이 이것이다. '덕행'은 타자들에게 베풀어진 덕을 의미하는데, 이를 두텁게 하느냐 엷게 하느냐, 굳세게 하느냐, 부드럽게 하느냐에 준칙이 있어, 이들은 연못이 물을 받아들이는 데는 한계가 있다는 것과 물이 연못에 담겨 있으면 저절로 필요한 데 대주기에 충분하다는 것을 본뜬 것이다. 군자는 이러한 원리와 방식으로 세상 사람들의 뜻함을 통하게 해주고 애쓰는 것을 이루게 해준다. 그러므로 군자의 절제함은 물이 없는 채 스스로도 곤고해지고 남도 곤고하게 하는 것이 아니라, 도는 본래 남음이 있으니 베풀어 주는 데 알맞은 만큼 맞추어서 줌이다."

〈절괘 해설〉

절괘는 모든 일이 형통하는 괘이다.

괴로운 절제는 마음을 바르고 곧게 가질 수 없다.

절이란 한계를 지켜 머물다라는 의미로 이른바 절도를 지키는 것이다.

절의 본래 의미는 대나무의 마디를 가리키는데, 그 마디로 한계를 짓는 것이다.

괘의 형상도 연못이 물을 담고 있는 상태를 나타내며, 강물이 범람하지 않고 마르지도 않게 조절되어 있는 것이다.

절을 지킴으로써 참된 행복이 있는 것이다. 그러나 너무 절을 고집하는 것도 좋지 않다.

절제가 너무 지나쳐 병에 걸린다면 아무 효과가 없기 때문이다.

◆ 61 ◆

옥사를 논의함에는 성실한 신중함이 필요하다

61괘 풍택중부(風澤中孚) ䷼

「象」曰: 澤上有風, 中孚. 君子以議獄緩死.
상 왈 택상유풍 중부 군자이의옥완사

「대상전」: 연못 위로 바람이 부는 모습이 중부괘이다. 군자는 이를 본받아, 옥사를 의논하고 사형을 완화한다.

연못 위에 바람이 불면 파랑이 생기듯이 성실함이 있으면 사람을 감동시킨다. 중부괘의 모습은 인간의 내면적 성실함에 관한 것이다. 군자는 인간의 생명을 말살시키는 옥사에 관하여 신중하게 의논해야 할 것이다.

왕부지는 이렇게 설명한다.

"아래의 태괘兌卦는 언설言說을 의미하기도 한다. 그래서 상세히 의논하여 적당함을 이끌어 내는 것을 상징한다. 위의 손괘巽卦는 바람으로서 조화를 이루며 완만함을 상징하는데, 이렇게 하면서 의논이 진실과 정의에 입각하여 결론이 나기를 기다리는 것이다. 그리고 손괘는 명령을 내려 아랫 사람들에게 은택을 내림을 상징하기도 한다. 이는 관용의 도이다. 그러나 완만하게 처리하며 의논을 상세히 하는 것은 억울함이 없도록 하는 것일 따름이지, 죄 있는 사람을 놓아주어 법을 무너뜨리고자 하는 것이 아니다. 완만히 하고 상세히 의논함으로써 죄 있는 이의 마음에 믿음이 쌓인 뒤에 죽인다면, 그가 비록 죽더라도 원망함이 없는 것이다."

〈중부괘 해설〉

중부괘는 돼지와 물고기가 길한 괘이다.

중부란 마음에 성실함이 넘쳐 있는 것이다.

위에 있는 바람이 사방에서 불어닥쳐 아래에 있는 연못을 움직인다.

즉, 윗사람의 성의 있는 마음이 아랫사람을 감동시켜 즐겁게 따르도록 한다.

지성이면 감천이라. 성의를 가지고 나아가면 위난을 극복하고 뜻을 성취할 수 있다.

또한 상하괘가 입을 맞대고 있는 형상으로 진실하게 결합된 두 사람을 상징하는 괘이다.

◆ 62 ◆

약간 지나칠 정도로 조심함이 필요한 경우도 있다

62괘 뇌산소과(雷山小過) ䷽

「象」曰: 山上有雷, 小過. 君子以行過乎慕, 喪過乎衰, 用過乎儉.
상 왈 산상유뢰 소과 군자이행과호모 상과호쇠 용과호검

「대상전」: 산 위에 우레가 있는 모습이 소과괘이다. 군자는 이를 본받아, 행동할 때는 지나치게 공손할 정도로 하고, 상례를 치름에 있어서는 지나치게 슬플 정도로 하고, 씀씀이에 있어서는 지나치게 검약할 정도로 해야 한다.

'대장괘大壯卦(뇌천대장)'에서는 '우레가 하늘 꼭대기에서 울려 퍼진다(뇌재천상雷在天上)'이었으나, '소과괘'에서는 산 위의 우레로서 작은 것이지만, 거대한 산을 제압하고 울리는 면이 있다. 괘의 모양상으로도 음小이 4개로써 양大 2개보다 많아서 지나치다過.

왕부지는 이렇게 설명한다.

"우레가 산 위에 있어서는 땅속에 있는 것들을 내리치면서 격동시킬 수가 없다. 그런데 허공으로 올라가게 되면 음기는 응취하여 왕성해지는 것이다. 소과괘는 음들이 지나치다. 그래서 양은 목에 힘을 주고 오만함을 내보이더라도 음은 공손하다. 그래서 양은 즐기고 음은 슬퍼하며, 양은 풍요롭고 음은 검약하다. 그렇더라도 양은 게으름에 빠지지 않고, 기욕에 휩쓸려 가지는 않으며, 참살로 흐르지 않음으로써 그 지나침의 정도를 넘지 않아야 한다."

〈소과괘 해설〉

소과괘는 만사가 형통하는 괘이다.

작은 일은 할 수 있지만 큰일은 할 수 없다. 오르는 것보다 내려가는 것이 현명하다.

소과란 작은 죄가 너무 많다는 것과 또한 약간 지나치다는 뜻이다.

대과의 괘와는 정반대이다. 소라는 것은 음을 말하는데 음효가 양효에 비해 많은 것이다.

즉 소인들이 판을 친다는 뜻이다.

괘의 형상은 상하가 서로 등지고 있어, 두 효를 합치면 위험이 된다.

무리하게 문제를 취급하려 들지 말고 사무를 민첩하게 처리하는 것이 중요하다.

너무나 소극적이라고 할 만큼 저자세로 일에 임하면 크게 길할 것이다.

◆ 63 ◆

음양의 적절한 조화를 유지하여 파국을 예방한다

63괘 수화기제(水火旣濟) ䷾

「象」曰: 水在火上, 旣濟. 君子以思患而豫防之.
상 왈 수재화상 기제 군자이사환이예방지

「대상전」: 물이 불 위에 있는 형상이 기제괘이다. 군자는 이를 본받아, 환란이 올 것을 생각하여 그런 일이 발생하기 전에 미리 방비한다.

물이 불 위에 있으면 물은 불을 죽인다. 불이 물을 끓여 더운물을 쓰고, 음식을 만들어 생명을 유지하게 하는 그 문명의 비결은 솥이 있기 때문이다. 솥이 그 양자를 갈라놓고 각기 쓰임이 있도록 만들어 주는 것이다. 그런데 솥에 구멍이 나면 만사휴의萬事休矣이다. 이같이 균형이 깨지고 각 물들이 제구실을 못하여 혼란에 빠지고 실패하는 것이 환란이다. 군자는 이 같은 환란을 항상 생각하여 그 예방책을 강구하여야 한다.

왕부지는 이렇게 설명한다.

"물이 불 위에 있다는 것은, 거기에는 반드시 물을 싣고서 불과 사이를 두게 하는 것이 있다, 그래서 물이 아래로 쏟아져 불을 꺼버리지 못하도록 방지하는 것이다. 군자는 중도中道를 지니고 있음으로써 미리 음, 양을 조화롭게 하여 예방한다. 예컨대 불이 위로 물에까지 그 기를 전달함으로써 알맞게 익히는 작용을 이루는 것처럼, 서로 다투면서 멸망해 버릴 근심을 그치도록 하는 것이다. 생각건대 이는 다른 것을 실어주는 원리와 방식으로 남을 이루어 줌이다."

〈기제괘 해설〉

기제괘는 형통한 것이 작은 괘이다. 처음에는 길하나 나중에는 어려울 것이다.

기제란 만사가 이미 이루어진, 일이 모두 성취됨을 뜻한다.

이 괘는 각 효 모두가 정위正位에 있는 데다 바로 응하고 있다. 역의 이론에 의하면 이상적이다.

고난과 노력 끝에 모든 사람이 상응하는 지위를 얻어 안정되고, 일치 협력해서 평화를 지키고 있는 상태이다.

그러나 역이란 끊임없이 변화하며 완성은 동시에 붕괴의 시작인 것이다.

완성되면 창조의 기운은 다 없어지고 만다. 현상 유지가 무엇보다 필요한 시기다.

64

사물을 확실히 분별하여 적절히 배치함으로써 이루지 못함을 벗어난다

64괘 화수미제(火水未濟) ䷿

「象」曰: 火在水上, 未濟. 君子以愼辨物居方.
상 왈 화재수상 미제 군자이신변물거방

「대상전」: 불이 물 위에 있는 형상이 미제괘이다. 군자는 이를 본받아 물物들을 잘 분별하고 제각기 있어야 할 장소에 둘 수 있도록 신중함을 다한다.

불이 위에 있고 물이 아래에 있으므로 서로 만나지 아니한다. 양자가 확실하게 분리되어 구분된다. 사물을 분변하고 제각기 있어야 할 적재적소에 배치함으로써 '미제'의 상태를 벗어날 수 있다.

왕부지는 이렇게 설명한다.

"'거방居方'이란 사물들의 성性과 정情 및 이들이 일으키는 효과에 따라 그 편안해함대로 처리하고 각기 그 나뉜 위치에 거처하게 하여 서로를 문란하지 않게 함이다. 변별함에서 신중히 함은 앎이 밝은 것이고, 거처함에서 신중함은 처신함이 타당한 것이다. 불은 본래 위로 올라가고 물은 본래 아래로 내려가니, 둘은 서로 이루어 주지 않는다. 물을 불 위에 올려놓으면 삶아서 익히는 효과를 내지만 거기에는 우환 또한 따른다. 그래서 기제괘에서는 반드시 이를 방비한 것이다.

변별함이 분명하여 각기 그 거소에서 살아가게 두면, 비록 아직 공을 이룬 것은 아니라 할지라도 저절로 허물은 없을 수 있다. 생각건대 이 세상에 존재하는 것들을 보면, 하나의 물이 스스로 하나의 물이 된다. 그래서 올곧은 것들과 음란한 것들, 아름다운 것들과 추악한 것들이 본래 서로 잡스럽게 뒤섞이지 않는다. 그 다름을 알아야 이에 그 같음을 통괄할 수 있다. 물과 불은 꺼지게 함으로써 다투니, 이들에 대해서는 신중하지 않을 수 없다."

〈미제괘 해설〉

미제괘는 형통하는 괘이다.

작은 여우가 날쌔게 물을 건너려다가 그 꼬리를 적신다. 이로울 바가 없다.

혼란 속에 위험과 곤란을 무릅쓰고 광명을 구하는 것이 이 괘인 것이다.

좌절도 있다. 고통도 많다. 해야 할 일이 계속 닥친다.

그것을 단숨에 처리하려 들지 말고 끈질기고 차근차근하게 대처해 나가야 한다.

일치 협력해서 난관을 뚫고 나가는 것이 중요하다.

그것이 가능하면 기가 넘쳐흘러서 건으로 돌아오는 것이다.

◎ **공자의 생애** (BC 551 ~ BC 479)

출생(BC 551년) (주영왕周靈王 21년/노양공魯襄公 22년) 노나라 추읍 창평향 니구산에서 출생(명은 구, 자는 중니), 부친은 송나라 후예 무인 숙량흘, 모친은 무속 집안 안징재.

3세 (BC 549, 노양공 24년) 부친상, 모친과 함께 곡부 궐리로 이사, 어린 공구는 항상 예에 맞게 제기들을 펼쳐놓고 예에 맞게 표정도 지어가며 즐겨 놀았다.

15세(BC 537, 노소공 5년) 배움에 뜻을 두다.

17세(BC 535, 노소공 7년) 모친상.

19세 송인宋人 병관씨의 딸과 혼인.

20세 계평자 집안의 위리委吏(창고보관 업무), 사직리司職吏(목장관리)로 취직. 득남.

30세(BC 522) 공자학단을 세우다. 안로, 증점, 자로 등이 최초로 공문제자 그룹을 형성.

51세(BC 501) 공자는 중도中都의 수장宰에 임명되다. 중도를 다스린 지 1년 만에 사방에서 모두 공자의 통치 방법을 따랐다.

52세(BC 500, 노정공魯定公 10년) 노공실의 사공司空에서 사구司寇로 승진. 노나라 정공과 제나라 경공이 회동한 "협곡회맹夾谷會盟"에서 탁월한 실무능력을 발휘.

54세 대사구. 공자의 활약으로 노나라가 크게 다스려지다.

55세. 노나라가 강성해지는 것을 두려워한 제나라가 미인가무단 80명과 얼룩말 120필, 화려한 의복 등을 보내왔다. 노정공과 계환자는 미인가무단의 강락무에 연일 온종일 흠뻑 빠져 정사에 태만해졌다. 크게 실망한 공자는 자로와 함께 노나라를 떠나, 형제 나라인 위衛나라로 갔다. 다시 진晉나라로 갔다가, 위나라로 돌아와서 대부 거백옥의 집에 머물다.

60세. 아들 백어가 아들(공자의 손자 자사子思)을 낳다.

63세. 오왕 부차의 공략으로 진나라와 채나라가 대혼란에 빠졌을 때, 공자와 제자들은 진나라에 갔다가 와중에 식량이 떨어져 일주일을 굶어 아사 직전까지 갔다.

67세. 공자가 위나라에 체재할 때, 부인 병관씨 사망.

69세. 공자의 외아들 백어伯魚 공리孔鯉 사망.

70세. 공자의 애제자 안회 사망.

73세. 공자, 자공의 품에서 세상을 하직하다. 노성 북쪽 사수泗水 위쪽에 장사지내다. 자공은 6년간 시묘살이.

◎ 왕부지의 생애

왕부지王夫之(1619년~1692년)는 중국 명말明末 청초의 사상가 · 학자이다.

후난성 헝양현衡陽縣 출신이다. 자字는 이농而農, 호號는 강재薑齋. 만년晩年에 형양衡陽의 석선산石船山에 거처를 정하고 있었으므로 선산 선생으로도 호칭되었다.

생애

일찍부터 영재라는 칭찬이 높았고 청년 시대에 향시에 우등으로 합격하였으나, 회시會試에 나아갈 기회가 없던 중에 명이 멸망하였다. 그로부터 향리鄕里, 광둥廣東, 광시廣西의 각지에서 반청反淸 저항운동을 하였으나, 명조 회복의 희망이 없는 것을 깨닫고 은퇴하였다. 이 시기에 스스로 체험한 사실史實을 기록한 것이 그의 저술 《영력실록永曆實錄》이다. 그 후 그는 반만反滿 민족의식과 명조에의 절조를 지켜 청조에 벼슬하지 않고 향리에서 학문연구에 전념하며 고고한 생애를 보냈다.

사상

그의 학문은 다른 명의 유로遺老들과 같이 경세치용經世致用의 의식에 입각한 것으로서, 경학經學 · 사학史學 · 문학文學 등의 제 분야에 통달하고 있었다. 주자학朱子學의 정통적 입장에서 사서오경을 연구하여 독자적 견해를 부가하고 《주역외전周易外傳》, 《주역내전周易內傳》 등을 저작하였다. 노장, 불교사상에 깊은 관심을 기울인 《노자연老子衍》, 《장자해莊子解》, 《상종낙색相宗絡索》 등의 저작은 그의 사상의 철학적 경향을 나타내는 것이다. 《독통감론讀通鑑論》 및 《송론宋論》은 우수한 사론史論이며, 《황서黃書》는 강렬한 화이사상華夷思想에 입각한 정치론이다. 그의 저서에는 화이변별華夷辨別의 사상을 강조한 것이 많다. 그 후 청말의 개량파 및 혁명파의 사상에 깊은 영향을 주었다. 또 그는 시문에도 능하였다. 특히 〈석당영일서론夕堂永日緖論〉의 시론詩論은 높이 평가된다.

저서

100여 종 400여 권에 이르는 저작이 있으나 그가 세상을 떠난 뒤에도 오랫동안 읽히지 않았다. 왕부지는 만년에 궁핍한 생활을 하여 서적은 물론 저술에 필요한 종이나 붓마저도 살 수가 없어서 친한 친구니 문생들에게 빌려야만 했다. 저작이 완성되면 그들에게 주어버렸기 때문에 그의 후손에 남겨진 것은 없게 되었다. 또한 어떠한 유명 인사와도 교분이 없이 오로지 학문연구에만 몰두하여 그의 이름이 거의 알려지지 않았다. 그리고 왕부지는 청조淸朝에 끝까지 저항하였기 때문에 그의 저작들은 대부분 금서로 지목되었다.

『주역내전』

『주역내전』은 왕부지의 67세 때 작품이다. 그의 나이 20대 중반에 명나라가 멸망함으로써 그에게 이제 선비로서 의로움義을 피워낼 국가가 없어져 버린 상황에서, 그는 평생을 명나라의 유로遺老로 살면서 학문에 매진하였다. 그 결과 왕부지는 주희와 함께 중국 전통 철학을 대표할 만한 최고의 경지에 올랐다는 평가를 받는다. 이러한 왕부지의 학문적 완숙기에 이루어진 작품이 바로 이 『주역내전』이다.

이 『주역내전』은 중국철학사 3천년 동안 출현한 걸작 중의 걸작으로 평가할 만하다. 그 까닭은 다음과 같다.

첫째, 의리역학의 정수精髓를 보여주고 있는 이 책은 사람이 어떻게 하면 짐승들과 구별되는 세상을 이루며 살아갈 수 있는지에 대한 대안을 요연하게 제시하고 있다. 『주역』으로 배움을 삼으라 하며, 군자라면 점쳐 얻은 것이 길하든 흉하든, 자신에게 득得이 되는 것이든 실實이 되는 것이든, 똑같은 원리로 보며 자신의 주어진 삶으로 맞이하라는 가르침을 담고 있다.

둘째, 이 책은 동양철학사에서 '인식 체계의 대전환paradigm shift'을 불러일으킬 만한 발상發想을 담고 있다. 도기관道器觀에서 종래의 도道 위주의 세계관을 기器 위주의 세계관으로 전환하며 기氣를 이 세계의 본체로 내세우기 때문이다. 이 책에서는 이를 정치精緻한 논리에 실어 설득력 있게 개진함으로써 기철학氣哲學의 본보기를 여실히 구현하고 있다.

셋째, 이 책은 문 · 사 · 철에 두루 달통한 저자의 식견에 입각하여 동아시아의 고전에 나오는 내용과 역사적 사건들을 예로 들어가며 『주역』을 풀이하고 있다. 따라서 그 풀이의 적실성과 구체성을 그만큼 높인다고 할 수 있다. 즉 그가 13경經과 24사史를 완벽하게 이해하고 있는 바탕 위에서 관련되는 것들을 끌어

다가 괘 · 효사에 담긴 의미를 설명함으로써 『주역』을 그만큼 우리가 가깝게 느끼도록 해준다. 이러한 점들은 왕부지의 『주역내전』이 이전의 그 어떤 『주역』 해설서보다도 수준 높은 것임을 보여주기에 충분하다 할 것이다.

동양 고전과 더불어 산다는 건

4

◆ 01 ◆

일기일회

일기일회一期一會라는 말이 있다. 한자의 의미를 보면 '한 시기에 한 번 만난다'는 뜻인데, 과연 누가 어떤 의미로 먼저 썼는지는 알 수 없으나 통설에 의하면 일본 다도茶道에 있어서 '차를 대접하는 주인과 손님과의 관계에 있어서 그 순간이 일생의 단 한 번뿐인 순간으로 생각하고 주인은 정성을 다해야 한다'라는 정신을 표현한 것이라고 한다. 일본어 발음으로는 '이치고 이치에'이다. (오다 노부나가, 도요토미 히데요시 시대에 활동한 일본 다도의 확립자라고 하는 센노리큐千利休의 제자 소오지宗二가 '야마노우에노 소오지키山上宗二記'에서 '이치고니 이치도노에一期に 一度の 會'라고 한 문구에서 유래하였다고 함.)

수년 전 타계하신 법정法頂 스님의 법문집 제목도 『일기일회一期一會』이다. 법문의 주제는 '삶에서 가장 신비한 일은 지금 이 순간 우리가 이렇게 살아 있다'는 사실이다. 왜냐하면 모든 것은 생애 단 한 번뿐인 인연이기 때문이다. '지금 이 순간은 생애 단 한 번의 시간이며 지금 이 만남은 생애 단 한 번의 인연'이라는 의미에서 일기일회이다라는 말이다.

미국 신문 만화가cartoonist인 빌킨Bil Keane(1922-2011)은 "Yesterday's the past, tomorrow's the future. but today is a gift. That's why it's called the present(어제는 과거이고 내일은 미래이지만 오늘은 선물이다. 그래서 오늘을 프레젠트라고 부른다)." 라는 멋진 경구를 남겼다. 동서양을 막론하고 긍정적인 사고는 멋진 여운을 남긴다. 로마시인 호라티우스는 카르페 디엠carpe diem(현재를 잡아라)을 노래했다. 오늘을 누리고 현재에 충실하라는 뜻일 것이다. 과거에 너무 연연하지 말고 너무 장밋빛 미래만 꿈꾸지도 말고 우선 서 있는 자리에서 수처작주隨處作主하는 것이 중요하다.

미국속담에 '성공이란 원하던 결과를 얻는 것이라면, 그 과정을 좋아하는 것이 행복이다'라는 말이 있다. 논어에 나오는 '지지자불여호지자, 호지자불여락지자 / 知之者不如好之者, 好之者不如樂之者' '(올바른 것을) 아는 것은 좋아하는 것만 못하고, 좋아하는 것은 즐기는 것만 못하다'라는 맥락과 상통하는 것이라고 생각이 된다.

세상에 어느 누가 좋은 사람이 되고 싶지 않고, 좋은 일을 하고 싶지 않겠는가. 모두 하고 싶을 것이고, 사람들은 마땅히 어떻게 해야 하는지 알고 있으며, 그 이치도 다 이해한다. 그러나 실제로 그렇게 해내는 사람은 드물다. 우리는 생각할 수는 있는데 해내기는 어려운 것이다. 운동이 신체에 유익하다는 것을 아는 것이 곧 '지지자'이고, 날마다 하는 것이 '호지자'이지만, 하더라도 하루 이틀 해보다가 오늘은 피곤하니 내일 다시 하자고 멈춘다면 '낙지자'가 아니다. 진정으로 인생을 의미 있게 살려면 꾸준히 반복하여 좋은 습관을 길러가서 일부러 애써 생각하지 않더라도 날마다 자연스럽게 즐기는 경지에 들어가야 하는 것이다.

"감사할 줄 모르는 자를 벌하는 법은 없다. 감사할 줄 모르는 삶 자체가 벌이기 때문이다."라는 말이 있다. 우리가 하루하루를 좋아하고 즐거운 마음으로 살아가지 않으면 그로 인하여 생겨나는 그 찌푸림과 불쾌함과 남에 대한 원망의 마음이 바로 자신이 초래한 벌인 것이다. 선불교禪佛教의 말에 '물을 마시는 사람만이 그 물맛이 얼마나 차고 더운가를 알 수 있다'고 했다. 깨달음이란 맛보는 것이니 아무도 남이 대신 해줄 수 없고 다만 스스로 실전하여 맛보아야 할 것이다.

사회가 온통 현실에 대한 불만과 남의 탓을 하기에 바쁘다. 계층 간의 갈등도 부자와 빈자는 물론 젊은이와 노년, 남과 여, 사회주의와 민주주의 등 다양한 분야에서 더욱 격렬한 형태로 분출되고 있다. 마음을 가라앉히고 한 번뿐인 귀중한 오늘을 보람있게 보내기 위하여, 우리의 가치 있는 삶을 위해서 담담한 마음으로 현재에 집중해 보자.

(2018년)

◆ 02 ◆

천도는 있는가 없는가?

나의 애장서 중에 사마천이 저술한 '사기열전史記列傳'이 있다. 이 책의 제1편 백이열전伯夷列傳에는 "천도가 있는 것인가 없는 것인가(천도가 옳은 것인가 그른 것인가 : 天道是也非也/ 천도시야비야)"라는 구절이 있다.

한무제의 사관인 태사령으로 근무하던 아버지가 죽자 38세이던 사마천은 아버지의 대를 이어 태사령으로 임명되었고 잘 나가던 중 이릉李陵을 변호하다 하루아침에 커다란 시련을 맞게 된다. 당시 무제는 이광리(무제의 애첩 이씨부인의 오빠)에게 주력인 3만 기병을 주어 천산 방면으로 출격하게 하고 동시에 거연 북쪽으로 이릉의 독립부대가 출전하여 두 개의 전선이 형성되었는데, 이광리가 어설프게 흉노에게 포위되어 군대의 7할을 잃고 거의 패전하였다.

청렴 강직하고 충성심이 강한 무장이었던 이릉은 이광리 휘하의 후방부대 지휘관으로 삼으려는 무제의 의사에 반하여 독립부대출전을 고집하여 겨우 보병 5천 병력을 이끌고 흉노정벌에 나섰으나 3만의 흉노 기병과 용전감투 끝에 천한天漢(무제 때는 연호가 여러번 바뀌었음) 2년(BC99년. 사마천이 46세 때로 제법 백관들 중에서도 연배가 있고 말빨이 먹힐 때였음), 부대는 8일간 사투를 벌이다 거의 전멸하였으며 이릉 자신도 인사불성에 빠졌다가 포로가 되었다(항복하였다고도 함). 당시 전선으로부터 승보가 전해질 적마다 무제와 한실의 백관들은 갈채를 하고 있었으나, 일단 패보에 접하자 무제의 명을 거절하고 독립부대를 이끌고 출병한 사실 자체를 탐탁히 않게 여기었던 무제의 속마음을 읽었던 백관들은 태도를 돌변하여 패전의 책임을 이릉에게 지우고 이광리를 비호하고자 입을 모아 이릉을 비난하였다. 사람들은 이 사건을 두고 이씨 가문의 명예에 먹칠을 한 것일 뿐만 아니라 한나라 조정의 체면을 깎아내린 것이라고 맹비난하였다.

그때 이릉의 충성스럽고 성실함을 아는 사마천만이 이릉을 감연히 변호했으므로 무제의 역린을 거슬러 하옥되었는데, 그가 선택할 수 있는 것은 세 가지 중 하나였다. 첫째, 법에 따라 주살될 것, 둘째, 돈 오십만 전을 내고 죽음을 면할 것, 셋째, 궁형을 감수할 것. 사마천은 두 번째 방법을 취하고 싶었으나 중인에 불과했던 그가 그런 거액을 낸다는 것은 불가능했고, 결국 마지막 것을 선택했다. 목숨이 아까워서 그런 것은 아니었고 역사서를 완성하라는 부친의 유지를 받들기 위해서 모든 수치와 괴로움을 감수한 것이었다. 그러한 수치를 감수하고 살아남아 BC 91년 다시 무제에 의하여 중서령中書令을 제수받아 잠시 벼슬살이를 하였다. 사기는 이때쯤 거의 마무리가 되었는데 사마천은 사기 집필을 완성하고 나서 바로 그해 또는 그 이듬해 세상을 떠났던 것으로 보인다.

사기열전 제1편 백이열전에 나오는 사마천의 심정을 담은 부분을 그대로 옮겨 보면, 사마천은 백이, 숙제가 수양산에서 굶어 죽은 이야기를 서술한 후에, 이렇게 말한다.

"이것을 가지고 본다면 백이와 숙제는 하늘을 원망하였다고 할 것인가, 그렇지 않다고 할 것인가?

어떤 이는 말한다. 『하늘의 도는 친하고 소원함이 없어, 항상 선인의 편에 있다』고.

백이와 숙제 같은 이는 선인이라고 말할 수 있을 것인가, 그렇지 않은가? 어짊을 쌓고 행동을 깨끗하게 함이 이와 같았것만 그러고도 그들이 굶어 죽다니! 또 공자는 70명의 제자 가운데서 홀로 『안연은 학문을 좋아한다』고 칭찬하였다. 그러나 안회는 자주 끼니를 굶었으며 술지게미나 겨 밥 같은 악식도 실컷 먹지 못하였다. 그리고 일찍 죽었다. 하늘이 선인에게 보답해 베풀어 줌이 그 어찌 그러한가? 도척은 날마다 죄 없는 사람을 죽이고, 사람의 생간을 회 처먹었다. 포악하고 패려하고 방자하여, 수천 명의 도당을 모아 가지고 천하를 제멋대로 돌아다녔으나, 마침내 장수하여 목숨대로 살다가 죽었다. 이것은 무슨 덕을 좇아서 그러한 것인가? 이런 것은 그러한 사례 중에서 가장 크게 드러나고 명백한 것일 뿐이다. 근세의 사례를 살펴본다면 행동이 절제가 없어서 오로지 남이 꺼리고 싫어하는 악행만을 일삼는데도 일평생을 편안하고 즐겁게 지내며 부귀가 여러 대를 두고 끊어지지 않는 자가 있다. 그런가 하면 혹 땅을 가려서 디디고 적합한 때를 기다려서 말을 하며, 큰길이 아니면 다니지 않고 공정한 일이 아니면 분발하지 않는 데도 환난과 재앙을 만나는 사람이 이루 다 셀 수 없을 만큼 많다. 나는 매우 이런 사실에 대해서 미혹하고 있다. 소위 천도라는 것이 정말로 이런 것인지 아닌지를.

공자는『도가 같지 않으면 서로 더불어 꾀하지 않는다』고 하였다. 이 말은 역시 각각 그 뜻하는 바에 좇는다는 것이다. 그러므로 공자는『부귀를 만약 구하여 얻을 수 있는 것이라면 비록 남의 말채찍을 잡는 천한 일일지라도 나 역시 할 것이다. 만약 구하여도 얻을 수 없는 것이라면 나는 내가 좋아하는 바에 따라 도를 행하고 덕을 닦을 뿐이다. 추운 겨울이 된 뒤라야 소나무와 잣나무가 늦게 조락하는 것을 안다』고 하였다.(歲寒然後 知松柏之後凋/ 세한연후 지송백지후조) 온 세상이 혼탁한 때라야 청렴한 선비가 비로소 드러난다는 말이다.(擧世混濁 淸士乃見/ 거세혼탁 청사내현) 어찌하여 부귀를 중하게 여김이 저와 같고, 군자를 가볍게 여김이 이와 같은 것인가?

「군자는 죽은 후에 이름이 일컬어지지 않을 것을 걱정한다」. 가의賈誼는「탐욕한 사나이는 재물 때문에 죽고, 열사는 이름을 구하여 죽는다. 뽐내는 자는 권력을 위하여 죽고, 많은 서민들은 사는 것을 그저 믿을 뿐이다」고 하였다.『밝음이 같으면 서로 비치고, 류가 같으면 서로 찾는다.』『용龍 간데 구름이 일고, 범 간데 바람이 일어난다.』『성인이 나타나면 천하 만물이 그를 우러러본다.』

백이, 숙제가 비록 어지나 공자의 칭찬하는 말을 얻어서 그 이름이 더욱 드러났으며, 안연이 비록 학문에 독실하였으나 파리가 준마의 꼬리에 붙어서 천리를 갈 수 있는 것처럼 공자의 칭찬을 얻어서 그 덕행은 더욱 현양되었다. 산중에 은거하는 선비로서 나아가고 물러남에 있어 (백이나 안연처럼) 시의에 맞게 하는 사람이 있다. 그러나 이와 같은 사람들의 이름이 그대로 사라지고 세상에 알려지지 않으니 슬픈 일일진저. 촌항의 사람으로서 행동을 가다듬어 이름을 드러내고자 하는 자가 청운의 선비에게 붙지 않으면 어찌 후세에 이름을 남길 수 있겠는가."

천도나 하느님은 있다고도 할 수 있고 없다고도 할 수 있겠으나, 종국에는 반드시 사필귀정일 것이라고 믿는 것이 지혜로울 듯 싶다.

(2019년)

03

호연지기

일이란 평소에 미리 꾸준히 준비하며 차근차근 진행해야 좋은 결과를 볼 수 있는 것이지 막연히 서두르다가는 더 큰 낭패를 볼 수 있다. 녹음이 우거진 이즈음 주위를 살펴보면 어느새 살구, 복숭아, 자두 등 햇과일들이 성큼 자란 것을 알 수 있다. 아무런 말 없이 때를 기다리고 순환하는 자연의 절기에 맞추어 부지런히 자라고 열매 맺는 천지의 조화가 인간의 마음을 숙연하게 한다. 맹자 진심편에서는 "흐르는 물은 웅덩이가 차지 않으면 흘러가지 않는다"라고 하여, 학문이 점진적으로 이루어짐을 강조하고 있다. 어찌 학문뿐이겠는가? 모든 일이 순서가 있고 때를 기다려야 하는 것이다.

맹자(공손추장구 상)에서 유래한 '조장발묘助長拔苗' 혹은 '알묘조장揠苗助長'이라는 고사성어가 있다. '조장助長'은 '자라도록 돕는다'는 뜻인데, '조장발묘'는 '빨리 자라라고 모를 뽑는다'는 뜻이 된다. 빠른

성과를 보려고 무리하게 다른 힘을 더하여 도리어 그것을 해치게 됨을 이르는 말이다. 맹자孟子와 제자인 공손추公孫丑의 대화이다.

공손추: '선생님이 잘하는 장기는 어느 방면의 것입니까'

맹자: '내 장기는 지언知言(남의 말을 잘 분석하여 알아듣는 능력)과 나의 호연지기浩然之氣를 선양善養할 줄 안다는 것이다'

공손추: '호연지기'가 뭡니까?

맹자: '정말 그것은 인간의 언어로 설명하기가 어려운 것이다. 그것의 기氣됨이 지대至大하고 지강至剛하여, 정의감에 의하여 배양되고 사악함에 의하여 상해 받지 않는다면 6척 단신의 기라 할지라도 천지지간에 꽉 들어차는 것이다. 그 기氣됨이란 항상 의義와 배합되며 도道와 더불어 하는 것이니, 인간에게 이것이 결여되면 그 인간은 활력이 없어지고 시들어 버린 쭉정이가 되고 만다.

그렇기 때문에 호연지기라는 것은 의로움에 의하여 일상적으로 축적되어 인간 내면에서 온양, 배양되는 것이지, 어떤 돌발적인 정의감이 우발적 행동에 의하여 취득되는 그런 것이 아니다.(是集義所生者, 非義襲而取之也) 인간이 행동을 하고, 그 행동을 마음에 돌이켜 볼 때 꺼림직하거나 뒤가 캥기는 구멍이 있으면 그 인간은 결국 시들어 버리고 만다. 호연지기가 상실되어 활력이 없는 인간이 되어버리고 마는 것이다.

반드시 호연지기를 배양하는 노력을 끊임없이 하면서도 그 노력의 결과를 예기豫期해서는 아니 되는 것이다. 끊임없이 마음속으로 의義를 배양한다고 하는 큰 목적을 잊어서는 아니 되지만, 빨리 효과를 얻기 위해 조장助長하는 짓을 해서는 아니 되는 것이다.

송宋 나라에 자기 밭에 파종한 싹이 영 빨리 자라나지 않는 것을 심히 걱정한 나머지, 밭에 가서 싹을 일일이 다 조금씩 뽑아 올려놓은 사람이 있었다. 그 사람은 아주 지칠 대로 지친 모습으로 돌아오면서 그 부인에게 자랑스럽게 말했다: '오늘 정말 피곤하다! 내가 싹이 자라올라 오는 것을 일일이 다 도와주었다'. 그래서 그 아들이 깜짝 놀라 밭으로 달려가 보니, 아뿔싸 싹들은 이미 다 시들어 버리고 말았다. 이런 얘기가 송나라 사람들의 우화 같고 남의 얘기 같지만, 실은 천하의 모든 사람이 조장하지 않는 사람이 없다. 싹이 자라나는 것을 도와주는 것은 무익하다. 다시 말해서 인간의 기를 배양하는 것에 근원적으로 관심을 갖지 않고 방기하는 것은, 밭에 잡초가 우거지도록 내버려 두는 것과도 같다. 그러나 호연지기를 기른다고 하면서 무리하게 빨리 조장하는 것은 밭의 싹을 뽑아 올리는 것과도 같은 것이다.

명심보감에 욕속부달欲速不達 즉, 빨리하려고 하면 도달하지 못한다라는 말이 있다. 아마도 논어 자로편의 "자하가 거보의 읍재가 되어 정치에 관해 물었다. 공자가 말하기 '서두르려 하지 말고, 작은 이익을 바라보지 마라. 서두르면 통달하지 못하고, 작은 이익을 바라보면 큰일을 이루지 못한다.'(무욕속 무견소리. 욕속 즉부달. 견소리 즉대사불성./無慾速 無見小利. 慾速 則不達. 見小利 則大事不成)"에서 온 성어로 보인다.

지난 문재인 정부 때의 이야기다. 당시 국민들에게 긴급재난지원금을 지급하고 연이어 대권을 꿈꾸는 정치인들은 '기본소득보장' 등의 담론에 불을 붙였다. 행정에도 '조장 행정'이란 용어가 있기는 하다. 하지만, 인간사회에 있어서는 가지고 싶은 것을 못가지고 쉽게 일을 이룰 수 없는 안타깝고도 힘든 '모자람과 결핍' 및 이것을 극복하고 노력하여 쟁취하고 성취하려는 '욕망'이 바로 성장과 발전의 열쇠이다. 채소밭에 어우러진 다른 잡초를 뽑아주고 과다하게 달린 어린 열매를 솎아주는 적절한 관리와 북돋움은 알판 결실을 맺는데 도움이 되겠지만, 당시 급조된 수십조 원 규모의 추경 편성 등 여러 가지 정책이 부채 급증으로 국가신용등급이 언제 추락할지 모르는 위험성을 보고 그것이 현실을 도외시하고 "조장발묘"의 우를 범하는 것이 아닌가 큰 걱정을 하였던 적이 있다.

우리 모두 스스로 노력하는 자세가 부족한 점은 없는 지 자신의 마음을 돌아보고, 의義와 도道가 충만한 호연지기浩然之氣를 함양하도록 다시 한번 마음을 가다듬어 보아야 하겠다.

(2020년)

04

이직보원

요즈음 일부 편향된 사회지도자급 인사들의 무책임한 언동으로 정말 사회의 기초로 삼아야 할 '정의', '공정' 등 가치가 입에 올리기도 부끄러울 정도로 타락되었다. 의도적인 "용어 혼란 전술"인지 혹은 우리가 전통적으로 생각해 오던 그런 '공정, '정의'라는 가치와는 개념부터가 다른 것인지 혼란스럽기 그지없다. 이런 것을 누가, 언제, 어디서부터 바로 잡아야 할는지 정말 막막하기만 하다.

논어 헌문편 36절에서 공자가 "원한은 곧음으로 갚아야 한다.(以直報怨/ 이직보원)"이라고 하신 말씀의 의미를 다시 생각해 보게 된다. 공자님 하면 당연히 원한도 너그러운 마음을 가지고 네가 손해 좀 보더라도 덕으로 갚으라고 해야 할 것인데 왜 이런 말씀을 하셨던 것일까 고개가 갸웃해진다.

"어떤 사람이 말했다. '덕으로 원한을 갚는다면 어떻습니까?' (或

曰 以德報怨 何如/ 혹왈 이덕보원 하여)

공자께서 말씀하셨다. '그러면 덕은 무엇으로 갚을 것인가요? 원한은 곧음으로써 갚고, 덕은 덕으로써 갚아야 합니다' (子曰 何以保德. 以直報怨 以德報德./ 자왈 하이보덕. 이직보원 이덕보덕)"

이에 대하여 정약용은 알게 쉽게 풀이하여 "가볍게 대해야 할 자에게 후하게 대접하면, 후하게 대접해야 할 곳에는 아무 대접도 할 수 없다. 그러므로 덕을 가지고는 덕에 보답하는 것이다."라고 하였다.

나는 이렇게 생각한다. 사회에 해악을 주고 남을 해치는 악의에 대하여 무조건 덕으로 대한다면, 그것은 세상의 의義를 해치는 것이기에 공자님은 끝까지 '이직보원'을 고집하신 것이리라. 시시비비를 정확히 가려서 옳고 그름을 확정한 연후에 용서와 관용이 있는 것이다. 흐리멍덩하게 무조건적인 선의와 아량만을 강조하는 것은 많은 위험성을 내포하고 있다. 하지만 시시비비를 왜곡하는 것은 더 큰 문제이다. 근본이 무너지는 것이기 때문이다.

한편 노자는 도덕경 63장에서 "원한에 대하여 덕을 베풀어라. (報怨以德/ 보원이덕)"이라고 하였다. 원한을 원한으로 갚으면 또다시 원한을 사기 때문에 진정한 복수는 원한을 덕으로 갚는 데 있다는 것이다. 그러나, 왕필王弼은 이것을 주석하기를 "작은 원한은 갚을 것이 못된다(무시하는 것이 오히려 세상살이에 도움이 된다). 커다란 원망은 세상의 모든 사람들이 그를 죽이고 싶어 하는 것이다. 따라서 세상 사람들이 한마음으로 하는 것, 그것을 따르는 것이야말로 진정한 덕이다 (덕이란 단순히 용서하는 것이 아니고 그 사회의 통일되고 인정된 규범에 따라 반대급부를 집행하는 것이 덕이다). (小怨則 不足以報 大怨則 天下之所欲誅 順天下之所同者 德也./ 소원즉 부족이보 대원즉 천하지소욕주 순천하지소동자 덕야)."라고 하여 무조건 원한을 좋게 용서하라는 뜻이 아니고 사회의 큰 악은 징벌하는 것이 덕이라고 알듯 말듯 하게 해석하고 있다. 오히려 '곧음으로써 시시비비是是非非를 가려 원한을 갚아야 한다'고 말씀하신 공자의 주장에 동조하는 듯하다.

요즈음 우리는 같은 나라에 살면서 같은 언어로 소통하는 데도 정의와 공정의 의미가 다른 세상에 살고 있다. 하지만 무엇이 진정한 정의正義인지 공정公正인지 결국은 역사가 말하여 줄 것이다. 얕은 수작을 하는 사람들을 엄히 벌하여 '이직보원以直報怨'의 광명 세상을 이루어야 하겠다.

(2020년)

05

향원이 판치는 세상

공자는 사람을 보고 판단하는 데는 일가견이 있었다. 그를 따르는 많은 제자들의 특성을 잘 알아내고 판단하여 인의예지신 등의 기본 덕목을 가르쳐 설명하는 데도 개인별 능력과 성격의 완급을 잘 파악하여 알아듣도록 같은 말도 다르게 설명하여 얼핏 보면 전후 설명이 상반되는 듯이 보였으니, 이는 소위 대기설법對機說法, 혹은 근기설법根機說法이라고 하여 본인의 수준과 능력에 맞추어 알기 쉽게 설명하는 방법이었던 것이다.

공자는 사람을 판단함에도 '성기사省其私', 즉 한 개인의 사람됨을 면밀히 살피는 방법으로 해야 한다며, "(사람을 알고 싶을 경우) 먼저 그 사람이 행하는 바를 잘 보고, 이어 그렇게 하는 까닭이나 이유를 잘 살피며, 그 사람이 편안해하는 것을 꼼꼼히 들여다본다면, 사람들이 어찌 그 자신을 숨기겠는가? 사람들이 어찌 그 자신을 숨기겠는가?

(視其所以, 觀其所由, 察其所安, 人焉廋哉, 人焉廋哉?/ 시기소이, 관기소유, 찰기소안, 인언수재, 인언수재?)"(논어 위정편 10장)라고 했다.

공자는 "중도를 행하는 사람을 얻어 함께 할 수 없다면, 반드시 광자나 견자와 함께 하겠노라! 광자는 진취가 있고, 견자는 삼가며 하지 않는 바가 있다. (不得中行而與之, 必也狂狷乎. 狂者進取, 狷者有所不爲也./ 부득중항이여지, 필야광견호. 광자진취, 견자유소불위야.)"(논어 자로편 21장)라고 하였다. 함께하고 싶은 사람의 순서로는 중자(중용과 중화의 정신을 갖춘 인재), 그 다음 광자(미친 사람이라는 뜻은 아니고, 앞으로 나아가려는 사람, 열정을 가진 사람의 뜻) 또는 견자(고집스럽다는 뜻으로, 어떤 일에 대한 지조와 굳셈이 있는 인물)을 들었다.

다음으로 공자가 매우 미워한 사람은 '향원鄕原'인데 "시골에서 덕망이 있다는 소리를 듣는 사람은 (잘 알고 보면 대부분) 덕을 해치는 자이다. (鄕原德之賊也/ 향원덕지적야)"(양화편 13장)라고 하였다. 여기서 '향원'은 '시류와 동화하고 더러운 세상에 영합하여 세상 사람들에게 아첨'하는 사람 정도로 이해하면 되겠다.

또한 "얼굴빛은 위엄을 보이면서 유약한 것은, 소인에 비유해서 말하자면 아마도 벽을 뚫고 담을 넘는 도둑놈과 같을 것이다.(色厲而內荏, 譬諸小人, 其猶穿窬之盜也與/ 색려이내임, 비제소인, 기유천유지도야여)"(양화편 12장)라고 하였다. '담을 뚫는 도둑'이란 '실상이 없이 이름만 도둑질하여 항상 남이 알까 두려워하는 것', "남이 볼까 두려워

담을 뛰어 넘을 용기조차 없어 담을 뚫으려 하는 것'이다. 남의 눈치만을 살피는 자들도 '향원'부류라고 보신 것이다.

이러한 공자의 논의는 그대로 제자 맹자에게 이어져 맹자孟子 진심盡心 하下 37장'에서 여러 가지 부연 설명이 나온다. "향원이라는 놈들은 자기들 자신은 치사하게 살면서도 광자狂者를 향해서는, '어찌하여 그토록 말과 뜻만 기대하여 거창하게 말하고 행동하여 말은 행동을 돌아보지 아니하고, 행동은 말을 돌아보지 아니하느뇨? 그러면서 뭔 쥐뿔이라고 옛사람, 옛사람은 하고 뇌까리느냐!'하고 야단치고, 견자狷者를 향해서는, '너희들은 어찌하여 사람들을 가까이하지도 아니하고, 사람들로부터 따스한 느낌을 받을 수 없도록 독불장군처럼 걸어가기만 하느뇨?'하고 야단친다. 그러고는 '사람으로서 이 세상에 태어났으면 이 세상과 더불어 살 뿐이다. 사람과 좋게 좋게 지내면서 좋은 평판만 들으면 그만이다'. 이와같이 음흉하게 자기를 숨기고 세상에 알랑방귀만 뀌는 자가 향원이로다.", "같은 듯하면서도 같지 아니한 것이 사이비似而非이다. …… 향원같은 사이비는 인간 세상의 덕을 어지럽히기 때문에 두려운 것이다."라고 하였다.

공자와 맹자가 '향원'을 야단치는 말이 생각나는 것은, 쓸 만한 사람 찾기는 그 옛날 시절이나 지금이나 그 사정이 마찬가지라는 안타까움이 절실하기 때문이다. 이즈음 지도자가 각종 직책에 뽑아 놓은 사람들의 행태가 가관이다. 저마다 양이라고 우기는데 껍질을 벗겨보니 모두 늑대들이다. 그래서 말이 되느냐고 따지니, "그래서 어쩔 건데?"하며 도로 눈을 부라린다. 손자병법에서 최선의 방법은 '직접 싸우지 않고 굴복'시키는 것이라더니, 의식 있는 국민들이 제풀에 지치도록 뻔한 일이 반복되고 있어 이제는 점점 무심해져 간다. 물론 사람이 완전할 수는 없다. 예전의 역사에 등장하는 간신을 비난하는데, 그 사람들 대부분 능력이나 재간은 대단하던 사람들이었다. 간신이라고 오로지 나쁜 일만 하는 것도 아니어서, 때로는 좋은 일도 한다. 하지만 사욕이나 임기응변에만 치우쳐 나라 전체나 국민을 위하는 마음이 부족하였던 것 뿐이다.

(2021년)

06

지혜와 즐거움의 샘물

1. 지나고 보니 안타까운 인생

현재에는 수많은 동양의 고전이 번역되어 출판되고 넓은 독자층을 형성하고 있는 듯하나, 젊은 층들은 아직 이러한 귀중한 지혜의 보물에 대하여 관심이 적은 듯하다. 하기야 나이가 들어야 주위를 돌아볼 여유가 생기고, 인생을 살면서 고민도 하여보고 나서야 이윽고, 길어지는 수명에 죽을 때까지 어떻게 사는 것이 바람직한 삶인가 하는 문제를 생각할 시간이 생기니 참 모순적인 인간의 운명이다. 왜 사느냐 하는 문제의 해답을 어렴풋이 알자마자 곧 죽어야 하니 말이다.

내가 뒤늦게 곁다리로 동양고전을 읽다 보니 선현들의 아름다운 말에 심취되어 진작에 발을 들이지 못한 것이 안타깝고 후회스러웠으나, 한편으로 생각하면 학교 다니고 사회생활하고 결혼하여 가장으로서 가족들 벌어먹여 살리고 하느라 어느 세월에 공자왈, 맹자왈 할 시간이 있었겠으며, 만일 일찍 그쪽으로 빠졌다면 법률가로서의 최소한

의 구실도 못하고 지금쯤 더욱 곤궁한 상태에서 동양고전의 맛을 즐기는 것은 생각도 못할 처지에 빠졌을지도 모르는 인생의 현실을 생각할 때, 인생이란 돌이킬 수도 없고 완전하게 만족스럽게 살 수도 없는 것이어서 누구나 아쉬움을 가지고 아쉽게 죽을 수밖에 없다.

참으로 버나드 쇼의 묘비명처럼 어느 순간에는 어쩔 수 없이 'I knew if I stayed around long enough, something like this would happen(우물쭈물하다가 내 이럴 줄 알았어).'라고 탄식하며 묘지에 누울 수밖에 없는 것이다. 불교에서 궁극적인 행운이라고 하는 '생이 다 했을 때 병 없이 앉거나 선 채로 이 세상을 떠날 수 있고 자신이 가는 곳을 정확히 알고 있는' 순간을 맞는 사람이 몇이나 되리오?

"청춘은 청춘에게 주긴 너무 아깝다."라는 말처럼 젊었을 때는 청춘의 가치를 모른다. 그래서, 다음 세대를 살아갈 자식들 중 혹시라도 성현들의 말씀을 궁금해하며 동양고전에 흥미를 일으킬 소견머리가 있는 자가 다행히 있을 때에 그나마 내가 겪은 시행착오를 반복하지 않고 조금이라도 오차를 줄여 시간을 효율적으로 이용할 수 있는 동양고전 독서 방법을 모색하는 데에 참고가 될까 싶어 몇 자 적어본다.

2. 동양고전은 어떻게 읽을 것인가

동양고전은 주로 중국 문헌이지만 이것은 한문으로 되어 있어 번역하는 사람에 따라 조금씩 그 의미가 다르게 전달될 수 있다. 전문적으로 동양학을 공부한 사람이라도 한문이 가지는 '함의적 포괄성comprehensiveness'때문에 여러 가지 의미와 뉘앙스로 전달되어 이것이 흥미를 감소시키는 단점이 될 수도 있다. 하지만, 한편으로는 다양한 깊은 의미로 짚어보는 것이 오히려 한문 서적의 매력이 될 수도 있다. 원문과 변역본을 대조하여 보면서 자기만의 해석을 구상하여 보는 새로운 재미를 느낄 수 있는 것이다, 그러다 보면 동양고전에 문외한이면서도 번역자가 놓친 오탈자, 잘못된 번역 등을 찾아내는 쏠쏠한 재미를 느낄 수 있으리라. 사실 수많은 사람이 노자의 '도덕경'을 읽고 해석하고 번역하고 있지만, 실제로는 원저자가 그러한 무한하고 심원한 뜻을 담아 쓰지 않았음에도 오히려 해석학에 의하여 난해하고 심원한 철학으로 둔갑하였을 수도 있다. 당시에는 그저 수월하게 이해되는 내용이었던 것이 수천 년 내려와서 지금 해석하니 당시의 상황을 쉽게 설명할 수 없어 오히려 이해가 어려워진 것이다. 이러한 것도 하나의 고전 읽는 재미라면 재미다. 이런 유연한 자세로 고전 읽기를 시작하는 것이 필요할 것 같다.

그래서 무엇을 읽을 것인가라는 문제보다 우선 어떤 자세로 어떤 방법으로 읽을 것인가를 간단히 언급하는 것이 나을 것 같다. 우리시대의 교육은 모두 서양 문물 위주로 시스템이 짜져 있어, 동양고전을 읽을 때는 역시 옛날 독서방식이 필요하다. 바로 '위편삼절韋編三絶(가죽 위. 엮을 편. 석 삼. 끊을 절)' 방식이다. 종이가 없던 옛날에는 대나무편에 글자를 써서 책으로 만들어 사용하였는데, 공자가 책을 하도 많이 읽어서 그것을 엮어 놓은 가죽끈이 세 번이나 끊어졌다는 데에서 비롯된 말이다. ① "한 권의 책을 몇십 번이나 되풀이해서 읽는 것이다." 그러면 그때마다 아는 것도 달라지고 느끼는 것도 달라지고 그러한 과정에서 사람도 달라지고 얼굴과 눈에서 빛이 나게 된다.

처음부터 순서대로 읽다가 싫증이 나면 거꾸로 뒤에서부터 읽고 혹은 그날 책이 펴지는 페이지부터 읽는 방법 등을 병용한다. 말하자면 ② 되는 대로 읽는 것이다. 읽은 페이지에서 한마디라도 감동이 있는 구절이 있으면 그것으로 건진 것이다. 책을 보고 마음으로 느끼면 그것이 곧 자기 수양이 아니겠는가? 인터넷 시대에 있어 지식이나 정보는 온 세상에 널려 있다. 줍는 사람이 임자이다. 읽다가 원문이 필요하거나 다른 해석을 참고하고 싶으면 즉시 스마트 폰을 꺼내어 그 구절을 쳐넣어 검색하여 보면 온갖 강호의 고수들이 자기의 블로그에서 많은 자료를 실어 놓았다. 그래서 ③ 종횡으로 엮어서 읽어야 한다. 논어를 보다 보면 수시로 '시경'의 구절이 인용된다. 그래서 먼저 '시경'도 한 권 사서 옆에 두는 것이 좋다. 인용되는 이 구절 저 구절을 직접 시경에서 찾아서 읽고 형광펜으로 그어두면 어느새 논어 읽다가 시경도 한번 읽는다. 좋은 구절이 있으면 메모장에 쓰던지 종이에 써서 수시로 읽어본다. 옛날 사람들도 다 서서오경 등 고전을 읽으면서 자기가 감동을 느낀 문구를 정리하여 거기에 자기의 조그만 생각을 덧붙인 것을 책으로 엮은 것이 자신의 문집이다. 이러한 정보의 편집 과정을 거쳐 또 한 권의 고전이 탄생한 것이다. 그래서 ④ 읽으면서 좋은 구절은 수시로 모아 둔다. 아마도 나중에 또 한 권의 고전이 될 씨앗을 뿌리는 것이다.

읽은 과정에서 등장한 책이나 찾아본 정보에서 흥미 있는 책을 다시 선택하여 읽는다. ⑤ 서서히 독서 영역을 넓혀 가는 것이다.

(2020년)

07

길에게 인생을 묻다

1. 꾸준히 가는 것이 중요하다.

예로부터 인생에서 한가지 길을 가는 것이 중요하다고 해왔다. 그러나, 살아보면 인생에서 어느 한가지 길만을 고집하기란 결코 쉬운 일이 아니다. 또한 IT 시대에 접어들고서는 모든 것의 변화 속도가 빠르고 정보가 넘쳐나 어느 한 분야만을 전념하는 것보다는 각 분야 통섭적인 자세가 필요하다. 하지만 역시 '한 우물을 파라'는 기본원칙의 정신을 어떻게 벗어나리오.

순자荀子 권학편勸學篇에 나오는 구절이다.

行衢道者不至 事兩君者不客 目不能兩視而明 耳不能兩聽而聰
螣蛇無足而飛 鼯鼠五技而窮
행구도자부지 사양군자불객 목불능양시이명 이불능양청이총

등사무족이비 오서오기이궁

> 동시에 두 길을 가는 사람은 영원히 목적지에 이르지 못하고, 두 임금을 섬기는 자는 용납되지 않는다.
>
> 눈은 한꺼번에 두 가지를 똑똑히 볼 수 없고, 귀는 한꺼번에 두 가지를 들을 수 없다.
>
> 등사라는 뱀은 발이 없어도 하늘을 날지만, 날다람쥐는 다섯 가지 재주가 있으면서도 자주 곤경에 빠진다.

등산을 하다보면 산 아래쪽에는 무수한 여러 가지 들머릿길이 있어도 올라가다 보면 길이 점점 줄어들고 좁아지다가 드디어 정상을 정점으로 한곳에 모인다. 세상의 길은 눈에 보이지만 인생의 길은 눈에 보이지 않아 길을 찾기가 대단히 어렵다. 세상의 모든 산에는 정상이 있지만 인생의 길에는 정상이라는 것이 아마도 없으리라. 세상의 길은 되돌아갈 수도 있지만 인생의 길은 돌이킬 수 없다. 그래서 인생의 길의 종점인 죽음에 이르기까지 터벅터벅 끈기 있게 걸어갈 수밖에 없는 것이다. 인생에 과연 길이 있기나 한 것인지도 알 수 없다. 모든 인생의 길은 한사람 한사람 나있지 않은 길을 새로이 밟아 가는 것이다. 때로는 후회와 아픔이 있더라도 그러한 고통을 즐기면서 어쩔 수 없이 살아갈 수밖에 없는 것이다. 피할 수 없는 숙명이라면 즐겁게 적극적으로 웃으면서 한없이 걸어가야만 할 것이다.

길은 점점 좁아져 막다른 골목에 온 것 같았다. 하지만 길은 끝이 없다. 길 너머 또 길이 있었다.

2. 길道은 가야만 이루어지는 것이고, 도道는 실제로 수행해야만 성취되는 것이다.

한자의 "道(도)"자는 정말 뜻이 심오하다. 그래서 성현들의 말씀도 이리저리 여러모로 해석하며 자신에게 적합한 교훈을 깨우칠 수 있어서 좋다.

장자莊子 제물론齊物論에 "된다고 하면 되는 것이고, 안 된다고 하면 안 되는 것이다. 그렇지만 도란 그런 시비 변론을 통해서가 아니라 실제로 수행해야만 성취되는 것이고, 만물은 인위적으로 그렇게 불러서 그렇다고 하는 것이다.

可乎可, 不可乎不可 (가호가, 불가호불가)

道行之而成, 物謂之而然 (도행지이성, 물위지이연) ……"라고 했다.

루신의 단편 〈고향〉의 마지막 부분도 비슷하다. "실상 땅 위에 본래부터 길이 있는 것은 아니다. 다니는 사람이 많아지면 곧 길이 되는 것이다."

개인의 인생살이에 있어서도 운명이 있기도 하지만 실상은 자신이 가기에 따라 운명은 변하는 것이다. 그래서 가야만 길이 생기는 것이다.

자신이 길을 닦아 놓은 길이 옳으면 다른 사람들도 찾아오고 그래서 길이 더 커지면 그것이 바로 대도大道(큰길)가 되는 것이다. "도리불언하자성혜桃李不言下自成蹊"도 맥락이 비슷하다. "복숭아나 오얏이 말은 하지 않아도 그 꽃이나 열매에 끌려 사람들이 찾아들므로, 그 밑에는 자연히 길이 생긴다." 아무 말도 하지 않아도 뛰어난 사람이라면 점차 사람들이 모여든다. 사마천이 자신의 사기열전에서 '이광李廣 장군'의 전기를 설명한 '이장군열전'에서 이광장군의 손자 '이능李陵'까지 설명한 것은 이유가 있는 듯하다. 자신이 '이능'을 한무제 앞에서 변호하다가 노여움을 사서 궁형을 받게 되었는데 아버지의 유지를 받들기 위하여 치욕을 참으며 죽지 않고 "사기"를 완성하였으며, 이광의 전기 말미에 자신의 '이능'에 대한 변호가 옳았음을 반드시 후세 사람들이 인정하여 줄 것이라고 하는 의미를 담아 이렇게 마무리하였다.

"전傳에 말하기를 〈그 몸이 바르면 명령하지 않아도 행하여지고, 그 몸이 바르지 않으면 비록 명령할지라도 좇지 않는다〉라고 하였다. 그것은 이李장군을 두고 한 말이다. 내가 이장군을 보니 순순함이 시골 사람 같고, 입은 말을 잘할 줄 몰랐다. 죽는 날이 되었을 때에 천하의 사람들은, 그를 아는 이도, 알지 못하는 이도 다 그를 위하여 슬퍼하였다. 그의 충실한 마음이 진실로 사대부들에게 믿어졌기 때문이다. 속담에 〈도리桃李는 말하는 일이 없건만, 그 아래에는 저절로 길을 이룬다〉고 한다. 이 말이 비록 작기는 하나 이것으로 크게 비유할 수 있을 것이다."

3. 산 앞에 이르러 막막해도, 찾으면 반드시 길이 있다.

등산을 하면서 눈앞의 험한 바위와 암릉을 두고 저것을 어찌하여 넘어가나 고민하다 보면 이미 사람들이 우회로를 다 발견해 놓았다. 험로를 즐기는 사람은 직접 도전하고, 또 실력이 모자란 사람은 안전한 우회길을 이용하고, 이래서 세상은 또 돌아가고 죽으라는 법은 없는 것이다. 절망은 없다. 자주 인용되는 중국속담 "차도산전필유로車到山前必有路(처따오산치엔삐여우루!)"를 인터넷에서 찾다 보니 이런 시구를 발견했다.

山窮水盡疑无路 (산궁수진의무로) 산 첩첩 물 첩첩 길이 없는가 했더니

柳暗花明又一村 (류암화명우일촌) 그윽한 버들 넘어 밝게 꽃핀 마을이 또 있네

山外有山山不盡 (산외유산산부진) 산 밖에 산이 있어 산은 다함이 없고

路中多路路無窮 (로중다로로무궁) 길 가운데 길이 많아 길은 끝없이 이어지네

天空絶塞聞邊雁 (천공절색문변안) 하늘 끝 저 변방 하늘엔 기러기 울음소리 쓸쓸하고

葉盡孤村見夜燈 (엽진고촌견야등) 낙엽 진 외로운 마을엔 등불만이 가물가물 보이네

人間事塞翁之馬 (인간사새옹지마) 인간지사 새옹지마인지라

車到山前必有路 (차도산전필유로) 산 앞에 이르러도 길을 찾으면 반드시 길이 있다.

4. 뒤에 오는 사람들을 생각하면 한 발자욱도 허투루 걸을 수 없다

踏雪野中去 (답설야중거) 눈 덮인 들판을 걸어갈 때는
不須胡亂行 (불수호란행) 어지러이 걷지 말라
今日我行跡 (금일아행적) 오늘 나의 발자국은
遂作後人程 (수작후인정) 뒷사람들의 이정표가 되리라.

(2017년)

◆ 08 ◆

노자의 도덕경

무궁무진한 해석이 가능한 오천자五千字의 세계

내가 '도덕경'에 인연이 닿은 것은 노자로부터 그것을 받아서 전한 윤희尹喜의 성씨가 '尹'이기 때문에 은근히 더욱 마음이 끌린 것인지도 모른다. 기원전 570년부터 기원전 479년 사이에 산 사람들이 지금 한국의 윤씨와는 무슨 관계가 있겠냐마는 무엇이라도 인연이 닿는 끄트머리가 있으면 마음이 쏠리게 마련이다. 노자의 도덕경은 사람마다 한자漢字의 의미를 가지가지로 번역하여 차라리 원문을 참조하며 나름대로 그 의미를 부여함이 오히려 진정한 읽는 재미이다. 이렇게 해석하는 것이 옳다, 저것이 옳다라고 하는 의론은 '노자'만을 연구하여 그것으로 먹고사는 전문가에게 맡기고 우리는 그저 세상을 좋게 살아가는 교훈으로만 받아들여도 충분하다. 세상만사 뜻대로 안되고 남들과의 생존경쟁에 탈진하여 마음이 허허로울 때 아무 장이나 펼치면 나타나는 차가운 샘물 같은 한 구절에 노자를 읽는 재미가 있는 것이다.

도덕경의 원문의 의미를 번역하여 놓은 것을 보면 그 가지 수를 헤아릴 수가 없는데 눈을 가늘게 뜨고 멀리서 보면 대략 그 의미하는 바가 비슷하다. 오히려 한자 실력이 있다고 우기며 자신의 해석을 정통적인 것으로 내세우는 이들의 아집의 집요함에 금방 식상하고, 오히려 고래의 이런저런 해석에 정감을 느끼는 것이다. 불과 오천자로 구성되어도 그 해석은 10만 자 이상이 될 수 있는 그 점이 도덕경의 매력이다.

어떻게 읽을 것인가?

우선 처음부터 쭉 동독하고 나음에는 마음에 와닿는 구절을 묵상하고, 던져두었다가는 생각날 때마다 한 번씩 찾아보고 일상생활에서 그 문구를 써먹는다.

원문이 중요하다. 번역문만으로는 그 감상하는 품격이 달라지기 때문이다. 원문의 번역은 구두점을 어디에 찍느냐, 여러 가지 의미가 있는 한자의 뜻 중 어느 것을 취할 것인가에 따라 천차만별이다.

아주 간단한 제1장의 첫머리인 "도가도, 비상도. 명가명, 비상명道可道, 非常道, 名可名 非常名"을 해석한 예를 몇 가지만 보자.

① 도를 도라고 해도 좋겠지만, 꼭 도이어야 할 필요는 없다. 이름으로 이름을 삼을 수는 있지만, 꼭 그 이름이라야 하는 것은 아

니지 않는가?

② 도를 도라고 말하면 그것은 늘 그러한 도가 아니다. 이름을 이름 지우면 그것은 늘 그러한 이름이 아니다.

③ '도'라고 할 수 있는 '도'는 영원한 '도'가 아닙니다. 이름 지을 수 있는 이름은 영원한 이름이 아닙니다.

④ 도가 말해질 수 있으면 진정한 도가 아니고, 이름이 개념화될 수 있으면 진정한 이름이 아니다.

⑤ 도를 도라고 할 수 있는 것은 참 도가 아니고, 이름을 이름이라고 할 수 있는 것은 참 이름이 아니다.

비슷비슷한 것 같아도 의미나 뉘앙스가 다른 데, 도덕경 곳곳에는 이보다도 더욱 치열한 해석의 다툼이 벌어지는 곳이 비일비재하다. 그러니 어느 해석이 옳다고 속단하지 말고 마음 가는 대로 읽으며 즐기는 것이 노자의 가르침으로 안식을 얻는 첩경이다.

도덕경은 사람을 일깨우는 사자성어 비슷한 잠언집이라고도 볼 수 있다. 성경의 '잠언'이나, '명심보감', '채근담', '증광석시현문增廣昔時賢文' 등의 책처럼 수시로 각 구절을 묵상하여 보면 마음에 얻는 것이 있을 것이다.

(2018년)

◆ 09 ◆

중용

1. 무엇이 중용인가?

통상 중용은 '극단 혹은 충돌하는 모든 결정에서 중산의 노道를 택하는 것'을 의미한다고 하고 '신중한 실행이나 실천'을 내용으로 한다고 설명된다. 주희는 주석하기를 "중은 어느 한쪽으로 치우치거나 기대어 있지 않아 지나치거나 모자람이 없는 것으로서 인성人性이 지극히 중정中正하여 질서를 이룬 안정된 상태가 사물에 접하여 감이동感而動하기 이전의 인성본연人性本然을 나타내는 말이며, 용은 일상생활에 있어서 평상平常됨을 나타내는 뜻"이라고 하였다.

중용은 공자의 손자인 자사子思(B.C. 492 ~ 432)의 작품이라고 하며, 전체적인 내용의 구성은 전반부는 중용의 철학적 의미를, 후반부는 그것의 실현에 대한 천도와 인도의 문제인 성誠을 다루고 있다. 한 테마의 주제를 논리적으로 풀어나간 질서정연한 논설로서, 그 해석과 이해가 가장 까다롭고 난해한 것이라고 한다.

하지만 이것은 이 분야의 전문가들의 토론이고, 일반적인 독자의 한사람이라고 할 수 있는 나의 입장에서는 그저 읽기만 하여도 무언가 시원한 안계가 펼쳐지고 지금의 인생을 허투루 살아서는 안 되겠구나하는 반성과 눈물이 나오는 그런 감동을 주었다. 우리가 한두 마디씩 들어 아는 온갖 사자성어가 등장하며 한번 읽고, 한참있다 다시 읽어보면 다시 그 의미의 이해가 확대되고 느끼는 감동도 배가되고, 하여간 정자程子가 '논어'의 독서법에서 이야기한 " 이 책을 읽기 전에도 그 사람, 이 책을 읽은 후에도 그 사람이면, 그 사람은 이 책을 읽지 않은 것이다"라는 표현 그대로의 감동을 준다. 읽을 때마다 좋은 말이 새로이 하나씩 가슴을 울리는 충격을 주어 가히 "혁명적 삶의 변화"를 유도하는 책이라고 할 수 있다.

2. 물질적 풍요와 부의 추구에 편중된 현대인에게 '정신적 존재로서의 자신'을 돌아보게 하는 '인간 회복'과 '인간은 무엇으로 사는가?'에 대한 선각자의 응답

나는 김용옥 선생의 '중용한글 역주'와 '중용 인간의 맛'을 기본으로 하여 이것저것 중용의 해석과 관련되는 정보를 찾아 읽었다. 도올에 대한 호불호는 사람에 따라 많이 차이가 날 수도 있으나, 내가 보기에는 도올의 저서를 별로 읽지 않고 잘 이해가 없는 가운데서도 함부로 비판하는 사람이 많은 듯하다. 나는 책값의 백배 이상을 건졌다고 생각한다. 중용의 각 장마다 암송하고 싶은 구절이 널려 있다.

공자의 행적과 교훈을 모아놓은 '논어'는 대화와 사례 중심으로 핵심적인 지향점에 대한 논리적 설명이 없어 도대체 공자가 어떤 세상을 만들고 싶어 하는지 전체적인 그림이 잘 그려지지 않는다. 그런데, 손자인 자사는 할아버지가 만들고자 한 세상을 기승전결, 일이관지一以貫之하게 중심 가치와 실천 강령을 일목요연하게 통일적으로 설명하고 있다. 유학 원리의 요약결정판이라 할 수 있다. 그래서 몇 개만 인용하여 본다.

> 숨은 것처럼 잘 드러나는 것이 없으며, 미세한 것처럼 잘 나타나는 것이 없다. 그러므로 군자는 그 홀로 있음을 삼가는 것이다.
> -천명장
>
> 군자가 중용을 행함은 군자다웁게 때에 맞추어 중을 실현한다. 그러나 소인이 중용을 행함은 소인다웁게 기탄함이 없다. - 시중장
>
> 아~ 사람들이 거의 그 지극한 중용의 덕을 지속적으로 실천하지 못하는 구나! - 능구장
>
> 지혜롭다 하는 자들은 도를 넘어서서 치달려 가려고만 하고, 어리석은 자들은 마음이 천한 데로 쏠려 미치지 못한다. …… 현명한 자들은 분수를 넘어가기를 잘하고, 불초한 자들은 아예 못 미치고 만다. 사람이라면 누구든 마시고 먹지 않은 자는 없다. 그러나 맛을 제대로 아는 이는 드물다. - 지미장
>
> 순임금은 … 어느 상황이든지 그 양극단을 모두 고려하시어 그 중을 백성에게 적용하시었다. - 순기대지장
>
> 도는 사람에게서 멀리 있지 아니하다. … 도가 사람에게서 멀리

있는 것처럼 생각한다면 그는 결코 도를 실천하지 못할 것이다. … 자기에게 베풀어보아 원하지 아니하는 것은 또한 남에게도 베풀지 말지어다. – 도불원인장

군자는 그 자리에 처하여 그 자리에 합당한 행동에 최선을 다할 뿐, 그 자리를 벗어난 환상적 그 무엇에 욕심내지 않는다. 부귀에 처해서는 부귀에 합당한 대로 도를 행하며, 빈천에 처해서는 빈천에 합당한 대로 도를 행한다. … 군자는 들어가는 곳마다 스스로 얻지 못함이 없다. … 위로는 하늘을 원망치 아니하며, 아래로는 사람을 허물치 아니한다. … 공자가 말했다. "활쏘기는 군자의 덕성과 유사함이 있으니, 활을 쏘아 과녁을 벗어나더라도 오히려 그 이유를 자기 몸에서 구한다. – 불원불우장

군자의 도는 비유컨대, 먼 곳을 가려면 반드시 가까운 데로부터 하며, 높은 곳을 오르려면 반드시 낮은 데로부터 함과 같다. – 행원자이장

성誠 자체는 하느님의 도입니다. 성해지려고 노력하는 것은 사람의 도입니다. … 행하지 않음이 있을지언정, 행할진대 독실하지 못하거든 도중에 포기하지 마십시오. 남들이 한 번에 능하거든 나는 백번을 하며, 남이 열 번에 능하거든 나는 천 번을 하십시오. 과연 이 호학역행好學力行의 도에 능하게만 되면, 비록 어리석은 자라도 반드시 현명해지며, 비록 유약한 자라도 반드시 강건하게 될 것입니다. – 애공문정장

치곡致曲이란 소소한 사물에 이르기까지 모두 지극하게 정성을 다한다는 것이다. 성誠이 있게 되면 (그 사물의 내면의 바른 이치가)

구체적으로 형상화된다. 형상화되면 그것은 외부적으로 드러나게 된다. 드러나게 되면 밝아진다. 밝아지면 움직인다. 움직이면 변한다. 변하면 화化한다. 오직 천하의 지성至誠이라야 화할 수 있다. – 기차치곡장

3. 반복해서 읽을 필요가 있다.

중용의 의미는 말로 설명하기는 어렵다. 인생의 의미가 중용이요, 그 의미는 날마다 살아가는 일상 속의 규율과 습관과 하루하루 새롭게 살아가고자 하는 자신의 노력을 확인하는 데 있다.

말할 때는 행동을 돌아보고, 행동할 때는 말을 돌아다보라言顧行, 行顧言.

(2018년)

10

책 정리

내 사무실과 집안의 상당 부분을 차지하고 이사를 할 때나 철이 바뀌어 살림 정리를 할 때마다 좁은 공간 때문에 처리 문제를 두고 고민하는 것이 책이다. 아내는 한 번 보았거나 3개월 이상 안 보는 책은 버리자고 하고, 나는 언젠가는 볼 것이고 본 책이라도 나중에 찾아볼 일이 생긴다고 우기며 가능하면 그대로 두자고 주장한다. 지난 세월 동안 고르고 골라서 지금까지 지니고 온 것인데 매 시즌 때마다 다시 버릴 것을 골라야 하니, 무게 때문에 가라앉아 가는 배에서 중요하지 않은 것부터 하나하나 버려가는 난파선 선장의 고민과 같다.

이미 버린 것 중에 아까운 것도 있다. 1989년 미국에 가서 AAA 클럽(자동차운전자클럽)에 가입하여 여행 자료로 모아 두었던 미국 각 주에 대한 안내 책자와 지도 무더기. 2012년에 미국 여행을 가보니 주유소에서 뉴욕 주 지도 한 장에 5달러나 하던데!) 그것은 그해(1989년) 7월 한 달 동안 자동차로 미국 동부에서 서부로 중부로 종횡

무진 다니던 여행의 추억이 어린 자료였다.

1994년 오스트리아 빈에 살면서 외아엠테체OeAMTC(미국 AAA클럽 같은 오토클럽)에서 받아둔 유럽 각 도시의 지도와 설명서. 이것은 가족과 함께 2년 동안 휴가철에 자동차 여행하고 캠핑하던 추억의 자료였다.

코넬 로스쿨에서 석 달에 한 번 발간하는 『법률저널Law Journal』 20년 치 이상 100여 권도 있었다. 헌책도 임자는 따로 있는 법인데, 헌책장사는 필요한 사람에게 돈 좀 받고 팔았을 것이다. 그것은 나의 지적, 학문적 연구 의욕의 상징이었으며 서가에 꽂아 놓아도 제법 그럴듯하게 있어 보이는 장식품이었는데 어느 날 홧김에 다 버리고 말았다.

나는 여행지에 가면 공짜로 주는 지도와 안내서는 물론 돈 주고 사는 가이드북도 아낌없이 사 모으기 때문에 한번 여행을 다녀오면 수북이 자료들이 모인다. 버리자니 아깝고 집에 두자니 큰 골칫덩어리여서 일단은 아내의 눈을 피하여 사무실로 가져와 쌓아 놓는다. 그렇지만 사무실인들 한없이 공간이 있을 리가 있는가. 어느 순간에는 다시 골라 버리는 작업을 해야 한다. 나중에 필요하면 보려고 골라서 모아 두건만 그런 '나중'을 만나는 행운의 자료는 드물기만 하다.

사무실의 책장도 포화 상태가 되고 바닥에 쌓여 있는 것들도 만만찮은 양이라 마음먹고 정리하고 나니, 끝까지 살아남은 것은 사상서, 고전, 역사책 정도이다.

역시 살아남는 것은 고전이다. 책의 종이는 산화되어 누렇게 변하였고 가격을 보니 2천 원, 3천 원이지만, 20~30년 묵은 연륜을 풍길 뿐 아니라 그 안에 깨알같이 적혀 있는 것이 선각자들의 정신적 산물이라는 존경심에 함부로 버릴 수가 없었다.

지난 시절의 책을 펼쳐 보니 활자도 작고 한자를 혼용한 책이 의외로 많았다. 제본이나 활자 포인트, 책의 크기도 시대의 유행을 타는 것이라, 활자가 크고 줄 간격도 넓으며 각종 사진 등으로 실제 내용은 얼마 없는 현재의 책과는 품격이 다르다. 이렇게 나와 인연을 맺었다가 헤어지는 가운데서도 아직까지 질긴 인연으로 수중에 남은 책들은 모두 저마다의 사연이 있어 내 인생의 역사나 다름없다. 나도 일찍이 책을 읽고 학문을 닦는 것에 뜻을 두고 노력하였다. 별다른 성과를 이루지 못하였지만 그 희망과 정신만은 여전히 치열한 것이 다행이랄까.

그래서 버킷리스트의 첫 번째는 시간을 내어 날마다 책장 안에 있는 나의 책들을 대면하여 사랑을 베푸는 것으로 정하였다. 나와의 질긴 인연으로 버려지지 않고 현재까지 살아남은 그 책들과의 인연을 화려하게 부활시켜 그 책들의 진정한 가치를 음미하여 주리라. 안 읽은 책은 읽어주고, 깊은 뜻에 대한 이해 없이 피상적으로 읽은 책은 의미를 곱씹어 본다. 떠오르는 생각의 단상을 끄적거려 보고, 다 읽은 후에는 둘 것인가 버릴 것인가를 최종 결정하는, 그러한 작업을 하는 것이다.

이러한 작업을 효율적으로 수행하기 위하여 집안에도 내 책상을 다시 마련하였다. 아이들이 생기고 아이들 방을 만들어 주면서, 가장이던 나의 책상은 어느 순간 슬그머니 폐기되었다. 이러한 아픔의 역사를 넘어 거의 10년 만에 베란다 창가에 회의용 탁자를 놓고 스탠드를 켜 놓고 뒤쪽을 커튼으로 막으니 영락없이 조용한 연구실 같아서 나는 너무나 행복하였다. 그래서 마치 아직 펄펄한 청춘인 것처럼 밤샘 독서도 하며 새벽 밝아오는 여명의 그 신선하고 차가운 기운을 다시 느껴보고 싶은 희망에 부풀어 있다.

(2013년)

11

삼성을 생각하며

"빈이무첨, 부이무교"라는 가난과 부富의 문제를 현실적으로 언급하신 공자의 가르침을 생각하니 지난 일이 생각이 난다. 나의 인생에 있어서도 한국 현대사에 커다란 족적을 남긴 재벌총수를 조우할 기회가 있었다. 오래된 예전에 복권에 당첨된 분의 꿈 이야기에 '이병철 회장님'을 꿈에서 만나고 복권을 샀더니 당첨되었다는 에피소드가 있었다. 거대한 부를 이룬 분들과 현실에서든 꿈에서든 한 번이라도 만난다는 것은 간단한 인연이 아니다. 만일 주역 상수학象數學의 대가를 이룬 초연수焦延壽(중국 전한시대 사람)같은 사람이 점괘를 뽑아보았으면 무슨 조짐인지 알수 있었을려나? 나에게 경제계의 두 거인들을 직접 대면이라도 할 수 있는 기회를 준 것은 '너는 부이무교의 운명이 아니고, 빈이무첨의 운명을 타고 났다'라고 알려주기 위한 것이었던가?

한번은 1992년 당시 제14대 대통령 선거에서 국민당 후보로 출마하였던 정주영 현대그룹 회장이셨는데, 당신은 그즈음 짬을 내어 잠시 운동을 하러 골프장을 잠시 들르신 모양이었다. 스타트 홀에서 티업을 준비 중이던 우리 팀에게 회장님을 모시고 나온 골프장 경기과장이 '패싱'할 수 있도록 양해를 구하여 정 회장과도 간단한 인사를 하고 바로 옆에서 대인의 티샷하는 풍모를 지켜볼 수 있었다.

또 한번은 2008년 1월경 삼성비자금의혹특별검사팀의 특별검사보로 임명되어 활동하던 수사기간 중 여러 삼성그룹 관계자들을 소환 조사하였는데 이때 이건희 회장도 2차례에 걸쳐 출석하여, 나는 장시간 동안 내가 맡은 부분에 관하여 조사를 진행하였다. 당시 불편한 여러 가지 사정임에도 시종일관 대인의 풍모를 유지하시며 소탈하게 대답하시던 그 모습이 눈에 선하다. 진심으로 다시 한번 고인의 명복을 빌어본다.

삼성비자금의혹특별검사팀이 활동하였던 때가 돌이켜보니 벌써 십수 년 전이다. 세상의 변화는 정말 무상한 것인지, 그 십수 년 사이에도 한국에는 많은 변화가 있었다. 정권의 변동과 사회를 구성하는 계층간의 갈등이 더욱 심화되어 증폭되고, 이러한 복잡한 변혁기 속에서 기업들의 부침도 심하였다. 또 느닷없이 닥친 코로나라는 역병은 어떠하였던가? 한치의 앞을 내다보지 못하고 그저 하루하루의 생존과 살아남기에 급급하였던 그 끝날 것 같지 않던 2~3년의 세월도 믿을 수 없을 만큼 어느 순간에 끝이 났다. 국제적으로도 각 나라마다 개성 있는 지도자들이 빈출하여 종래의 민주주의 방식과는 다른 여러 가지 변혁의 조짐이 일어나더니 이제 냉전시대를 방불케 하는 미, 중, 러의 각축이 시작되었다. 급기야는 21세기 첨단과학 문명시대의 대명천지에

러시아와 우크라이나라는 대국 간의 전쟁이 수년째 계속되고 있다. 근년에 들어 기후변화의 심각한 발현도 더 이상 남의 일이 아니다. 하지만 우리 인간이 과연 할 수 있는 일이 무엇이랴. 그럴수록 더욱 자연에 순응하여 천지간의 도를 지키며 겸손하게 사는 것이 맞다는 생각이 들며, 내일 세상의 종말이 오더라도 논어의 말씀을 "고산앙지高山仰止(높은 산처럼 우러러 사모하다)"하며 살아야 되겠다는 생각이 든다.

'역易'이란 '변화'라는 뜻이다. 그래서 '역경易經'을 영어로는 'The Book of Changes'라고 번역한다. 역이란 음양의 기운이 변화한다는 것인데, 한편으로는 생성, 조합, 약동하는 방향으로 나갔다가 어느새 그 이면에는 반대의 기운이 점점 자라 퇴행, 해체, 소멸의 방향으로 가고, 또 이러한 상반된 방향의 변화가 무한히 지속하는 것이라는 이론이다. 물극필반物極必反, 화복상의禍福相依의 원리이다.

삼성도 본인이 관여한 2007년 말의 '삼성비자금의혹특별검사'라는 대단한 시련을 극복하고 한동안 순항하다가, 다시 2017년 초순에 다시 정권교체의 소용돌이에 휘말려 이번에는 총수인 이재용 부회장이 구속되어 재판받는 초유의 위기를 맞기도 하였으며, 이건희 회장도 2020. 10. 25. 돌아가셨다. 2013년에 써둔 글이 있어 개작하지 않고 그대로 옮겨 보았다.

여러 가지 어려운 국제적 환경 속에서 꿋꿋하게 한국의 대표기업으로서 나라의 위상 제고와 국민경제의 향상을 위하여 노력하고 있는 삼성그룹 기업인들에게 찬사와 응원의 마음을 보낸다.

12

삼성특검과의 인연

1994년 10월 10일, 이건희는 이재용에게 금 30억 1,000만 원을 증여하는 것으로 서류를 정리하고, 이재용 명의로 단시일 내에 상장이 예상되는 ㈜에스원 주식을 같은 해 10월 11일 최용순으로부터 주당 19,000원에 26,880주를 금 5억 1,100만 원에 매입하고, 10월 13일 같은 주식을 ㈜에버랜드로부터 주당 19,000원에 95,000주를 금 18억 500만 원에 매입하였다. 소위 '삼성그룹 경영권 불법승계' 관련 의혹의 시발점이자 경영권 승계 작업의 첫 단추였던 역사적 사실이다.

'삼성 에버랜드 사건'은 1996년 10월경 이건희 등이 에버랜드(당시 순환출자를 통한 삼성그룹의 지주사 역할을 하였음)는 긴급한 자금 수요가 없음에도 불구하고 이를 가장하여 회사의 지배권을 특정인에게 넘겨주기 위한 방법으로 에버랜드 주식의 실제 가치에 비하여 현저하게 낮은 가격인 7,700만 원을 주당 전환가격으로 정하여 전환사채를 발행하고 기존 주주들이 실권하도록 유도한 다음, 같은 해 12월 3일 이재용, 이부진, 이서현 등이 전체 발행가액의 97퍼센트에 해당하는 실권분을 모두 인수하고, 12월 17일 이를 주식으로 전환하여 에버랜드 총 발행 주식의 약 64퍼센트에 해당하는 1,254,777주를 취득함과 아울러 에버랜드의 지배권을 인수함으로써 이재용 등이 970억 원 상당의 재산상 이득을 취득하게 하고, 에버랜드에게 같은 금액의 손해를 가하였다는 업무상 배임죄의 사건이었다(2008. 4. 17. 삼성비자금의혹 관련 수사 결과 발표문에서).

1994년 10월 10일, 나는 가족과 함께 오스트리아 빈에 있는 유엔의 범죄방지국에 전문가로 파견 근무하기 위하여 가족들과 함께 비행기를 탔다. 돌이켜보니 내가 우연히 삼성특검보를 하면서 수많은 삼성가 사람들과 전, 현직 임원들을 조우하게 된 것은 이같이 각자의 인생에서 중요한 사실이 우연히 같은 날 일어났다는 인연에서부터 시작된 것일까?

삼성특검 활동

'삼성 비자금 의혹 관련 특별검사의 임명 등에 관한 법률'은 2007년 11월 23일 국회에서 통과되고, 12월 10일 공표되었다. 2007년 12월 17일 대한변호사협회는 조준웅(사시 12회), 정홍원(14회), 고영주(18회) 변호사를 특별검사 후보로 추천하였으며, 12월 20일 노무현 대통령은 조준웅 변호사를 특별검사로 임명하였다. 이어서 특별검사는 2008년 1월 2일 수사 실무를 맡을 특검보 후보로 윤정석(사시 22회), 이삼(23회), 조대환(23회), 함귀용(23회), 신현호(26회), 제갈복성(28회) 변호사 등 여섯 명을 추천하였으며, 1월 5일 노무현 대통령은 윤정석, 조대환, 제갈복성 변호사를 특별검사보로 임명했다(당시 신문기사).

내가 정부로부터 받은 대통령 임명장이 두 장인데, 전두환 대통령으로부터 받은 검사 임명장, 노무현 대통령으로부터 특검보 임명장이다. 잘 보관하고 있으면 먼 훗날에는 역사적 사료로서 가치가 있으려나?

특검은 서울 용산구 한남동 123번지 소재 고똬스빌딩 7,8,9층을 사무실로 정하고, 2008년 1월 10일 현판식과 함께 수사를 개시한 후 4월 17일 수사결과를 발표하고, 4월 23일 수사팀 해난식을 가졌다. 이후에는 기소된 사건에 대하여 특별검사, 특별검사보만이 공판을 진행하여 2008년 7월 16일 1심 판결 선고, 피고인 및 특별검사 쌍방이 항소로 2심 공판을 진행하여 10월 10일 2심 판결이 선고, 2009년 5월 29일 대법원 파기환송, 2009년 8월 14일 파기환송심이 선고되어 확정되었다.

판결 요지는 이건희는 징역 3년(다만, 이 판결확정일로부터 5년간 위 징역형의 집행을 유예한다) 및 벌금 1,100억 원이 선고되었으며, 피고인 이건희가 위 벌금을 납입하지 아니하는 경우 1억 1천만 원을 1일로 환산한 기간 위 피고인을 노역장에 유치한다는 것이다. 환형 유치금액 비율도 1일 1억 1천만 원이면 역대 최고가 아닐까?

2009년 12월경 이건희는 사면되었다. 이 사건의 1, 2, 3심 판결문의 양만 400여 쪽, 수사 기록과 공판 기록을 합치면 10만여 쪽, 계좌추적 자료는 얼마나 되는지 알 수 없고, 하여간 이처럼 방대한 사건기록은 영구보존으로 지정되어 폐기되지 않고 보관되었다. 최근의 삼성과 CJ의 상속 분쟁사건은 이 사건에서 인정된 사실에 근거하여 발생되었으며, 2013년 진행되고 있는 CJ 비자금 사건도 이전의 사실관계와 관련이 있다. 삼성 특검사건에서 파견 검사들이 연마한 재벌의 비자금 수사 경험이 연이은 재벌총수 수사에서 최대로 꽃을 피우고 있나 보다. 한국 근대 기업인 이병철 한 사람에서 시작하여 그의 자손들이 이룩한 십여 개의 거대 재벌의 역사는 현대 한국사의 정치경제 발전사의 압축판이라고 볼 수도 있으며, 그 파노라마 같은 스토리의 행간에 온갖 권모술수와 인간의 영욕, 흥망성쇠에 대한 암호가 숨어 있다.

특별검사팀은 약 120일에 걸쳐 치열한 수사를 전개하였다. 그러나 이러한 수사팀의 활동 과정은 수사 보안상의 이유로 언론 취재가 제한되어 언론 보도 내용이 실제 상황과 부합하지 않는 부분도 있었으며 일부 시민단체, 개인들은 특검 활동의 공정성에 대하여 근거 없는 비난을 하는 경우도 있었다. 특검 구성원 모두는 한 사람 한 사람 자신의 맡은 임무를 완수하기 위하여 불철주야 노력하였으며 제한된 시간 내에 최선을 다하여 수사 결과를 발표하고 활동을 종료하였다. 이 같은 수사 과정은 수사 결과 발표문과 방대한 기록으로 남아 있지만, 수사팀들의 땀과 고뇌가 묻어나는 생생한 이야기는 곧 망각 속으로 잊혀져 버렸다.

나는 선임 특별검사보를 맡아 수사 활동에 참여하는 한편 공보관으로서 언론브리핑의 책임을 맡았던 터라 전체적인 활동 내용을 소상히 파악할 수 있는 위치에 있었다. 활동 직후에는 개인적인 시각에서나마 특검 활동의 편린들을 기록하여 삼성특검 활동의 배경 및 전개 과정, 재판 결과 등에 대한 일반 국민들의 이성적이고 공정한 이해를 돕고 역사적 사건의 현장에 대한 사초로서 기록을 남겨보고자 마음먹었으나, 결국 부질없는 것이라 결론을 내렸다. 특히 4개월간의 수사 활동을 종료한 후 벌어진 근 2년간에 걸친 재판 과정에서 보여준 피고인들의 범죄 사실 전면 부인과 이를 뒷받침하고자 벌 떼같이 달려드는 변호인들의 공격 및 허황된 주장과 미온적인 법원의 태도 등에 실망하였고, 소수의 부족한 인원으로 공소 유지에 너무나 힘을 빼서 더 이상의 에너지가 남아 있지를 않았다.

재벌과 비자금과 운

한국의 재벌은 국가 경제의 몸통이므로 정치권력과 항상 유착 혹은 긴밀한 협조 관계를 유지하여 왔다. 1990년 후반부터는 정치권력의 단기적 순환과 정보 공개, 시민단체의 활동을 통한 국민 권리의식 상승 등의 원인으로 재벌개혁의 문제가 항상 논의의 중심에 있어 왔다. 재벌총수 중 크고 작은 사건으로 구금 생활을 해보지 않은 사람은 이건희 회장 등 손가락을 꼽을 정도이다. 아무리 범털(돈 많고 지적 수준이 높은 죄수)이라도 구치소 한번 갔다 오면 법의 위력을 더 실감하게 될 것이니 반복되는 재벌 수사도 준법 경영에는 도움이 되지 않을까? 기업의 비자금 문제는 이 사회의 영원히 해결할 수 없는 숙제이다. 재벌총수들의 정치자금이나 기업승계 자금이 필요 없는 세상에 살고 싶은 마음은 우리가 국회의원 없는 세상에 살고 싶다는 마음과 같을까?

삼성특검의 수사 기간 4개월 동안 국민적 관심과 언론 보도 열기가 식지 않고 지속되었던 것은 출연 인물, 스토리, 더 급한 사건이 없었던 당시의 정세, 3박자의 결과라고나 할까? 이미 차기 대통령을 선출해 놓은 정권교체기였고, 검찰이 수사 마무리를 하지 못하여 불신이 증폭되었으며, 김용철의 폭로 내용이 기업의 불법 활동은 물론 정관계 로비 등 특정 인물들의 유착을 거론하여 분위기를 달구는 등 여러 가지 흥미진진한 요소가 복합되었다.

특검에 대한 요구사항은 많은 반면, 말만 특검이지 아무런 특별수사 권한을 부여하지 않은 특검법은 사실상 정치권이 기획한 국민들에 대한 쇼라고밖에 할 수 없다. 그러나 특검의 구성원들로 임무를 맡은 사람들의 고뇌와 사명감과 노력은 치열하였음을 알려두고 싶다.

단기간의 사무실 임차가 어려워 한남대교 북단의 신설 건물 한쪽을 얻어 급조한 특검 사무실. 새 건물에 방금 시설한 인테리어의 페인트 등 각종 화학물질 냄새로 눈을 뜰 수 없고 숨도 쉬기 어려웠다. 게다가 취재진의 24시간 취재 열기와 영하 10도 이하의 강추위로 창문조차 열어 놓지 못하였고, 세 끼를 배달 도시락으로 때우며 밤낮으로 시간에 쫓기던 기억. 오합지졸이니, 봐주기 수사니, 온갖 무성한 소문과 특검 활동에 대한 비난, 특종을 노리는 기자들의 과잉 취재 활동과 추측성 보도로 인한 혼란, 주요 인사가 출석할 때마다 헬기까지 동원한 취재 경쟁, 사무실 주변의 친삼성 혹은 반삼성 시위대 등등 아수라 지옥을 방불케 하던 그 모든 소동도 아득한 기억이 되었다.

삼성은 그룹 최대의 난제를 정리하고 때마침 다가온 스마트폰 시대에 삼성전자가 최대의 호황을 맞아 '신新 이건희 시대'를 구가하고 있다. 반면에 설마 했던 재판의 결과, 그룹 회장이 실형을 받아 고민하고 있는 그룹, 이제까지 평온하게 잘 지내다가 처음으로 대규모 수사를 받는 그룹, 그리고 그룹 도산이 현실화되어 곧 정리 수사에 들어갈 부류도 있다. 이 모든 것이 '운'이라고 할 수밖에 없을까? 운 좋은 사람하고 싸움 붙지 마라. 운 좋은 사람 못 이긴다.

(2013년)

| 후기 |

한없이 군자처럼

늦은 나이에 들어서 변호사를 새로이 개업(휴업 후 재개업)하니 새로이 돌아온 서초동의 거리가 반갑기는 한다. 이제 국민 모두의 평균 수명이 늘어 내 나이는 아직 노년이라 하기에는 새파란 나이다. 문득 공자의 좋은 말을 엮어 책을 한번 내어볼까 하는 용기를 낸 것은 좋았는데 막상 원고를 준비하고 나니 갑자기 소심증이 발동하여 몇 번이나 망설이고 망설이다가, 이미 책을 몇 권 낸 경험이 있는 친우들의 격려에 힘입어 용기를 내었다.

공자의 말씀은 2,500년 전부터 면면히 이어져 내려와 오늘날에도 여전히 우리의 가슴에 울림을 주고 있다는 사실이 정말 놀랍다. 물론 이 바쁜 세상에 무슨 고리타분한 공자 이야기냐고 아예 무시하는 사람도 여전하다. 한 번쯤은 읽어본 사람도 있고, 읽고 감동을 받은 사람도 있고, 나아가 삶의 자세로 실천하려 노력하는 사람도 있을 것이다.

비록 마음속으로는 한없이 군자처럼 살아가고 싶어도 먹고 사는 것이 바쁜 세상은 녹록하지는 않다. 그렇지만 군자의 길을 마음에 담고 살아가려고 노력하는 사람은 최소한 그 안색이나 눈빛이라도 가끔은 빛나고 아름다울 수 있으리라. 이 책이 동양고전에 대한 초보적인 안내서로서 군자의 도를 생각하여 보는 촉매가 되기를 바라며 나는 또 나대로 다시 한번 경건한 마음으로 오늘 하루의 인생을 되돌아본다.

* 논어는 '학이'부터 '요왈'에 이르는 20편의 장으로 나누어져 있는 데 참고 편의상 '○편○절'이라는 의미로 표기하여 '6-16'은 여섯 번째 편인 '옹야편'의 16번째 구절이라는 의미이다.